军队高等教育自学考试教材

信息管理与信息系统专业（**本科**）

信息组织

马建锋　魏　强　主　编

国防工业出版社

·北京·

内 容 简 介

信息组织即信息的有序化与优质化，也就是利用一定的科学规则和方法，通过对数据外在特征和内容特征进行表征与排序，实现无序信息流向有序信息流的转化，从而使信息集合达到科学组织，并实现功能性流通，促进用户对信息的有效获取和利用。全书共分八章，从信息组织的基础理论和基本方法入手，对信息组织相关概念进行了界定，从理论、方法、工具三个角度进行阐述，并结合实际案例进行了综合性讲解，有助于学员对信息组织有一个系统性、综合性的了解和掌握，并能快速将方法理论运用到实践中。

本书结构合理、思路清晰，内容系统全面，叙述方式由浅入深，理论和实践结合紧密，可作为军队高等教育自学考试信息管理与信息系统专业（独立本科段）的教材或教学参考书，也可供军队从事综合信息服务的管理者和使用者阅读参考。

图书在版编目（CIP）数据

信息组织/马建锋，魏强主编．—北京：国防工业出版社，2019. 11

ISBN 978-7-118-11998-5

Ⅰ．①信… Ⅱ．①马… ②魏… Ⅲ．①信息组织 Ⅳ．①G254

中国版本图书馆 CIP 数据核字（2019）第 258192 号

※

国防工业出版社出版发行

（北京市海淀区紫竹院南路 23 号　邮政编码 100048）

三河市腾飞印务有限公司印刷

新华书店经售

*

开本 787×1092　1/16　**印张** 12¾　**字数** 285 千字

2019 年 11 月第 1 版第 1 次印刷　**印数** 1—3000 册　**定价** 52. 00 元

国防书店：（010）88540777　　发行邮购：（010）88540776

发行传真：（010）88540755　　发行业务：（010）88540717

本册编审人员

主　编　马建锋　魏　强

副主编　马军生　惠军华　徐莎莎

编　者　刘明星　孙燕明　杨　娟　贺岳星　姜　晨

前　言

信息组织是军队高等教育自学考试信息管理与信息系统专业(独立本科段)的核心课程之一,系统地讲述了信息资源描述与组织的方法理论。随着军队信息化建设的迅速发展,数字资源已成为信息资源的主体,在各类信息产生和使用的过程中,人们对信息组织的理论、方法、技术等方面都有了一定的创新,并应用到了许多领域。本书结合军队信息化建设发展的需要,重点讨论了以计算机为基础的信息资源的描述与组织,主要涉及信息资源描述语言、工具、手段与方法,并结合实例对信息组织的过程进行了系统性的论述,力争着眼于自学考试需要,面向士官层次,在体系结构、理论方法上深入浅出。

本书除了按照常规的信息组织理论体系进行梳理以外,还加入了当下较为流行的P2P信息组织,以及搜索引擎技术等。全书共分为八章,其主要内容如下:

第一章为信息组织概述,主要对信息组织的基本概念作了界定,并详细阐述了信息组织的类型、理论和方法基础。

第二章为信息标引语言,主要包括规范语言、自然语言,以及信息标引语言的分类法、主题法等常用的信息组织方法。

第三章为置标语言工具,主要包含SGML语言、HTML语言、XML语言、JSON语言等,并针对每类语言基本语法作了简要讲解。

第四章为信息资源描述的元数据方案。元数据方案是信息组织最基本的方法理论,包含元数据的概述、分类以及典型的应用方案,如都柏林核心元数据(DC)、机读目录方案(MARC)等,并简要介绍了元数据的互操作方法。

第五章为信息组织的数据库方法,主要对数据库组织方法进行了阐述,包含数据库组织方法的特点以及信息资源数据库的分类,重点讲解了数据库系统结构及其信息组织方法,包含单用户数据库、主从数据库、分布式数据库和基于CS、BS系统的数据库访问方式等。本章结合当前技术发展的特点,对NoSQL数据库,以及大数据技术应用进行了初步的讲解。

第六章为基于P2P的信息组织方法,主要瞄准当前信息化建设发展中P2P技术广泛应用,以及区块链技术在信息组织领域的应用,重点包括P2P网络模式、P2P框架协议和基于区块链的信息组织方式。

第七章为搜索引擎。搜索引擎是信息组织在当今时代一个重要的方法工具,包括搜索引擎的基础技术和理论、搜索引擎的诞生与发展、搜索引擎工作原理等,同时结合实例对搜索引擎的使用方法进行了详细阐述。

第八章为信息组织的典型应用,主要是对前述基础理论、方法工具进行系统性总结,包括数字图书馆的信息组织、电子商务系统的信息组织和社交媒体的信息组织三个典型案例。每个案例都按照概述、目标功能以及具体实例进行系统性论述。

本书中列举了大量的实例,力求理论与实际的紧密结合,列出的综合案例,可供学员在实际使用和组织时进行参考。本书严格按照全军自考教学大纲要求,由教材编写组集体编写而成。马建锋编写了第一章并负责全书统稿,魏强编写了第二章,马军生编写了第三章,惠军华编写了第四章,刘明星编写了第五章,徐沙沙编写了第六章,孙燕明编写了第七章,杨娟、贺岳星、姜晨负责全书的编排与修订工作。

本书的出版得到了国防科技大学信息通信学院各级领导的大力支持,同时也得到了西安电子科技大学温浩宇老师的大力支持、关心和帮助。本书在编写过程中,参考了国内外许多学者的研究成果和论著,在此一并表示感谢。由于信息组织课程涉及的主要是信息组织的基础理论、基本方法和基本手段,而军队联合作战信息组织主要从组织运用的角度出发,两者相互之间各有特点,加之军队信息化建设发展速度很快,新技术采用很迅速,尽管我们经过了艰苦的努力,本书也仅能作为自考基础教材使用,同时,错漏之处难免,欢迎专家读者批评指正。

编　者

2019 年 1 月

目　录

信息组织自学考试大纲

第一章　信息组织概述

第二章 信息标引语言

第三章 置标语言工具

第四章 信息资源描述的元数据方案

第五章　信息组织的数据库方法

第六章　基于 P2P 的信息组织方法

第七章 搜索引擎

第八章 信息组织的典型应用

军队高等教育自学考试

信息管理与信息系统专业(**本科**)

信 息 组 织
自学考试大纲

Ⅰ. 课程性质与课程目标

一、课程性质与特点

信息组织是军队高等教育自学考试信息管理与信息系统(独立本科段)考试计划中规定的必考专业教育课程,本课程的设置目的是为了使考生掌握信息组织的含义、过程、理论和方法,以及具体操作等方面的内容。通过系统而专门学习,培养信息管理与信息系统专业考生的信息组织工作的能力,以适用信息组织工作的需要,为日后在工作中完成军事信息组织活动、保障联合作战信息组织业务,奠定坚实基础。

二、课程目标

通过本课程的学习,考生应达到以下目标:

(1) 掌握信息组织的基本概念、原理和内容,并熟悉信息组织的类型、作用以及发展历史。

(2) 掌握信息组织的理论与方法基础。

(3) 理解信息组织的描述语言及置标语言工具。

(4) 掌握信息资源描述的元数据方案和信息组织的数据库方法。

(5) 熟悉网络环境下信息组织的典型方法,以及索引数据库与搜索引擎的应用。

(6) 熟悉信息组织的典型应用。

三、与相关课程的联系与区别

信息组织课程需要考生具备一定的计算机应用技术、数据库技术、计算机网络以及军事信息系统等基础知识,同时要了解当前联合作战中信息组织的一般方法和业务流程。因此,考生应在自学前或学习过程中,注意收集和掌握相关基础知识、拓宽知识面。作为专业教育课,本课程是其他一些专业课程的基础,如战场信息管理等。

四、课程的重点和难点

信息组织课程重点是理解信息组织的基本内涵、基本方法、组织程序和规范,熟悉信息组织语言及语言工具,掌握信息组织的典型方法及常见应用等。难点是理解并掌握信息描述的元数据方案和信息组织的数据库方法。

Ⅱ. 考 核 目 标

本大纲在考核目标中,按照识记、领会和应用3个层次规定其应达到的能力层次要求。3个能力层次是递升的关系,后者必须建立在前者的基础上。各能力层次的含义如下。

识记（Ⅰ）：要求考生能够识别和记忆本课程中有关信息组织的概念性内容（例如，信息组织、信息资源的相关术语、定义、特点、组成等），并能够根据考核的不同要求，做出正确的表述、选择和判断。

领会（Ⅱ）：要求考生能够领悟组织的基本原理、基本方法，理解信息组织的内涵，重点是信息组织的数据库方法相关内容，并能够根据考核的不同要求，做出正确的推断、描述和解释。

应用（Ⅲ）：要求考生根据已知的信息组织的基本概念、基本原理等基础知识，分析和解决信息组织应用问题。例如，使用信息著录法、标引法、排检法等解决各信息系统信息组织问题。

Ⅲ. 课程内容与考核要求

第一章　信息组织概述

一、学习目的与要求

本章的学习目的要求考生能够了解信息组织的基本概念、原理与内容，掌握信息组织的类型、信息组织的理论基础，并能够理解信息组织的方法基础。

二、课程内容

（1）信息组织的概念、原理与研究的主要内容。

（2）信息组织的类型。

（3）信息组织的理论基础。

（4）信息组织的方法基础。

三、考核内容与考核要求

（1）有序化理论。

（2）信息构建理论。

（3）知识论。

（4）本体论。

（5）分形理论。

（6）语言学在信息组织中的应用。

（7）逻辑学在信息组织中的应用。

（8）知识分类学在信息组织中的应用。

识记：语言学、逻辑学和知识分类学基本概念。

领会：有序化理论、信息构建理论、知识论、本体论、分形理论基本内容。

应用：针对业务问题分析其可用语言学、逻辑学或知识分类学基本原理解决问题的思路。

四、本章重点、难点

本章重点是信息组织的概念与内容、有序化理论、信息构建理论、知识论、本体论和分形理论，信息组织的语言学基础、逻辑学基础和知识分类学基础。本章难点是信息组织的类型划分，语言学、逻辑学和知识分类学在信息组织中的应用。

第二章　信息标引语言

一、学习目的与要求

本章的学习目的是要求考生了解规范语言和自然语言基础，熟悉分类语言的分类法原理、编制及使用方法，熟悉主题语言的基本概念和使用方法。

二、课程内容

（1）信息标引语言概述。

（2）分类语言。

（3）主题语言。

三、考核内容与考核要求

（1）规范语言和自然语言基本概念。

（2）分类语言的基本概念。

（3）分类法的原理、编制。

（4）主题语言的基本概念。

（5）主题语言常用主题词表。

识记：信息标引语言的基本概念。

领会：分类语言和主题语言的概念、异同。

应用：能够使用常用分类法和主题词表解决实际问题。

四、本章重点、难点

本章重点是规范语言的词汇控制方法、类型与结构原理，自然语言标引的方式，分类法原理、分类法的标记系统，主题法的概念、原理及类型。难点是自然语言标引的方式和主题法的类型。

第三章　置标语言工具

一、学习目的与要求

本章的学习目的是要求考生熟悉为对实体信息有效管理而使用的 SGML、HTML、XML 及 JSON 等语言工具。

二、课程内容

（1）SGML 语言。

（2）HTML 语言。

（3）XML 语言。

（4）JSON 语言。

三、考核内容与考核要求

(1) SGML 原理及应用。

(2) HTML 文档结构及基本语法。

(3) XML 文档结构及格式化。

(4) JSON 语法规则及应用。

识记:四类语言的基本原理及语法规则。

领会:四类语言的特性及应用场合。

四、本章重点、难点

本章的重点是四类语言的基本原理、语法规则和应用实例。难点是 JSON 应用。

第四章　信息资源描述的元数据方案

一、学习目的与要求

本章的学习目的是要求考生熟悉元数据基本概念、分类和结构,并掌握都柏林核心元数据和复杂元数据方案 MARC,了解 METS、MODS 等其他元数据,以及元数据互操作的相关基本概念。

二、课程内容

(1) 元数据的由来、定义和功能。

(2) 元数据分类及分类方法。

(3) 元数据的结构。

(4) 都柏林核心元数据。

(5) 复杂元数据方案 MARC。

(6) 其他元数据:METS、MODS、EAD、GILS、PICS、CDF、MCF。

(7) 元数据互操作。

三、考核内容与考核要求

(1) 元数据的基本概念。

(2) 元数据的功能及分类。

(3) 都柏林元数据研究的系列成果。

(4) 各类元数据的特点和基本内容。

(5) 元数据互操作。

识记:元数据基本概念、功能、分类,各类元数据基本概念。

领会:各类元数据的特点异同以及其基本内容。

应用:能够对各类信息资源进行元数据描述。

四、本章重点、难点

本章重点是元数据基本概念、功能和分类,都柏林核心元数据与复杂元数据方案。难点是都柏林元数据研究的系列成果。

第五章　信息组织的数据库方法

一、学习目的与要求

本章的学习目的是要求考生了解数据库组织方法的特点以及信息资源数据库的分类,熟悉数据库系统结构及其信息组织方法,掌握半结构化数据库系统、多媒体数据库和NoSQL 数据库的异同。

二、课程内容

(1) 数据库组织方法概述。

(2) 数据库系统结构及其信息组织方法。

(3) 半结构化数据库系统。

(4) 多媒体数据库。

(5) NoSQL 数据库及其广泛应用。

三、考核内容与考核要求

(1) 信息资源数据库分类标准。

(2) 数据库系统结构及其信息组织方法。

(3) 半结构化数据库特点及系统原理。

(4) 多媒体数据库特点及系统原理。

(5) NoSQL 数据库特点及系统原理。

识记:数据库组织方法基本理论。

领会:各类型数据库特征以及对应的信息组织方法。

应用:能够针对信息资源对象特征选择合适的数据库,并加以利用。

四、本章重点、难点

本章重点是数据库系统结构及其信息组织方法,半结构化数据库、多媒体数据库和NoSQL 数据库的特点及应用。难点是数据模型的扩展。

第六章　基于 P2P 的信息组织方法

一、学习目的与要求

本章的学习目的是要求考生了解 P2P 网络模式的基本概念和特点,掌握典型 P2P 框架协议的信息组织方法,了解基于区块链的信息组织相关知识和虚拟币信息组织实例。

二、课程内容

(1) P2P 的概念及特点。

(2) Web2. 0 模式。

(3) P2P 网络典型分类。

(4) 典型 P2P 网络下的信息组织。

(5) 区块链相关知识。

(6) 虚拟币信息组织实例。

三、考核内容与考核要求

(1) P2P 特点。

(2) P2P 典型分类。

(3) 典型 P2P 网络信息组织工作原理。

(4) 区块链特点。

识记:典型 P2P 框架协议的工作原理和模式。

领会:网络环境下不同层次的信息组织方法。

四、本章重点、难点

本章重点是 P2P 框架下一工作原理和模式、区块链的特点。难点是混合式 P2P 模型的算法。

第七章 搜 索 引 擎

一、学习目的与要求

本章的学习目的是要求考生了解全文数据库与搜索引擎基础理论,熟悉搜索引擎的系统结构,掌握搜索引擎的使用方法。

二、课程内容

(1) 全文数据库与全文检索技术。

(2) 搜索引擎的诞生与发展。

(3) 搜索引擎的工作原理。

(4) 搜索引擎的使用方法。

(5) 元搜索引擎。

三、考核内容与考核要求

(1) 全文数据库与搜索引擎基本理论。

(2) 搜索引擎的功能组成。

(3) 搜索引擎的常见使用方法。

识记:全文数据库与搜索引擎基本理论。

领会:全文数据库与搜索引擎的关系,搜索引擎的系统结构。

应用:能够在实际工作中熟练使用百度等搜索引擎。

四、本章重点、难点

本章重点是搜索引擎的系统结构及使用方法。难点是各类检索方法。

第八章 信息组织的典型应用

一、学习目的与要求

本章的学习目的是要求考生熟悉并掌握信息组织在图书馆、电子商务系统和社交媒体的应用。

二、课程内容

(1) 数字图书馆的信息组织。

(2) 电子商务系统的信息组织。

(3) 社交媒体的信息组织。

三、考核内容与考核要求

(1) 各类系统的体系结构。

(2) 各类系统中的信息组织。

识记:各类系统基本功能和体系结构。

领会:各类系统中信息组织方法。

四、本章重点、难点

本章重点是图书馆、电子商务系统和社交媒体的系统特征、功能组成,以及相应的信息组织方法。

Ⅳ. 关于大纲的说明与考核实施要求

一、自学考试大纲的目的和作用

课程自学考试大纲是根据专业自学考试计划的要求,结合自学考试的特点来制订。其目的是对个人自学、社会助学和课程考试命题进行指导和规定。

课程自学考试大纲明确了课程自学内容及其深广度,规定出课程自学考试的范围和标准,是编写自学考试教材的依据,是社会助学的依据,是个人自学的依据,也是进行自学考试命题的依据。

二、关于自学教材

《信息组织》,国防工业出版社出版发行。

三、关于考核内容及考核要求的说明

(1) 课程中各章的内容均由若干知识点组成,在自学考试命题中知识点就是考核点。因此,课程自学考试大纲中所规定的考核内容是以分解为考核知识点的形式给出的。因各知识点在课程中的地位、作用以及知识自身的特点不同,自学考试将对各知识点分别按3个认知层次确定其考核要求(认知层次的具体描述请参看Ⅱ. 考核目标)。

(2) 按照重要性程度不同,考核内容分为重点内容和一般内容。为有效地指导个人自学和社会助学,本大纲已指明了课程的重点和难点,在各章的"学习目的与要求"中也指明了本章内容的重点和难点。在本课程试卷中重点内容所占分值一般不少于60%。

本课程共6学分。

四、关于自学方法的指导

信息组织作为信息管理与信息系统(独立本科段)的专业教育课,内容多,难度大,对于考生分析问题的能力、系统性思维有着比较高的要求,要取得较好的学习效果,请注意以下事项：

（1）在学习本课程之前应仔细阅读本大纲的第一部分，了解本课程的性质、特点和目标，熟知本课程的基本要求和与相关课程的关系，使接下来的学习紧紧围绕本课程的基本要求。

（2）在学习每一章内容之前，先认真了解本自学考试大纲对该章知识点的考核要求，做到在学习时心中有数。

（3）本课程是从信息组织概念、信息资源描述方法、信息组织工具、信息组织应用和网络环境下信息资源的组织这5个方面介绍信息组织。课程的重点是理解信息组织的基本内涵、基本方法、组织程序和规范，熟悉信息资源描述语言、描述方法，掌握信息组织工具、信息组织应用和网络环境下信息资源的组织等。难点是理解并掌握信息组织的一般程序方法，特别是信息资源描述语言体系和常用工具。

（4）在自学过程中应有良好的计划和组织。例如，可以制定"行动计划表"来监控管理自己的学习进展；在阅读课本时做好读书笔记，如有需要重点注意的内容，可以用彩笔标注。例如，红色代表重点；绿色代表需要深入研究的领域；黄色代表可以运用在工作之中等。

（5）在当今互联网时代，可以充分利用互联网在线开放课程资源、军队MOOC平台，辅助自学，提高学习效率与效果。

五、考试指导

在考试过程中应做到卷面整洁，书写工整，段落与间距合理，卷面赏心悦目有助于教师评分，因为阅卷者只能为他能看懂的内容打分，书写不清楚会导致不必要的丢分。回答试卷所提出的问题，不要所答非所问，避免超过问题的范围。

正确处理对失败的惧怕，要冷静思考。如有可能，请教已经通过该科目考试的人。考试之前，根据考试大纲的要求将课程内容总结为"记忆线索"。当阅读考卷时，一旦有了思路就快速记下，按自己的步调进行答卷；为每个考题或部分分配合理时间，并按此时间安排进行答题。

六、对助学的要求

（1）要熟知考试大纲对本课程总的要求和应该掌握的知识点，准确理解各知识点要求达到的认知层次和考核要求，并在辅导过程中帮助考生掌握这些要求，不要随意增删内容和提高或减低要求。

（2）要结合典型例题，讲清楚信息组织的核心知识点，引导考生独立思考，理解信息组织的理论基础和组织方法，掌握解决应用问题的思路和技巧，帮助考生真正达到考核要求，并培养良好的学风，提高自学能力。

（3）助学单位在安排本课程辅导时，授课时间建议不少于60课时。

七、关于考试命题的若干规定

（1）考试方式为闭卷笔试（百分制），闭卷考试时间为120分钟，考试时只允许携带笔、橡皮和尺，答卷必须使用蓝色或黑色钢笔或圆珠笔书写；论文以电子版方式提交，具体格式详见附录1。

（2）本大纲各章所规定的基本要求、知识点及知识点下的知识细目，都属于考核的内容。考试命题既要覆盖到章，又要避免面面俱到。要注意突出课程的重点，加大重点内容的覆盖度。

(3) 不应命制超出大纲中考核知识点范围的题目,考核目标不得高于大纲中所规定的相应的最高能力层次要求。命题应着重考核自学者对基本概念、基本理论是否了解或掌握,对基本方法是否会用或熟练。不应命制与基本要求不符的偏题或怪题。

(4) 本课程在试卷中对不同能力层次要求的分数比例大致为:识记占 20%,领会占 60%,应用占 20%。

(5) 要合理安排试题的难易程度,试题的难度可分为易、较易、较难和难 4 个等级。每份试卷中不同难度试题比例一般为 2∶3∶3∶2。

必须注意试题的难易程度与能力层次有一定的联系,但二者不是等同的概念,在各个能力层次都有不同难度的试题。

(6) 课程考试命题的主要题型一般有单项选择题、填空题、简答题和综合题。

附录 1　题型举例

一、选择题

1. 一般来说,信息分类应遵守的规则不包括(　　)。

A. 在每一次划分时,只是用一个划分标准

B. 划分后所得各自类的外延之和应等于其母类的外延

C. 选择事物本质的、符合分类目的的属性作为划分标准

D. 按照业务特征,遵循业务基本规律,划分子类

2. 对关系型数据库与 NoSQL 数据库之间关系描述正确的是(　　)。

A. 两类数据库数据模型都是结构化的

B. NoSQL 数据库不能支持多列复杂查询

C. 对大数据量相应速度关系型数据库较快

D. 两者对大数据环境下的扩展能力基本相当

3. 下列不属于信息可视化内容的是(　　)。

A. 信息资源描述与存储的可视化

B. 检索过程的可视化

C. 存储状态的可视化

D. 检索结果提供的可视化

二、填空题

1. 信息组织的四大基本技术包含计算机技术、通信技术、________和________。

2. 数据独立性是指________和________可以相互独立的特性。

3. 搜索引擎可以分为________和________。

4. 信息服务过程可以分为信息采集、信息整编、________和信息分发四个环节。

三、简答题

1. 简述网络环境下信息组织的常用方法。
2. 简述信息组织的理论基础。
3. 按照元数据复杂程度,元数据是如何分类的?

四、综合题

试结合实例,简要分描述逻辑学在信息组织中的应用。

第一章　信息组织概述

信息化建设步伐日趋紧密，信息资源呈现出海量、多类、信息源广的特点，人们获取有效信息的成本逐渐增加，无序的信息资源加剧了信息增长与有效利用的矛盾。信息组织是实现无序信息流向有序信息流转换的科学方法，是解决当前“信息超载、知识缺乏”的有效手段之一。本章对信息组织的内容、类型、基础支撑理论和方法基础进行了简要描述。

第一节　信息组织的界定

一、信息组织的概念

信息组织就是利用一定的科学规则和方法，通过对信息外在特征和内容特征的表征和排序，实现无序信息流向有序信息流的转换，从而使信息集合达到科学组合，实现有效流通，促进用户对信息的有效获取和利用。

信息组织的依据是事物的属性，据古希腊哲学家亚里士多德的分析，事物一般都具有10种属性，即本质(Substance)、数量(Quantity)、质量(Quality)、关系(Relation)、作用(Operation)、过程(Process)、状态(State)、空间(Space)、时间(Time)、位置(Position)，这些属性都可以作为信息组织的依据。而事物的多种属性又可归纳为形式、内容和效用三种类型。以“衣服”为例，颜色、款式、尺寸、生产厂家、生产时间与地点等属于形式特征，衣服原料的物理和化学结构属于内容特征，御寒、防雨、防晒、装饰、炫耀等属于效用特征。总之，一切事物都具有形式、内容、效用三方面的特征或属性，相应地，所有的信息组织方法都可以归纳为语法信息组织方法(形式组织方法)、语义信息组织方法(内容组织方法)和语用信息组织方法(效用组织方法)三大类型以及它们的不同组合形式。

信息组织是信息资源可以利用的最重要的条件之一，是信息资源不断增值的内在依据。在信息资源管理过程中，信息组织是一种经常性的活动，信息采集、整理、存储、检索和利用各阶段都不同程度地涉及信息的序化和优化问题。信息组织是一种理论，也是一种思维，作为一种理论，它是信息组织活动的方法论；作为一种思维，它贯穿于信息资源管理的全过程。

信息组织的发展沿革包括几个发展阶段：

第一个阶段：清册职能时期。古代管理信息时期，信息管理不在于用而在于管。这一时期的信息组织活动如同信息账房先生，主要通过对信息的记录和登载，告诉人们有什么信息。

第二个阶段：查检职能时期。这一时期不仅告诉人们有什么信息，而且告诉人们怎么找到信息。

第三个阶段:组织职能时期。以计算机技术、通信技术、网络技术为代表的现代信息技术导入,把信息管理推上一个新的发展水平,也把信息组织引入一个新境界。

信息组织是基于事物属性的一种序化方法,事物具有多少种属性,就可能形成多少种序化方法。具体地讲,信息组织的过程就是依照事物属性之间的同一性、包容性、交叉性、排斥性等关系对信息实施序化的过程。

二、信息组织流程及主要内容

传统的图书馆信息组织主要指图书编目和书目控制。分类编目工作的技术面较重,不过也应以服务为主。包括了出版物完整的书目记录,书目描述的标准化,经由图书馆联盟、网络与其他合作方式提供实体的取用,以及经由联合目录、主题目录与书目服务中心提供书目取用等活动,皆称为书目控制。利用书目控制一切印刷文献,达到有效地存储和利用一切文献资源的目的。因此,它包括各类书目工作和广义的书目事业的组织管理活动。书目控制就是通过建立书目集中管理体系,对文献实行宏观控制,以及最有效地实施文献资源合理而充分的使用。公共图书馆是地方的知识门户,提供个人及社团终生学习、独立判断、文化发展的环境。学校图书馆和科学图书馆则根据组织和用户的特定需要增加了教育和研究的职能。

从文献组织到信息组织,从信息组织到知识组织,其有序性呈递增趋势、内容进一步扩大、技术手段更加先进。知识组织是图书情报学的理论基础。这个命题已经基本上否定了先前的技术学说、管理学说、社会学说、交流学说和信息管理学说。知识组织是针对外在的客观知识而言的,而知识自组织则与之相反,是针对内在的主观知识而言的;前者强调对显性知识的组织,后者着重的是对隐性知识的组织。隐性知识的获取与组织要比显性知识困难得多。那么,依靠技术可不可以获得个人或者集体的隐性知识呢?这个可能很难办得到。

互联网让信息触手可及,搜索引擎让信息更容易被找到。Google 的价值就在于,通过机器和算法,让互联网上浩如烟海的混沌信息变得有序。不过,再智能的机器也无法替代人自己的大脑,况且,不同的人面对同样的信息也会有不同的看法。搜索引擎将用户设想成抽象的人并提供无差别的信息,这在信息尚不充裕时还可取得成功,但时代已经变了。P2P 技术、社会化计算技术、网格技术等趋于成熟的技术使从前单纯的信息或资源的获取者,同时成为信息或资源的提供者,模糊了信息的提供者、组织者和获取者之间的界限。

过去的用户,今天正在参与到信息的提供和组织之中,这跟 Google 和新浪过去所处的环境已经大为不同。当每个人都成为信息世界中一个能动的节点,这个巨大的活的"网格"将产生出不可思议的能量。这有赖于技术的支持,但不再是技术本身。信息不再简单地以供和求的方式流动,社会化的信息组织方式,让每一条你所获得的信息,都被充分地为你定制过了,因为你自己就是整个信息加工过程的直接参与者。

总结起来,信息组织流程及主要内容包括:

(1) 信息选择。从采集到的、处于无序状态的信息流中甄别出有用的信息,剔除无用的信息,是信息组织过程的第一步。

(2) 信息分类。按照一定的逻辑关系从语法、语义和语用上对选择过的信息内、外特征进行细化、挖掘、加工整理并归类的信息活动。

(3) 信息描述与揭示。也称为信息资源描述,根据信息组织和检索的需要,对信息资源的主题内容、形式特征、物质形态等进行分析、选择、记录的活动。

(4) 信息存储。将有序化后的信息按照一定的格式和顺序,存储在特定的载体中的一种信息活动。

(5) 信息服务。按照信息用户需要,采取特性的信息分发方式向用户提供服务的信息活动。

第二节　信息组织的类型

一、按信息的表现形式划分

按信息表现形式划分,信息组织包括以下类型:

1. 文字信息组织

文字信息组织是人们为了实现信息交流、通信联系所创造的一种约定的形象符号。广义的文字还包括各种编码,如 ASCII 码、汉字双字节代码、国际代码与单元代码以及计算机中的二进制数字编码等都是一些符号的约定。这些文字、符号、代码均是信息的表述形式,其内容再现于它们的结构属性中。如基本笔画的不同组合、字和字母的不同组合、二进制码"0"和"1"的不同排列等,分别代表不同的信息内容。这些文字信息是通过文字所表达的信息内容的语义、语用和语法来组织的。

2. 图像信息组织

图像数据组织是指用数值表示的各像素(Pixel)的灰度值的集合来描述图像的方式。对真实世界的图像一般由图像上每一点光的强弱和频谱(颜色)来表示,把图像信息转换成数据信息时,须将图像分解为很多小区域,这些小区域称为像素,可以用一个数值来表示它的灰度,对于彩色图像常用红、绿、蓝三原色(Trichromatic)分量表示。顺序地抽取每一个像素的信息,就可以用一个离散的阵列来代表一幅连续的图像。在地理信息系统中一般指栅格数据。

3. 声音信息组织

声音信息组织是指根据一定的编码规则,将记录在各种载体上的模拟声音信号转换成二进制数据流、对原生数字化资源进行相应的编码格式的转换处理后形成素材,然后对此编辑整理,形成数字对象,建立数据库,利用元数据对数字对象进行描述与调度,实现数字化存储、检索和利用的过程。通过对声音档案进行数字化信息组织,可揭示分布于不同地方机构和个人的资源,连接同一作品的多载体的各种相关资源,提高其信息的可获取性;通过将不同介质的声音信息资源转换成数字化形式进行保存和提供给用户使用,达到了对录音资料内容和原初载体的双重保护,以及实现信息检索与使用的便利性。数字化技术能使我们获取、恢复过去的声音并能自由地为全世界的人自由地使用。

4. 视频信息组织

视频信息组织是将一系列静态影像以电信号的方式加以捕捉、纪录、处理、储存、传送与重现的各种技术。连续的图像变化每秒超过 24 帧(Frame)画面以上时,根据视觉暂留原理,人眼无法辨别单幅的静态画面;看上去是平滑连续的视觉效果,这样连续的画面称为视频。视频技术最早是为了电视系统而发展,但现在已经发展为各种不同的格式以供消费者将视频记录下来。网络技术的发达也促使视频的纪录片段以串流媒体的形式存在于因特网之上并可被计算机接收与播放。视频与电影属于不同的技术,后者是利用照相术将动态的影像捕捉为一系列的静态照片。

二、按信息的加工程度划分

按信息的加工程度划分,信息组织包括以下类型:

1. 一次信息组织

一次信息是人们研究或创造性活动成果的直接记录。一次信息一般指公开出版的图书、期刊、论文、研究报告、会议文献、学位论文、专利说明书、网上未经过再加工的数字化信息等。

一次信息组织是指采用一定的逻辑结构和语言规则,将大量零星的信息单元组织成能够反映著者、编者对事物和概念认识的一次信息(如图书、论文)的信息组织方式。

2. 二次信息组织

二次信息组织主要采用选择、提炼、浓缩等方法,编撰和建立各种形式的目录、文摘、索引等检索工具与存取系统,主要功能是规范和控制社会信息的流向,组织序化文本与数字化的信息。其目的是建立各类信息检索系统,它是通过对一次信息的内容属性和外部特征进行有效揭示、描述、排序和存储来实现的。二次信息的重要作用不仅在于报道,更重要的是为查找一次信息提供线索。

3. 三次信息组织

三次信息如综述、评述、学科年度总结、进度报告、文献指南、百科全书、年鉴等。三次信息组织是在一、二次信息的基础上,经过分析、综合等深加工而成的信息组织方法。

三、按信息的传播载体划分

按信息的传播载体划分,信息组织包括以下类型:

1. 非数字信息组织

非数字信息是指以印刷型文献信息源为主的各种类型的文献,文献信息源是信息组织的主要对象。

非数字信息按照物质载体包括印刷型、缩微型、视听资料等信息;编辑出版形式包括图书、期刊、会议资料、专门报告、专利资料、政府出版物、学位论文、产品样本、档案、标准、新闻报纸等。

非数字信息的组织方法包括分类组织法、主题组织法、字顺组织法、时间空间组织法、随机组织法等。

2. 数字信息组织

数字信息是指在网络环境下未以传统文献载体形式出现的信息源,对这类信息的组织称为数字信息组织或网络信息组织。如程序执行代码、单机或局域网或互联网上的网页、超文本、超媒体、数字图书馆、虚拟图书馆等。

网络环境下的数字信息组织方式主要包括以下几种:

1) 网络一次信息的组织方法

超文本方法:信息的非线性排列;非顺序性浏览功能;信息表达形式的多样性。

自由文本方法:主要用于全文数据库的组织,对非结构化的文本信息进行组织和处理;用自然语言深入揭示文献的知识单元。

主页方式:将有关某机构或个人的各种信息集中组织在一起,是对某机构或人物等各类对象的全面介绍。

2) 网络二次信息的组织方法

搜索引擎方法:互联网上专门提供查询服务的一类工具,它利用被称为 Robot、Spider 等名称的自动化处理软件,定期或不定期地在网上爬行,通过访问网络中公开区域的每一个站点,对网络信息资源进行收集,然后利用索引软件对信息进行自动标引,创建一个详尽的、可供用户进一步按关键词查询的 Web 页索引数据库;搜索引擎包括百度、谷歌等。

主题树方法:将信息资源按照某种事先确定的概念体系分门别类地逐层加以组织,用户先通过浏览的方式层层遍历,直到找到所需要的信息线索,再通过信息线索连接到相应的网络信息资源;主题树方法的网站包括雅虎、搜狐等。

搜索引擎方法的优点是收集的信息丰富广博,缺点是质量良莠不齐,查准率较低。主题树方法的优点是主题树屏蔽了网络信息系统相对于用户的复杂性,提供了一个基于树浏览的简单、易用的网络信息检索与利用界面;信息检索由用户按照规定的范畴分类体系,逐级查看,按图索骥,目的性强,查准率高,缺点是必须事先建立一套完整的范畴体系。

3) 网络三次信息的组织方法

通过一次、二次信息组织方式实现数字信息资源的序化与优化,有时依旧很难满足人们对信息的精约化与集成化的需要。

对网上二次信息资源进行组织与控制,形成网上三次信息资源。帮助用户更快捷地找到合适的搜索引擎、目录指南或指示数据库等,这就是“目录之目录”的三次信息资源组织管理模式。典型代表是多元搜索引擎中的搜索引擎目录,如北斗星网络搜索。

四、按信息的认识层次划分

按信息的认识层次划分,信息组织包括以下类型:

1. 语法信息组织

从人类对信息的认识层次上看,由于人类具有感受力,能够感知事物运动状态及其变化方式,由此获得的信息称为语法信息。

语法信息组织是以信息的形式特征为依据的信息组织方法,包括:

字顺组织法。从字、词角度集中排列有关信息,可满足人们检索的一般要求;音序法、形序法和两法并用三种形式;

代码法。代码一般使用拉丁字母和阿拉伯数字,如专利代码和商品代码;

地序组织法。获得有关地域方面的信息,一般有文字法和图文法两种形式;

时序组织法。获得历史信息和从历史角度获取信息,编纂工具书、著书立说,甚至写一篇文章等。

2. 语义信息组织

由于人类具有理解力,能够领悟事物运动状态及其变化方式的逻辑含义,由此获得的信息称为语义信息。

语义信息组织方法是研究信息的内容特性而对信息进行描述的一种方法，也即以信息的内容特征为依据的信息组织方法。包括：

分类组织法：对知识分类体系的反映，从学科角度集约信息，便于族性检索。实物分类带有更多的专业（或行业）特性和效用原则；文献分类以知识分类为基础，结合了文献实体属性和信息利用的实际；知识分类法是人类认识客观世界的科学方法，对其他两种分类法有着指导意义。

主题组织法：建立在自然语言基础之上的、从事物角度集中信息，便于特性检索，包括标题法、单元词法、叙词法和关键词法等。

3. 语用信息组织

由于人类具有明确的目的性，能够判断事物运动状态及其变化方式的效用，由此获得的信息称为语用信息。

语用信息组织是以信息的效用特征为依据的信息组织方法，包括：

权重值信息组织法：按照信息的重要性来组织信息。报纸在版面安排上，总是把最重要的信息放在头版头条的位置；电视节目的安排上，总是把重要节目放在黄金时间播出；城市规划、行业决策、质量评估等。

概率组织法：在未全知信息情况下对信息进行组织的方法，如预测文体活动胜负、期货交易等。

第三节 信息组织的理论基础

一、有序化理论

有序化是指系统的所有组成元素按照特定的逻辑法则进行顺序排列的过程。

信息经济时代，人们在信息的持续繁衍与知识的需求这种相互矛盾的趋势中挣扎。如何更有效地利用信息，将信息的泛滥与污染状态转化为有序、有价值的、便于人们利用的状态，是信息学界致力于研究和解决的问题。信息组织通过对信息外在特征和内容特征的描述和转化，实现无序信息流向有序信息流的转化，成为人们获取信息的有利方法和工具。

知识组织与信息组织虽然有着根本的区别，但它最终要通过信息组织方式来实现，并最终达到知识创新的目的。知识地图作为组织中定位知识的重要工具，对知识的有序化及定位起到十分重要的作用。

对有序化问题的研究，离不开对基本组成单位的探讨。只有从基本单元着手，才能真正地将纷繁复杂的无序状态，按一定规律分解并重新组织成为有关联的，有意义的有序状态。

科学家对物质世界的基本组成定义为基本粒子。根据作用力的不同，粒子可以分为强子、轻子和传播子三大类。最初人们将质子、中子、电子和光子看成是构成物质的最小单元；现在，基本粒子成为300多个成员的大集体。可以肯定的是，粒子世界还在不断发展和发现之中。同样地，信息世界的基本单元也是一个不断探索的世界。人们对信息和知识世界的基本粒子还停留在模糊的定义中。信息的基本单元可以称为信息元，是根据信息所含的不同知识内容将信息分成不可再分的单元。在数字型信息资源环境下,作为组织和发现信息资源的工具,元数据可以被看作一种信息元。元数据是关于数据的结构化的数据,这个概念突出了元数据的结构特征,从而使采用元数据作为信息组织的方式同全文索引有所区分。典型的元数据有DC(都柏林核心集)、PICS(内容挑选平台)、CDF(频道定义格式)、MCF(元内容框架)等。

网络环境下,信息的发布是十分便利的。但是,因为缺乏严格的网络出版监督机制,网络信息量浩如烟海而且质量参差不齐,元数据对这些海量信息进行发现和筛选,并提供给最终用户高质量的信息资源。元数据以其相对较为简单的结构和明晰的表达对信息进行描述和揭示后,用户更加方便发现和检索信息。

信息整合与集成离不开元数据。为了便于用户的使用,将分散的、多种多样的信息集成到一个用户的界面系统上,并通过这个界面链接到其他网络上相关的信息资源站点和信息库是理想的做法。元数据的体系结构恰恰能发挥这种整合、集成的功能,承担了各种元数据系统的转换与解释,为用户提供统一的集成服务。

在网络和数字信息蓬勃发展的环境下,传统的文献信息组织不再满足人们对海量无序信息的处理要求,元数据成为信息组织的基本单元,实现信息搜寻、信息记录、信息评估到信息选择的组织管理过程。元数据提供了一系列有关信息对象的内容、形式、特征及使用权限的元素对信息对象进行描述,同时这个描述的资源框架为人们提供了进入信息的捷径,从而促进信息对象易于发现与检索。而且,由于元数据所提供的有关信息对象基本属性的描述,使得我们无须浏览信息对象本身,就能够对信息对象具备基本的了解和认识,并可以参照相关标准,对其价值进行必要的评估,从而实现对信息的筛选,找出适合自身的信息资源。

信息从无序化到有序化的发展,最终是为了实现信息与知识的创新。知识创新就是获得新知识,是创造、分配、演化和应用新的思想并将知识作为产品和服务提供给人们。它包括获取基础科学与技术科学知识,也包括隐性知识向显性知识的转化。知识基因概念的提出,更进一步阐明了知识的持续生成能力和不断繁衍能力。

二、信息构建理论

信息构建(Lnformation Architecture)是通过合理地组织、标识信息并构建信息环境,以改善信息浏览及信息检索的过程与效果的科学和艺术。美国建筑师Richard. S. Wurman经研究发现,收集、组织、展示信息的过程与建筑设计过程中的一些模式非常相似,并于1976年在美国建筑师协会年会上首次提出了信息构建的概念。1989年,他在《信息悬念》(*Information Anxiety*)一书中对信息构建所下的定义是:如何组织信息,把复杂的信息变得明晰,以帮助人们有效地实现其信息需求。在情报学界和信息管理学界,信息构建的概念和应用随着因特网的发展而迅速扩展,研究者们开始将建筑学、生态学、人文学、经济学以及系统工程的视角、理念与方法等引入网络信息组织的研究与实践中。

信息构建的核心理念是关注用户,以人为本。信息构建是信息用户、信息内容与信息组织三者的交集,信息生态在其中起着很重要的作用。信息生态是指信息、知识与信息环境、组织环境和外部环境之间的关系,外部环境即业务市场、技术市场和信息市场的形势,组织环境即信息机构的业务条件、技术基础结构和物理配置状况,信息环境即信息策略、政策、信息行为、文化以及信息构建氛围等。用户(Users)、内容(Content)和组织(Context)构成了信息构建的三个生态环。在用户研究中,人类学、生态学和经济学等学科的理论有着很大的借鉴作用;内容研究对象主要包括资源列表、数据模型、标识语言、转换技术和新闻媒介等方面;组织研究较多地借鉴了管理学、咨询学、组织行为学以及系统工程的理论与研究方法。由于组织是将内容组织好并提供给用户的中间环节,因此对于组织环境(Organizational Environment)的研究至关重要。信息构建作为这三者的交集,是指用户、内容和组织三者的资源符合信息构建的要求,才会得到应用,信息构建的边界就是信息资源的控制线或准入准则。

将信息构建的三要素应用于网络信息组织,可以分析出用户是网络信息的使用者,需要明确的问题是用户的类型以及用户分别需要什么信息;内容是指获取处理信息和元数据、构造信息单元和组织信息的过程及其相应的信息模块;组织就是内容与用户之间的信息开发商和信息服务商及其业务模式、服务策略、信息资源和约束条件等。

全球信息源是本网站及外部信息的总和,对本网站而言这些信息是无序的,网站将从分布于全球的信息中进行选择;确定用户群始于用户的需求分析,进而确定信息收集范围,建立并应用识别、过滤、分类信息的准则;组织信息单元是将序化后的信息即文件、数据库和信息块等进行组合与标识,并对分类检索类目表进行设计;在链接和导航阶段,将组织好的信息单元沿设计路径向网页上对应的信息版块即频道、栏目和专题进行链接和集成;网页设计就是设计与用户的交互界面,该界面应该具有信息检索和信息服务等功能,并且友好、易用,网页的更新或改版必须经过用户的测试与验证。由以上步骤可知,在将信息构建应用于网络信息组织的过程中,确定用户群是很重要的,因为确定用户群的同时也就确定了两大类信息,即一般用户比较关注的流行性信息和专业用户所需的专业性信息。应将用户测评纳入网站设计和实施的程序,包括对于网站内容浏览检索的正确性和访问强度的测试以及用户使用状况调查等。

就内容组织方式而言,可以采用文件方式、数据库方式、主题树方式以及多媒体方式。文件方式一般用于浏览非结构化的信息单元;数据库方式适用于海量信息的查询,要求用户有一定的检索技巧;主题树方式表达明晰、使用简便,信息体系不宜复杂;多媒体方式将多媒体信息进行有序的组织,信息形式生动多样,易用性强。在信息组织中要考虑到信息版块的重要性排序、各信息版块的递归顺序以及最大或最小容量信息版块的分层要求等。信息内容和信息组织方式与网站的性质和信息的表达要求有着很紧密的联系,应完善内容发展策略,在信息增删、修订过程中进行严格控制,根据信息需求确定上载何种信息,及时剔除冗余、失去时效性的内容,并定期检查信息维护质量,确定信息内容的被访问情况。

以人为本是信息构建的核心,在对信息组织、导航、标识和检索各个环节的设计实施过程中,应当时刻关注用户需求、用户习惯和用户利益;可视性与可描述性也是信息构建关注的焦点,它要求深刻理解信息环境,明确信息在哪里、这些信息属于谁、如何来利用这些信息以及组织信息的目标是什么等问题。信息构建使信息组织与信息服务由面向组织内部转变为面向用户,构建起了直接向用户展示和表达信息内容的透明的信息生态环境,网络技术、远程通信技术、浏览器技术和超链接技术等为立体地组织信息提供了技术支持。

三、知识论

一般来说,知识的生成有两种基本途径:一种途径是从实践中逐步积累,把所观察到的现象的共性核心升华为概念,把所积累经验的精华上升成为理论;另一种途径是由已有的知识通过推断产生新知识、由抽象到抽象的过程,在逻辑上称为演绎。

从知识生长的历史进程来说,起初,因为没有知识或者只有很少的知识,人类只能通过归纳途径一点一滴地进行积累;一旦积累的知识多了,就有可能触类旁通,通过演绎的途径从原有的知识推演出新的知识。所积累的知识越丰富,推演的能力就越强,演绎途径在整个知识获取的过程中所起的作用就越大。

但是,从发现新知识来说,无论演绎怎样重要,归纳永远是最基本的途径,而且是具有永恒生命力的途径。一般地,机器可以较好地执行演绎性的推理。但是机器执行归纳性推理却相当困难。这是因为:"归纳"需要经历从个别到一般、从具体到抽象的"飞跃"过程。

1. "三个世界"理论

从学术研究的发展历程来看,图书情报学理论基础中的知识论研究开始于国外知识基础理论的研究,它为后来图书情报知识论的研究打下坚实的理论基础,并提供了广阔的思维空间。而知识基础论的产生则首先来自英国哲学家波普尔(Karl Popper)的"三个世界"理论。该理论在哲学界引起了很大轰动,许多科学家都对此发生了浓厚兴趣。该理论对图书情报学的研究也产生了重大影响。尤其是他的"客观知识论"的思想为图书馆学、情报学的研究开阔了视野,许多学者甚至把它作为图书馆学情报学的理论基础。英国情报学家布鲁克斯(B. C. Brookes)就将波普尔的"三个世界"理论作为情报学的哲学基础,并提出情报学是关于客观知识的分析、组织、传播和利用的科学,情报学的任务是探索和组织客观知识。

波普尔的"三个世界"理论不仅突破了哲学上的一元论、二元论,而且还首次提出了具有独立存在意义的"客观知识世界"这一理论概念,实际上也就隐含着为知识管理提供了一个管理的对象(客体)。同时更重要的还在于它一方面为图书情报工作实质认识上的突破开辟了一个全新领域,另一方面又为图书情报学划定了研究对象的从属领域。实际上,无论是国内还是国外,都曾掀起过一阵"三个世界"研究热,但国内学者对此大多持"商榷""质疑"甚至是"批判"的态度。

正是由于东西方文化及世界观上的差异,导致了"三个世界"理论在图书情报学理论基础研究中最终未能立住脚,但却在人们心目中确立了"知识"的观念,并进一步明确了图书情报工作及其学科体系研究的范畴框架,从而为后来图书情报学理论基础的知识论研究起到了推波助澜的作用,成为图书情报工作及其学科体系中知识管理研究的发源地。

2. 知识交流论

知识交流论诞生于20世纪80年代,并很快被图书情报学研究工作者普遍接受,成为贯穿这一时期图书情报学研究的主流。

实际上,知识交流论是在"交流说"与"知识说"的基础上融合而成的。"交流说"的核心是把图书馆及情报机构看作社会文献交流链中的一个环节和社会交流系统中的一个子系统,注重的只是文献交流的表层。而"知识说"的本质是透过这种表层直接深入到文献的内涵中去。同时受美国芝加哥学派的巴特勒·谢拉的“社会认识论”以及英国布鲁克斯的“知识基础论”的影响,国内学术界充分认识到了“交流说”和“知识说”的潜在价值。人们抛开两者的差异,不断综合两家之说,从而使“知识交流论”得以产生。

“知识交流论”主要研究交流中的知识、交流过程、知识交流与图书馆以及图书馆的知识交流机制。“知识交流论”是对“交流说”和“知识说”的吸收和综合,并将两者有机地组织到一个比较完善的理论框架中,成为学术界一时讨论的热点。

知识交流论的诞生,在国内图书情报界具有划时代的意义。一方面它有力地揭示了图书馆内部活动与外部交流与联系的关系,从而使得图书馆活动在更广泛的背景下得到了全面而深入的考察,同时也使得人们对图书馆的社会功能形成了本质的理解;另一方面,知识的观点、交流的观点已经成为图书情报界共同的认识。同时受“知识基础论”的启发,人们不约而同地都把知识问题的研究当作是图书情报界的首要任务,掀起了图书情报学理论基础中的知识论研究的热潮。从另外的角度看,知识交流论虽然没有完全揭示图书馆内部活动的本质和全部机理,但是,图书馆内部知识与外部的交流与联系不是自发形成的,而是通过图书情报机构的一种有目的有组织的活动,作为图书馆活动的机理,社会的知识交流与文献的组织和传递实际上就是知识管理的活动过程。

3. 知识组织论

人们普遍认为“知识组织”这一概念最早是由英国的H·E·布利斯于1929年提出的。但对于什么是“知识组织”,目前还没有统一的认识,人们对知识组织的研究大多集中在方法的改进上。其基本原理就是要用一定的方法把知识客体中的知识因子和知识关联(即若干个知识因子间建立起来的特定联系)揭示出来,以便人们认识、理解和接受。

根据人类社会的知识运动过程,我们把知识组织分为主观知识客观化过程中的知识组织和客观知识主观化过程中的知识组织两种类型。目前,学术界所探讨的知识组织大多都是指客观知识的组织。其中,图书情报工作中的知识组织是最古老的知识载体组织,是客观知识组织的典型代表。它主要通过文献的“组块化”来实现(当一个分类号或一主题词来储存文献,用一个检索语句检索一组文献时,这些文献就构成一个组块)。因此,图书馆内部活动的实质是知识组织。

知识组织论是随着社会信息环境变化而提出来的关于知识流的整序理论。知识组织论是对知识交流论的一种补充,二者是连续的理论。一方面知识组织以知识交流为出发点,它是知识交流的必要前提;另一方面,知识交流又是知识组织的最终目的与归宿,它是知识组织结果的表达方式。二者相辅相成,互为补充。那种把知识组织论作为图书情报学的理论基础是不科学的。

4. 知识集合论

集合论由德国数学家康托尔提出。他把具有某种共同属性的事物的全体称为“集合”,组成集合的个体事物称为该集合的元素。集合论不仅对数学的影响是巨大的,而且对其他科学的影响也非常深刻。2000年,王子舟首次提出了把知识集合作为图书馆学的研究对象这一命题,并阐述了知识集合对图书馆学的发展所产生的影响。在此基础上,他进一步明确了知识集合的定义:用科学方法把客观知识元素有序地组织起来,形成专门提供知识服务的人工集合。也就是说,知识集合是同客观知识元素组织汇集而成的。它是完整的实体,且在客观知识世界(即波普尔的“三个世界”)中具有独立的存在形态;知识集合元素的组织汇集依据了一定的科学方法;知识集合的存在意义是保存或传播知识,为人们提供知识服务;它对人们需求环境的变化具有良好的适应力。知识集合具有集合性、整体性、相关性、目的性、适合性等特征。根据这个定义得出图书馆就是知识集合的结论。

"知识集合论"是"知识组织论"之后提出的又一种观点。虽然有人认为"知识集合"是一个模糊性概念,它在揭示图书馆本质时,无法将"原生态知识集合"与"再生态知识集合"严格区分开来,也无法将"知识集合"与"非知识集合"泾渭分明地划界,因而也就无法将图书馆从本质上与其他一些事物区别开来。但这一概念的首次提出毕竟具有开拓性意义。从"知识集合"与"知识组织"的关系来看,"知识集合"是"知识组织"的一个层面,是一种知识组织的过程,同样也是知识管理的一部分。"知识集合"的"知识存储""知识检索"与"知识优控"三大基本功能体现出了浓厚的知识管理色彩。

5. 知识管理论

对知识进行有效地组织与管理将是21世纪人们面临的主要挑战,解决知识与控制的关系问题也将成为情报学的基本功能。置身于知识管理环境下的图书情报人员是知识管理者,图书情报学也应属于知识管理的研究范畴。国外还有专家详细研究了知识管理在经济领域的应用价值,并试图在图书情报界与商界之间建立某种联系,这为图书情报专业人员致力于发展知识管理系统和创建知识管理文化提供了有益的参考。

知识管理论是图书情报学知识论中集大成者。它广泛摄取了知识基础论、知识交流论、知识组织论及知识集合论的精髓,创造性地将其基本功能融于一身,从而达到知识创新的目的。从这个意义上讲,知识交流、知识组织与知识集合均属于知识管理活动过程中的环节与分支,知识管理是图书情报学知识论中的核心。在知识生产与知识消费的环节中,知识管理起着重要的纽带与桥梁作用。

四、本体论

本体论(Ontology)最早是哲学上的一个概念,是对世界任何领域内的真实存在所做的客观描述,而且这种描述不一定完全建立在已有的知识基础上,还包括通过推理来获取新知识的过程。20世纪80年代以后,本体论逐渐受到信息科学和计算机领域研究者的重视。在人工智能界,Neches等人最早给出了本体论定义——"构成相关领域词汇的基本术语和关系,以及由这些术语和关系构成的解释这些词汇外延的规则"。

本体是领域知识的形式化说明,通常由概念、概念之间的关系、公理、规则组成。元数据解决资源的语义描述问题,本体解决资源集合的相互关系问题,它们都需要一定的形式化机制提供"机器运算"的可能性。元数据与本体的关系可以简单地看成是微观与宏观的关系。

基于本体论的知识组织是一个新兴领域,其基础是形式本体论的研究及其在信息处理领域的应用。形式本体论是针对特定领域的知识处理发展起来的,它以特定领域的知识资源作背景,通过某领域的形式本体论将该领域的知识组织起来,构成基于本体论的知识研究系统,因而在知识组织与知识处理中具有特别的学术意义和广泛的应用价值。

在哲学意义上,本体是存在的本质抽象,本体论是关于存在及其本质的理论。一种本体论规定了一种哲学的基元或元结构,是所谓第一哲学、一元论、二元论、多元论等由此产生。

胡塞尔现象学是形式本体论的主要哲学渊源,在胡塞尔看来,现象学的问题主要有两类:本体论的问题和形而上学的问题。相应地,现象学的方法主要也有两种:本质还原的方法和先验还原的方法。“本体论”和“形而上学”这两个概念在胡塞尔那里有特别的用法:本体论指先天观念的整个系统,它包括形式本体论和实质本体论。形式本体论研究形式的范畴和规律(如形式逻辑和纯数学的范畴和规律);实质本体论研究存有的分类(从最上层的存有的区域如自然、人、历史到最下层的事物的种属和类型)及范畴(如物性、空间性、因果性等)。因此,可以说本体论是一种研究本质、本质的规律和结构的科学。现象学的本质还原的方法就是用来发现本质、本质的规律和结构的方法,也就是“现本体之象”。

先验还原的方法则用于解决形而上学有关终极关怀问题,其中特别涉及意识和存在的关系问题、主体和客体对象的关系问题等。这样,导致源于胡塞尔哲学的形式本体论与怀特海哲学和蒯因哲学等相结合后,在计算机科技中逐渐发展成一种新的方法论,即基于形式本体论构造系统的方法。在文献信息处理中,本体论主要关注文献的内在内容特征,因而适合用于组织知识。

相对于信息而言,知识具有稳定的内容结构;相对于知识而言,信息具有动态的价值功能。这一区别构成了组织信息适用元数据而组织知识适用本体论的局面。

基于元数据的信息组织通常以类似编目的形式实行,实际上,AACR 和机读目录方案(MARC)等编目规范就是印刷信息时代的元数据,而今天的元数据只不过是针对网络信息尤其是 Web 信息标引提出的概念,两者在本质上是同类,因而具有类似的实现技术。

基于本体论的知识组织则首先需要构建一个形式本体论,也就是能进行形式化表达的本体论模型,然后用计算机软件形式表达出来,其一般构造方法可以设计成三段法。

(1) 概念化:就是确定某一领域的元概念。概念之间的关系可以包括同义关系、反义关系、属种关系、交叉(相交)关系、全异(相离)关系等。这与分类法和主题表有一定类似,但却没有分类法和主题表体系固定的限制,也不像分类法和主题表那样庞大。

(2) 模型化:就是用图示法将某领域的元概念和元关系表示出来,构筑成形式本体论的关系模型。这与元数据有一定类似,但却可以不是树型结构而多用网型联络。

(3) 软件化:就是用适当的软件工具将本体论模型转化为能在计算机上运行的软件。

这样构造的形式本体论是一个动态系统,其概念、关系和软件均可根据发展的需要而不断更新。

按照本体论的内容来划分,可分为领域本体论、通用本体论和任务本体论。

领域本体是本体在具体领域中的应用。领域本体是对某个具体领域的知识和特征的描述,通用的领域本体不可能穷尽所有的知识,要想使信息检索尤其是某个专业领域的信息检索达到较高的标准,就需要建立并合理地使用领域本体论。

开发一个领域本体包括以下步骤:

(1) 考察现有的领域本体的可复用性,定义本体中的类。

(2) 设定类和子类的合理层次结构。

(3) 定义类的属性和描述对属性值的限制。

(4) 为实例中的属性设定具体属性值。

定义类和类的等级体系是构建网络信息资源本体的关键步骤,对类的等级体系的确定,需要体现分类—主题一体化的方法。定义类的属性也是本体构建的重要组成。在定义类的属性时,体现元数据表示方法的思想,从多角度、多层次对类进行描述。完善类的等级体系和定义类的属性是密不可分的,两个环节必须同时进行,而且,在实现过程中会出现不断的循环往复,直到合理、满意为止。

在本体的构建过程中,如果存在着现有的本体资源,应将其导入并在其基础上进行添加和完善,这样可以减少不必要的工作量,提高本体构建的效率,促进资源共享。目前,对于网络信息资源而言,没有一个标准的本体资源可以复用。但是各个网站已经有了自己的网站分类目录,可以为网络信息资源本体的构建提供参考。通过参考和比较搜狐、网易、雅虎、新浪、谷歌等网站的分类目录,在本体的分类组织思想的基础上,符合概念逻辑,采用综合法对网络信息资源做出分类。

第四节 信息组织的方法基础

一、语言学

语言学(Linguistics)是以人类语言为研究对象的学科,探索范围包括语言的性质、功能、结构、运用和历史发展,以及其他与语言有关的问题。语言学研究的对象是客观存在的语言事实。不管是现代的语言还是古代的语言,都是客观存在的语言现象。尽管不同话语表达的意义是带有主观性的和千差万别的,但是传递出来的语言信息却是能被别人共同理解的,语言学被普遍定义为对语言的一种科学化、系统化的理论研究,并且语言是人类最重要的交际工具,是思想的直接现实。

二、逻辑学

逻辑学是一个哲学分支学科,是对思维规律的研究。逻辑和逻辑学的发展,经过了具象逻辑—抽象逻辑—具象逻辑与抽象逻辑相统一的对称逻辑三大阶段。

逻辑学是研究思维的学科。所有思维都有内容和形式两个方面。思维内容是指思维所反映的对象及其属性;思维形式,是指用以反映对象及其属性的不同方式,即表达思维内容的不同方式。从逻辑学角度看,抽象思维的三种基本形式是概念、命题和推理。

1. 概念

概念是反映对象的一般属性和本质属性的思维形式,是思维的最基本单元,其内容是客观的,由词来表现,并具有民族特点科学概念是形成科学理论体系的基础,各门学科借助于不同的科学概念来表达各自的发现结果以及所要阐述的基本原理。

概念的内涵是指所有组成该概念的事物的本质属性;概念的外延是指具有这种本质属性的所有事物的总和。

概念的内涵和外延之间的关系:此消彼长,内涵扩大,则外延缩写;内涵缩小,则外延扩大。在信息组织中,利用概念的内涵和外延对各种信息进行标引和检索,依据概念的限制和概括及概念之间的关系,通过概念的划分、概念的分析和综合开展信息组织工作。

对概念的划分可以建立等级性的概念体系。对概念的分析和综合,则可以将复合主题概念分解成若干个子概念,并通过对子概念的组配表达复合主题概念,进行概念逻辑运算。常见的布尔逻辑运算符:逻辑与(AND)、逻辑或(OR)、逻辑非(NOT)。

概念之间按照是否存在共有的外延,概念关系可以分为相容关系和不相容关系两种相容关系是指至少有一部分外延相同的概念之间的关系,包括同一关系、包含关系、交叉关系等。不相容关系是指不存在共有外延的概念之间的关系,可以分为不同论域之间的不相容关系和同一论域的不相容关系。前者对于信息组织而言无实际意义,信息组织关注的是同一论域的不相容关系,可以分为并列关系、反对关系和矛盾关系。

2. 命题

在现代哲学、数学、逻辑学、语言学中,命题是指一个判断(陈述)的语义(实际表达的概念),这个概念是可以被定义并观察的现象。命题不是指判断(陈述)本身,而是指所表达的语义。当相异判断(陈述)具有相同语义的时候,它们表达相同的命题。在数学中,一般把判断某一件事情的陈述句称为命题。

19 世纪下半叶欧洲逻辑读本对命题的分类不尽一致。大体说来,按关系即按命题主谓项之间的关系分,有直言命题、假言命题(后件主谓项的联系以前件为条件)和选言命题(谓项之间对主项有选择关系)。从质的角度分,有肯定命题和否定命题。从量的角度分,有全称命题,包括单称命题、普遍命题(凡 S 是 P)和特称命题。这些传统逻辑读本在讨论选言命题时,也往往论及联言命题、分离命题(非 A 并且非 B)等。另外,还有一类可解析命题也是常常提到的。在这类命题中,有一种叫区别命题,其形式为“只有 S 才是 P”;还有一种叫除外命题,其形式为“除是 M 的 S 外每个 S 是 P”。

现代逻辑对命题形式的分析,由于推理的有效性只与推理的前提和结论的形式有关,而与作为前提和结论的命题的具体内容无关。因此,在经典的二值逻辑里,命题可以只看成真(记为 T)和假(记为 F)两种,并统称为真值。

对命题形式的进一步分析,要深入到最简单命题内部的非命题成分。在现代逻辑中,类似“苏格拉底是人”这样的命题,被认为是最简单的命题。若以 s 代表“苏格拉底”,以 M 代表“人”,该类命题就可记为 $M(s)$,这表示某一个体 s 具有性质 R。推广来说,最简单的命题的形式为 $F(x)$,可读作论域中的个体 x 具有性质 F;较为复杂的形式为 $G(x,y)$,可读作论域中的个体(x,y)之间具有关系 G。在这里(x,y)称为个体变项;$F,G,\cdots$称为谓词变项,而 F 是一元的,G 是二元的。一般全称命题的形式是 $\forall x(Fx\rightarrow Gx)$,而存在命题、即传统逻辑所谓的特称命题的形式是 $\exists x(Fx\wedge Gx)$。所有这些都是现代逻辑里的经典一阶谓词逻辑对命题形式所作的初步分析(见谓词逻辑)。此外,把量词加之于谓词变项,便形成了高阶逻辑。也还可以引入模态词,或分析疑问句、命令句等,从而建立有关的逻辑理论。

对于两个命题,如果一个命题的条件和结论分别是另一个命题的结论和条件,那么这两个命题称为互逆命题,其中一个命题称为原命题,另一个命题称为原命题的逆命题。

对于两个命题,如果一个命题的条件和结论分别是另外一个命题的条件的否定和结论的否定,那么这两个命题称为互否命题,其中一个命题称为原命题,另一个命题称为原命题的否命题。

对于两个命题,如果一个命题的条件和结论分别是另一个命题的结论的否定和条件的否定,那么这两个命题称为互为逆否命题,其中一个命题称为原命题,另一个命题称为原命题的逆否命题。

3. 推理

推理(Reasoning)是"使用理智从某些前提(Premises)产生结论"的行动。以下三种推理是属于哲学、逻辑、心理学和人工智能等学科所感兴趣的领域。

思维的基本规律是指思维形式自身的各个组成部分的相互关系的规律,即用概念组成判断,用判断组成推理的规律。它有4条:即同一律、矛盾律、排中律和充足理由律。简单的逻辑方法是指,在认识事物的简单性质和关系的过程中,运用思维形式有关的一些逻辑方法,通过这些方法去形成明确的概念,做出恰当的判断和进行合乎逻辑的推理。

推理是由一个或几个已知的判断推出一个新的判断的思维形式。例如,"客观规律总是不以人们的意志为转移的,经济规律是客观规律,所以,经济规律是不以人们的意志为转移的",这段话就是一个推理。其中"客观规律总是不以人们的意志为转移的""经济规律是客观规律"是两个已知的判断,从这两个判断推出"经济规律是不以人们的意志为转移的"这样一个新的判断。任何一个推理都包含已知判断、新的判断和一定的推理形式。作为推理的已知判断称为前提,根据前提推出新的判断称为结论。前提与结论的关系是理由与推断,原因与结果的关系。

推理方法包括:

三段演绎法:由一个共同概念联系着的两个性质判断作前提,推出另一个性质判断作结论的推理方法。

联言分解法:由联言判断的真值,推出一个支判断真值的联言推理形式的一种思维推理方法。

连锁推导法:在一个证明过程中,或一个比较复杂的推理过程中,将前一个推理的结论作为后一个推理的前提,一步接一步地推导,直到把需要的结论推出来。

综合归纳法:以大量个别知识为前提概括出一个一般性结论的推理方法。

归谬反驳法:从一个命题的荒谬结论,论证其不能成立的思维方法。分为硬汉派、社会派、悬疑派、本格派、变格派。

三、知识分类学

知识分类就是根据特定需要和标准,通过比较,把人类全部知识按照相同、相异、相关等属性划分成为不同类别的知识体系,显示其在知识整体中的应有位置和相互关系。

分类本身就是一门艺术。真理没有捷径,寻求个人和他人的幸福没有灵丹妙药;面对我们总是遇到的问题,解决它们的方式只能是试错法,自然本身是这样,科学也是这样。

几千年来人们都通过博伽梵歌、圣典博伽瓦谭和其他韦达书籍获得启迪,这些书,既实际又深邃,给人寻找全部事实,全面解释,多于任何其他科学,哲学、心理或者宗教系统。在《博伽梵歌原义》第七章第七节中说,"有四种虔诚的人,对我作奉献服务:苦恼者、追求财富者、好问者和追求绝对知识者。或许,绝对知识就是我们在学习中追求的目标。

分类是一个细致而困难的工作,在生物科学史上,有林奈为主张用人为分类的方法去研究自然界生物,从详细搜集材料入手,通过分析、比较、整理的方法创造性地提出双名命名法,包括了8800多个种,可以说达到了"无所不包"的程度,被人们称为万有分类法。这是一个历史性的转折,不仅仅是生物科学上。

埃及亚历山大图书馆是世界文明史上最早运用图书分类思想的公共图书馆,公元前

250年前后,Callimachos(卡利马科斯)将图书按著者划分为诗人、法律家、哲学家、历史学家、演说家、杂家六类。西汉时期,我国刘向、刘歆父子根据当时的皇家藏书编成第一部综合性分类目录《七略》,1548年,瑞士文献学家 Conrad Gesner 创制欧洲第一个正式分类法——《万象图书分类法》,前者的六分法思想和后者4大部21大类的分类体系均对图书分类产生深远影响。

知识的分类方法可以从多个维度进行讨论:

1. 按照知识的效用分类

知识起源于人们的日常生活需要。"古代科技文明最先发展起来的是与人们的生产、生活密切相关的学科或技术,其特点是经验性、技术性、实用性,其目的和价值就是满足当时人们最朴素的生活和生产的需要"。知识的原始分类实质上就与知识的起源密切相关。"许多现存的专门学科是从日常生活的实际关注中发展出来的,对此没有严重异议:几何学发源于土地测量和勘定;力学产生于建筑和军事技术中提出的问题;生物学起因于人的建康和家畜饲养问题;化学肇始于冶金和印染工业提出的问题;经济学发端于家政和政治管理问题等"。

在当代,这种以知识效用为核心的知识分类方法,已经成为一种重要的知识经济社会理论。例如,奥地利出生的美籍经济学家弗里茨·马克卢普根据知识的实用价值把知识分为五类:实用知识、学术知识、闲谈与消遣知识、精神知识、不需要的知识。他的分类有着明显的经济学目的,主要是为"知识产业"寻找立足点,在确定知识范畴的基点上把知识产品区分为三种形式,把知识产业划分五大部门,从而奠定了他的知识经济学理论。

受知识经济发展的影响,近年来企业界纷纷开始了知识管理活动。为了突出知识的实际效用和价值,管理者也常常把知识分为五类:显性知识和隐性知识、内部知识和外部知识、个人知识和组织知识、实体知识和过程知识、核心知识和非核心知识。这种分类方法的好处在于用动态的知识观看待知识,它"意味着将注意力更多地集中于知识的共享、创新、适应、学习、运用和沟通这一动态过程,意味着把知识看成是一个充满不断转变,融合、合并的动态体"。它鼓励参与和协作沟通,为知识的交流、创新和运用提供条件。

2. 按照科学研究的对象对知识进行分类

按照科学研究的对象对知识进行分类,也是一种具有悠久传统的知识分类方法。其原则就是以研究对象的性质来决定知识的类型。比如:以自然界为研究对象的知识成果就是自然科学,以人类社会为研究对象的知识成果就是社会科学。这种分类方法最早由德国哲学家威廉·狄尔泰提出,他在《人类研究导论》中,明确地把"自然科学"和"社会科学"两个范畴区分开来。他认为,历史上遗留下来的种种典籍及其制度和习惯都体现了人的生命和精神,因此又把社会科学称作"精神科学"。这种划分后来被人们称为现代知识体系诞生的标志。

3. 按照知识属性分类

知识属于认识的成果。从认识论出发来观察知识,知识的属性极其复杂。西方古代哲学家柏拉图认为,知识是人心灵的产物,他以人的心灵为基础,把知识分为四种状态:理性、理智、信念和表象,前两者是"本质的理性的认识",后两者是"关于派生的易逝的东西的意见"。

亚里士多德抛弃了柏拉图的唯心主义理念论,改造并发展了柏拉图的知识分类法。

他从人类的实践活动出发把知识分为理论之学、实用之学和创造之学三大类。理论之学是纯粹理性,包括数学、几何、代数、逻辑、物理学和形而上学;实用之学是关于人类行动的学问,包括伦理学、政治学等;创造之学是关于创作、艺术、演讲等学问。他的知识分类方式一直沿袭到15世纪。在教育学界,教育家为了更好地实现教育目标,更是重视知识的属性特征,以便于对它们进行分门别类的传授。尤其在现代教育中,人们把知识分为四类:事实性的、概念性的、程序性的和元认知性的知识。事实性知识指独立的、特定的知识内容,如关于专有名词等;概念性知识相对于事实性知识要复杂、更有组织性,如关于理论、模型、结构的知识等。

4. 按照知识形态分类

所谓知识形态,一般分为两种概念来表达:即知识的主观形态和客观形态;或称为主观的知识与客观的知识;也有人称其为言传知识和意会知识。把知识划分为主观知识和客观知识两种形态的代表人物是奥裔英籍哲学家波普尔。20世纪70年代,他在《客观的知识》一书里创造了三个世界理论:"第一,物理客体或物理状态的世界;第二,意识状态或精神状态的世界,或关于活动的行为意识的世界;第三,思想的客观内容的世界,尤其是科学思想、诗的思想以及艺术作品的世界。""我的第一个论点涉及两种不同意义的知识或思想的存在:主观意义上的知识或思想,它包括精神状态、意识状态,或者行为、反应的意向;客观意义上的知识或思想,它包括问题、理论和论证等。这种客观意义上的知识同任何人自称自己知道完全无关;它同任何人的信仰也完全无关,同他的赞成、坚持或行动的意向无关。客观意义上的知识是没有认识者的知识:它是没有认识主体的知识。"他的重大贡献还在于把世界3客观化于世界1中,通过世界2作用于世界1,使三个世界之间各自独立存在,又相互作用。

另一种将知识区分为两种形态的分类法由匈裔英籍哲学家波兰尼首创。20世纪中期,他把人类的知识分为言传知识与意会知识两种:前者是指可用书面文字、图表或数学公式表达出来的知识;后者是指不能用语言文字所阐述的知识。而意会知识是言传知识的基础,言传知识是意会知识的外显形态。根据他的观点,人们又把可言传的知识称为显性知识,把那些不能脱离认知主体的思维智慧称为隐性知识。这种分类方式既揭示了人的内在认识的底蕴与人类活动的关系,也把人自身的活动看作知识动态生成和表达的源泉。

经济合作与发展组织(OECD)在1996年发表的《以知识为基础的经济》报告中,以波兰尼的知识分类为基础,进而把人类的知识分为四大类:关于事实和现实的知识、关于自然规律和原理方面的知识、关于技能和诀窍方面的知识、关于人力资源方面的知识。前两类为可编码的显性知识,后两类为不能明言的意会知识。这种对知识的重新分类,引起了人们的普遍关注。但学者们对此的理解不尽一致,有极力赞成者,也有进行补充者。

5. 按事物运动形式分类

以物质的运动形式为原则对知识分类的代表人物是马克思主义创始人之一的恩格斯。19世纪中期,自然科学得到了巨大的发展,恩格斯运用辩证唯物主义原理,批判地继承了历史上知识分类的合理因素,分析和概括了当时自然科学的全部成果,建立了以自然界基本运动形式为区分依据的知识分类方法。他说:"每一门科学都是分析某一个别的运动形式或一系列彼此相属和互相转化的运动形式的，科学分类就是这些运动形式本身依照其固有的次序的分类和排列，而科学分类的重要性也正是在这里”。他把世间的各种运动概括为机械运动、物理运动、化学运动、生物运动和人类社会运动五种形态，按照它们的运动属性和发展次序，来排列力学、物理学、化学、生物学、社会学等知识部类的顺序。这种分类思想不仅能从科学的整体上反映知识的本质属性及其相互关系，同时也可清楚地显现知识的体系结构和内在规律性。

6. 按照自然现象和社会现象分类

以自然现象和社会现象为依据来定义知识的类别，始于法国著名的空想社会主义者圣西门。他把所见到的现象分成天文现象、物理现象、化学现象、生理现象。按照各类研究对象的复杂化程度，从简单到复杂，把有关它们的知识排列成一个分支系统：数学、天文学、物理学、化学和生理学等。他认为数学是各门知识的基础，所以，数学在他的知识顺序中占第一位。他因早年热心社会政治活动，所以对各种社会现象产生的成因也很关心，为揭示这些社会现象背后的本质，他第一个提出了社会科学概念，希望研究社会的科学也应该像自然科学那样，成为发现社会发展规律的科学。

法国哲学家、社会学家、实证主义创始人孔德，非常重视圣西门的纵向式知识分类体系。但作为实证方法的创始人，他更注重于研究方法对知识体系形成的影响。他指出：“实证哲学的基本性质，就是把一切现象看成服从一些不变的自然规律；精确地发现这些规律，并把它们的数目压缩到最低限度，乃是我们一切努力的目标。”“我们的企图只是精确地分析产生现象的环境，用一些合乎常规的先后关系和相似关系把它们互相联系起来。”他把知识的范围限定在观察到的事实的基础之上，他说：“从培根以来一切优秀的思想家都一再地指出，除了以观察到的事实为根据的知识以外，没有任何真实的知识。”他按照天文现象、物理现象、化学现象、生物现象和社会现象的划分与联系来排列知识的次序：天文学、物理学、化学、生理学（或生物学）和社会学等，他第一次把新创立的社会学作为一个独立的学科放在了生物学之后，称社会学是发展在最后也是最复杂、最重要的一门科学。

马克斯·舍勒是德国知识社会学的创始人之一，他不仅把知识看作一般社会现象，还把知识看作是一种具体的文化现象。舍勒认为“所有知识，尤其是关于同一些对象的一般知识，都以某种方式决定社会——就其可能具有的所有方面而言——的本性。最后，反过来说，所有知识也是由于这个社会及其特有的结构共同决定的”。舍勒将知识类型分为三种：拯救的知识、形而上学知识、实证科学知识。他以此说明人追求知识的内驱力和各种情感。德国知识社会学家卡尔·曼哈姆认为，知识社会学尽管以知识为研究对象，但是不能把它看作是认识和思想的方式与成果，而是一种精神现象，其重点在于研究知识与社会的关系，思维与社会存在的相互作用。由于他的知识社会学带有浓厚的认识论色彩，因此就有人把他的知识社会学称为认识社会学。

7. 按照知识研究方法分类

近代以来，随着方法论的发展，有关研究方法的理论日益成熟，以研究方法区分知识类别的思想在知识分类活动中也日益活跃。其中影响较大的有数学方法、逻辑方法、历史学方法、实地研究方法和实验方法等。数学具有高度的抽象性、严谨的逻辑性和广泛的适应性。因此自 20 世纪中后期以来，国际上普遍利用数学研究方法对知识分类，把是否使用数学方法用来判断学科的成熟程度,凡使用数学方法进行研究的学科可称为成熟的学科,反之则称为不成熟的学科,或称为“准学科”与“准科学”。利用逻辑学研究方法对知识分类,是根据逻辑判断,把知识划分为抽象的学科(数学和逻辑)、具体的学科(天文学、地质学、生物学、心理学、社会学),介于抽象与具体之间的学科(力学、物理学)。利用历史学研究方法进行个案研究和描述方法区分的学科有历史学、文学、考古学、文物学、古生物学、动植物形态学等。利用实地研究方法区别知识的有中国学者洪业的分类法。他把知识划分为从其事之时、从其事之地和从其事之类三种情况。他强调测量的重要意义,将其分为事之测量、时之测量和地之测量,用这种方法所得的知识当然会有较高的可信度。人们还根据是否采用实验方法把知识划分为实验学科和非实验学科等。

20 世纪后期,随着科学的迅猛发展,人们日益认识到任何知识分类体系都是动态的、相对稳定的,无限开放的和可以重新解构与重构的。每诞生一种新的分类思想,就可能产生一个新的分类标准,相应就会产生一种新的知识结构体系。如董光碧研究员所说“要正确认识科学学科的历史性。任何学科都有兴衰的历史,学科的分析与综合正在同时进行着。

8. 按照知识的内在联系分类

按照知识内在联系划分知识部类的理论,主要是三角形划分理论和交叉、综合理论等。这种分类有十分古老的理论来源。最先是柏拉图的三分法,他把知识体系分成辩证法、物理学说和伦理学说三种。随后亚里士多德将自然哲学分为理论哲学、实践哲学和创造哲学三种。现代国际上较有影响的三角形分类法也有几种:以苏联凯德洛夫提出的三角形分类法影响最大。他把自然科学、哲学和社会科学分居三角,心理学居三角形之中,构成一个相互联系的整体。

钱学森教授多年致力于系统工程研究,十分重视建立统一的知识体系。他认为传统的知识分类是以研究对象为划分的依据,而现代知识分类可以用发展的眼光从不同的角度来反映知识世界。20 世纪 80 年代初期,他先把现代科学分为六大知识体系,4 年之后随着研究的深入,他又将现代科学技术体系分为九大体系:自然科学、社会科学、数学科学、系统科学、思维科学、人体科学、文艺理论、军事科学和行为科学,而哲学既是这些知识部类的认识基础,也是贯穿于它们之间的桥梁和纽带。他认为,任何学科群体都不是一成不变的,它们会随着科学技术的发展而发展和完善。

9. 按照知识的内在联系分类

中国科学院院长路甬祥于 1998 年 9 月在“面向知识经济的国家创新体系”研讨会上作了题为《我们的时代和科学技术的未来》的报告中,勾勒了知识的结构体系。他把人类知识划分为自然科学、技术与工程科学、社会与人文科学三大块,并以哲学、数学、信息科学和系统科学等具有指导性或工具性的科学为核心;用“生命科学”和“物质科学”来概括传统生物学、物理和化学;把生态与环境工程列为一类,显示了两者的内在关系;把认知科学、心理科学、行为科学、人类学、语言学等作为自然科学与社会人文科学的边缘科学,揭示了这些学科与自然、社会的双边关系;把地球科学和环境科学列在一起,既突出了生态平衡和环境保护的重要性,又反映了它们之间的内在联系。他还反复强调三大部类知识的交叉与综合是造福于人类社会的共同需要,主张把自然科学和社会科学当作一个整体系统来看待,其目的在于使它们能够紧密交融,相互作用。

本章小结

信息组织就是利用一定的科学规则和方法，通过对信息外在特征和内容特征的表征和排序，实现无序信息流向有序信息流的转换，从而使信息集合达到科学组合实现有效流通，促进用户对信息的有效获取和利用。本章就信息组织的基本概念展开描述，对信息组织的分类、基础理论和方法基础进行了较为详细的描述，是后续各章内容的基础。

作业题

一、填空题

1. 信息组织的主要内容包括________、________、________、________和________。

2. 按信息表现形式划分，信息组织包括________、________、________和________这四种类型。

3. 按信息的加工程度划分，信息组织包括________、________和________这三种类型。

4. 按信息的传播载体划分，信息组织包括________和________。

5. 按信息的认识层次划分，信息组织包括________、________和________。

6. ________是通过合理地组织、标识信息并构建信息环境，以改善信息浏览及信息检索的过程与效果的科学和艺术。

7. 推理方法包括________、________、________、________和________。

二、选择题

（一）单项选择题

1. 关于信息组织，以下描述不正确的是（　　）。

A. 信息组织动感需要利用一定的科学规则和方法

B. 可以促进用户对信息的有效获取和利用

C. 可实现有序信息流向有序信息流的转换

D. 使信息集合达到科学组合实现有效流通

2. 下列说法正确的是（　　）。

A. 公开出版的图书、期刊、论文属于二次信息

B. 二次信息组织的目的是建立各类信息检索系统

C. 学科年度总结、进度报告、文献指南、百科全书、年鉴属于一次信息

D. 一次信息是经过深加工而成的信息

3.（　　）是信息组织的基本单元。

A. 元数据　　B. 原子数据

C. 基础数据　　D. 信息

（二）多项选择题

关于知识的分类，以下描述正确的是（　　）。

A. 根据特定的需要和标准,通过比较,把人类的全部知识按照相同、相异、相关等属性划分成为不同类别的知识体系

B. 知识的分类方法可以从多个维度进行

C. 按照科学研究的对象对知识进行分类,也是一种具有悠久传统的知识分类方法。其原则就是以研究对象的性质来决定知识的类型

D. 认识属于知识的成果

三、简答题

1. 简述信息组织的概念。
2. 简述信息组织的主要内容。
3. 按信息的加工程度划分,信息组织包括哪些类型?
4. 按信息的认识层次划分,信息组织包括哪些类型?
5. 简述二次信息组织的主要方法、功能和方式。
6. 简述信息构建的概念和核心理念。
7. 简述知识的产生途径。
8. 简述本体的概念,简述基于本体论的知识组织的构造方法。
9. 简述知识分类的概念和基本方法。

第二章　信息标引语言

无序信息有效组织,转变为有序信息,进而充分挖掘利用。对信息进行描述就成了前置工作,而信息描述是依据一定的规则和标准,对信息的外部特征和内容特征进行选择、描述并予以记录。信息描述所使用的规法标准就是信息标引语言。本章在了解信息组织基本概念的基础上,针对信息组织基本工具信息标引语言进行了全面详实的介绍。

第一节　信息标引语言概述

信息标引也称为文献标引,是指分析文献内容的属性(特征)及相关外表属性,并用特定语言表达分析出的属性或特征,从而赋予文献检索标识的过程。

标引类型包括分类标引和主题标引。分类标引是指对文献进行主题分析,用分类语言表达分析出的主题,赋予文献分类检索标识的过程。习惯上,分类标引被称为分类。主题标引是指文献进行主题分析,用主题语言,表达分析出的主题,赋予文献主题检索标识的过程。

标引语言是表达文献主题概念和文献需求主题概念的简明性、单一性和关联性的概念标志系统,是根据标引和检索需要而编制的人工语言。

依据构成原理可将标引语言分为分类语言、主题语言、代码语言。分类语言,也称分类法,是用分类号表达主题概念,依据知识分类将主题概念组织、排列成类目体系,主要以类目体系的自身结构显示概念之间关系的标引语言。主题语言又称主题法,是由受控的自然语言语词直接表达主题概念,按语词字顺排列主题概念,主要用参照显示概念之间关系的标引语言。

依据标识组合时间的先后可将标引语言分为先组式语言、后组式语言、散组式语言。先组式语言是指标识在编表时就已组合好,标引和检索时不必或较少进行组配的标引语言。后组式语言,是指标识主要提供组配使用,而且标引时不将标识组配在一起,到检索时才将标识组配起来的标引语言。散组式语言,是指标识主要供组配使用,而且标引时就将表达主题概念的若干个标识组配在一起的标引语言。

一、规范语言

规范语言是适应情报检索需要而创制的一种人工语言,它在手工检索条件下产生,并得到了充分发展及应用。

例如,历史最久远的分类语言,采用比较抽象的类号来表达概念,组织检索系统。它具有良好的系统性,适于学科或专业出发的族性检索。同时,随着学科发展及用户需求的变化,分类语言也由等级体系型日益向分面组配方向发展。

而规范语言的另一重要分支——主题语言，则以自然语言为基础，经过人为的形式控制（词量、词形、词义及词间关系等），用来直接表达主题概念。20 世纪 50 年代，由于计算机检索的迅速发展，主题语言也在经历了元词语言的短暂应用后进入叙词语言的大普及阶段。作为吸取以往所有规范语言优点的叙词语言，适应了标引、检索的多种要求，是在机检条件下效率较好的一种规范语言。60 年代，在国外被称为“叙词表”时代，其应用达到了顶峰。

无论是哪种规范语言，为了达到简明专指地进行标引及全准便捷地实现检索的目的，都对人们日常使用的自然语言进行了种种转换及限制处理。如分类语言是建立在代表主题概念的一系列类目基础上的号码体系，而主题语言则是有选择并加以规范化的自然语言的一个子集。这克服了自然语言的两大不足。概念与语词非一一对应，以及概念关系的隐含性的同时，也不可避免地导致了规范语言自身的局限，即表达概念的受限，词汇转换的失真及标引、检索前处理量大且难以达到统一等。

二、自然语言

20 世纪 80 年代由于计算机软件、硬件条件的支持，国外在联机检索的基础上进一步向网络化发展。90 年代初以来各国的信息高速公路建设更是方兴未艾，如火如荼，国内机检水平也在迅速提高，并与全球的大趋势相合拍。在这种形势下，作为情报检索语言保障的规范语言因其固有的人工性、受控性，越来越难以满足大量、迅捷、自由、多样的检索要求，其得不偿失的内在不足更趋明显化。

自然语言（Natural Language）是相对于规范语言（Controlled Language）而言的，其本质特征是不受控制。从情报检索的发展历程来看，作为语言保障的规范语言是对自然语言实施控制而出现的，而情报检索的进一步发展必使得曾被否定的自然语言重新得以肯定。

自然语言作为日常使用的语言，无疑最符合人们进行情报检索的习惯，随着机检的高度发展，应用条件的日益完善，自然语言有可能扬长避短，重新发挥其固有的优势。

（1）直接采用文献作者使用的自然语言，标引工作就可以摆脱规范语言的了解掌握，以及繁复的分析转换过程。这大大降低了标引的脑力、体力负担，加快了标引速度，又减少了表达概念上的失真和不一致。

（2）直接以日常使用的自然语言进行情报检索，符合检索者的习惯，简便易行，对于日益增大的普遍检索用户群而言更是如此。

（3）采用自然语言标引与检索，可达到足够的专指度，且不存在词汇迟滞的问题。

（4）自然语言具有通用性，不存在规范语言的统一兼容问题，在使用自然语言的各数据库间可实现标引、检索成果的共享。

（5）自然语言标引为计算机的自动处理创造了条件，其发展将可能取消费时、费力的人工标引。

因此自 20 世纪 50、60 年代进行的两次克兰菲尔德得出最少实施控制的系统较之其他系统优越的结果后，自然语言检索系统得到了迅速发展，发达国家的联机检索已从只能利用受控的叙词语言进行布尔逻辑检索的第一代发展成能利用自然语言进行语境逻辑检索的第二代。

总之,自然语言较之规范语言更适于当前的信息状况及机检条件,并且数十年来在实践中也得到了相当的应用和发展。

第二节 分 类 法

一、分类法概述

分类就是按照事物的性质、特点、用途等作为区分的标准,将符合同一标准的事物聚类,不同的则分开的一种认识事物的方法。

分类法是指将类或组按照相互间的关系,组成系统化的结构,并体现为许多类目按照一定的原则和关系组织起来的体系表,作为分类工作的依据和工具。

随着 19 世纪近代图书馆的出现和公共图书馆事业的兴起,一大批图书分类法应运而生。1876 年,美国 Melvil Dewey 根据前人研究成果编成《图书馆图书、小册子排架和编目用分类法和主题索引》一书,即《杜威十进分类法》,开创了文献分类的新纪元。1895 年,比利时人拉封丹和奥特莱据此编制了《国际十进分类法》,最早采用了概念分析和组配原则。1901 年,美国国会图书馆在卡特《展开式分类法》基础上编成《美国国会图书馆分类法》。1906 年,英国人布朗根据“一个主题,一个位置”的思想创制《主题分类法》。1933 年,印度阮冈纳赞发表《冒号分类法》,开创了分面组配式分类法的先河,成为文献分类法发展史上的又一里程碑。这一时期,中国图书馆界创制分类法有沈祖荣、胡庆生合编的《仿杜威书目十类法》(1917)、杜定友编的《世界图书分类法》、王云五编的《中外图书统一分类法》(1928)、刘国钧编的《中国图书分类法》(1929)、皮高品编的《中国十进分类法及索引》(1934)等。

第二次世界大战后,原有分类体系修改补充的同时,国内外许多新分类法也不断涌现,包括《中国人民大学图书馆图书分类法》《中国科学院图书馆图书分类法》《中国图书馆图书分类法》《苏联图书馆图书分类法》《国际专利分类法》《概略分类体系》等。

二、国内外常用分类法介绍

1. 杜威十进分类法

杜威十进分类法(Dewey Decimal Classification, DDC)是广为全球各地图书馆使用的分类法。这个分类系统最早在 1873 年时 Melvil Dewey 有此分类构想,而于 1876 年正式出版。目前,负责 DDC 出版的是 Forest Press,而它于 1988 年成为 OCLC 下的一个部门。DDC 已被全球超过 135 个国家的图书馆使用,并且被翻译逾 30 种语言,包括阿拉伯文、中文、法文、希腊文、希伯来文、意大利文、波斯文、俄文、西班牙文及土耳其文等。在美国,有 95%的公共图书馆及学校图书馆、25%的学院及大学图书馆及 20%的专门图书馆使用 DDC。此外,DDC 更能用来组织因特网上的各种资源。

DDC 共出版两种版本形式:完整版及节缩版,其中节缩版主要是提供馆藏量低于 20000 册的图书馆使用。完整版目前最新的是 2003 年出版的第 22 版,共计四大册,内容分为九大部分:第一册中主要是描述 21 版新增特色、杜威十进分类法简介及使用方法、名词解释及索引、复分表及 20 版与 21 版之间之异同比较;第二册及第三册则是分类法的全文;第四册则是提供相关索引(Relative Index)及实际进行分类时的指引。DDC 的长处之一在于它能不断地维护发展。目前,它的维护是由美国国会图书馆所负责,有专门的部门负责反应新文献成长的趋势与使用者的需求。DDC 是用传统的学科来分类,总共以 10 个主要的学科(Main Classes)来涵括所有的知识体系,每个大类下细分 10 类(Divisions),接着又再分成 10 小类(Sections)。DDC 中每个学科都会给予特定范围的数字来表示,它的 10 个大类如表 2-1 所列。

表 2-1 学科分类表

000	Generalities	总　类
100	Philosophy	哲学类
200	Religion	宗教类
300	Social sciences	社会科学类
400	Language	语文类
500	Pure sciences	自然科学类
600	Technology	应用科学类
700	The arts	艺术类
800	Literature	文学类
900	General geography & history	史地类

2. 国际十进分类法

国际十进分类法英文名为 Universal Decimal Classification,简称 UDC,又名《通用十进制分类法》。

1895 年目录学家拉芳田(H. La Fontaine)和奥特勒特(P. Otliet)在比利时政府的资助下,发起编制一个包括全人类所有知识内容的分类索引,当时杜威法已出版第 5 版,在杜威法基础上,他们主持编制并出版正式英文版,即目前通用国际第 4 版;1940 年修订法文版,即目前通称的第 5 版;1951 年,日本将其译成日文,即目前统称的第 6 版;1955 年西班牙将其翻译成西班牙文,即目前通称的第 7 版。

国际十进分类的体系结构采用列举-(横线)组配混合式,为十进制分类法,它的基本大类有 10 个,序列如下:

a　总论类

b　哲学、形而上学、心理学

c　宗教、神学

d　社会科学

e　(空)

f　数学、自然科学

g　应用科学、医学、技术

h　艺术、娱乐、游艺、体育

i　语言学、文学

j　地理、传记、历史

目前 UDC 已有 23 种语言版本,并被 10 多万个图书情报单位使用,是西方国家应用最广的图书分类法之一。

3. 中国图书馆分类法

《中国图书馆分类法》(原称《中国图书馆图书分类法》)是新中国成立后编制出版的一部具有代表性的大型综合性分类法,是当今国内图书馆使用最广泛的分类法体系,简称《中图法》。《中图法》初版于 1975 年,1999 年出版了第 4 版。修订后的《中图法》第 4 版增加了类分资料的类目,并与类分图书的类目以"+"标识进行了区分,因此正式改名为《中国图书馆分类法》,简称不变。《中图法》第 4 版全面补充新主题、扩充类目体系,使分类法跟上科学技术发展的步伐。同时规范类目,完善参照系统、注释系统,调整类目体系,增修复分表,明显加强类目的扩容性和分类的准确性。

根据图书资料的特点,按照从总到分,从一般到具体的编制原则,确定分类体系,在 5 个基本部类的基础上,组成 22 个大类。

中国图书馆分类法的基本结构如下:

(1) 基本部类:如中图法分五大类部:马列主义、毛泽东思想、邓小平理论;哲学;社会科学;自然科学;综合性图书。

(2) 基本大类:构成分类表的第一级类目。中图法为 22 个基本大类。

(3) 简表:由基本大类与由其直接展开的一、二类目所形成的类目表。

(4) 详表:由简表展开的各种不同登记的类目所组成的类目表,是文献分类的真正依据。

《中图法》的标记符号采用汉语拼音字母与阿拉伯数字相结合的混合号码。即用一个字母表示一个大类,以字母的顺序反映大类的序列。字母后用数字表示大类以下类目的划分。数字的编号使用小数制。大类包括:

A　马克思主义、列宁主义、毛泽东思想
B　哲学
C　社会科学总论
D　政治、法律
E　军事
F　经济
G　文化、科学、教育、体育
H　语言、文字
I　文学
J　艺术
K　历史、地理
N　自然科学总论
O　数理科学和化学
P　天文学、地球科学
Q　生物科学
R　医药、卫生
S　农业科学
T　工业技术
U　交通运输
V　航空、航天

X　环境科学

Z　综合性图书

三、网络信息资源组织中的分类法介绍

网络信息资源是指通过计算机网络可以利用的各种信息的总称。从信息检索角度看，网络信息具有以下特点：

(1) 数量巨大，增长迅速。互联网把分散在全球不同地理空间的资源都集中在一起形成了一个巨大的信息资源库，而且自它诞生之日起，其信息量就在不停增长，每天都有新的网站在建立。以目前世界范围内最受欢迎的搜索引擎谷歌的发展为例：1997 年谷歌刚成立时，全球 Web 网总共大约有 3.2 亿个网页；2002 年 6 月，谷歌已需要对 20.7 亿个万维网网页进行搜索；到 2003 年 9 月，谷歌不得不对 33 亿个万维网网页进行跟踪。网络信息的爆炸式增长，使得人们从中淘取有用信息的难度越来越大，搜索引擎(包括主题检索和分类检索)已经成为上网查询信息的必须手段。

(2) 内容广泛，价值不一。网上的信息涵盖了人类知识的全部领域，既有人文科学、社会科学、自然科学、工程技术信息，也有大量生活服务、娱乐消遣信息。互联网的高度开放与自由，使任何人都可以不受限制地发布信息，致使网上的信息广泛而混乱，质量参差不齐。既有较大参考价值的信息，也有毫无价值的大量冗余信息，甚至于还有不少有害的信息，如黄色信息、暴力信息、恐怖信息等，为用户选择、利用网络信息带来了不便。

(3) 更新快，变化频繁。因特网的资源是一个动态系统，不但各种信息处在不断生产、更新、淘汰的状态，而且它所链接的网络、网站、网页也都处在不断地变化之中。有的 WEB 页几小时就更新一次，用户现在浏览器上的内容可能在几个小时之前在因特网上并不存在。网络信息更新快、变化频繁的特点要求网络信息分类体系也具有跟踪动态发展的能力，能及时将重要信息多方面地反映给用户。

(4) 类型多样，结构复杂。网络信息资源种类繁多，包括动态信息、网上出版物、书目数据库、联机数据库、软件资源以及个人主页、电子邮件等。这些信息的表现形式有文本，也有以声音、图形、图像存储的。网络信息分别存储在世界不同国家、不同地区的服务器上，不仅不同的服务器采用不同的操作系统及数据结构，网络信息本身的生产、流通也缺乏统一的标准与规范，以万维网网页文件为例，如今除了有 Html、xml、asp、jsp、php 等常见格式外，还有 cfm、txt、doc 等格式，结构复杂。

(5) 超文本链接，利用方便，但无序性增强。传统印刷型文献通常是单线性的组织方式，主要通过二次文献、参考文献和引用注释等方式来解释相关文献，用户对相关文献的查找费时费力。而网络信息则是利用超文本链接技术，将各个国家、各种服务器、各种网页、各类不同文献上的相关信息都通过节点链接起来，点击节点即可以访问该信息，加强了信息间的关联度，形成了一个网状结构，使得用户对相关信息的检索非常方便。但另外，由于超文本的节点和链可以动态的改变，使信息定位比较困难，信息的无序性增强，容易造成“迷航”现象。网络信息的这些特点，要求网络信息分类法具有高度包容性及动态性，能够组织各种信息并及时变更类目体系以容纳新的信息内容。

根据网络信息资源的以上特点，可以继承和发扬现有网络信息分类体系的优点，引入与吸收传统分类法的长处。建立以下分类法：

1. 专家分类标引

网络信息的分类标引是根据网站的主要知识内容特征,按照一定的规则,纳入某个分类体系的过程。目前,搜索引擎或门户网站的分类导航系统基本上都是以专业编辑,即专家为主对网络信息进行分类标引的。例如,雅虎就专门雇用了近百名专家进行分类;搜狐的编辑把所有的中文网站资源整理后组织起来,按不同的主题放在相应的目录下,从而形成搜狐的网站分类目录体系;新浪分类目录下收录的网站也都是经过编辑审核后确认的。由专业编辑对网站信息进行分类标引,网站一般都是经过精心筛选的,因此有较高的质量保证。

但是由专业的人工编辑进行管理,除了人力开销很大以外,网站信息的收录范围和数量,网站信息的更新速度都受到很大制约,随着互联网上的信息以几何级数增长,这个矛盾将会更加突出。

2. 自动分类技术

所谓自动分类是指用计算机系统替代人工对各种对象进行分类标引,一般包含两种类型(或两个阶段):

(1) 自动聚类。它是由计算机系统从待分类对象中抽取有关特征,然后将提出的全部特征进行比较,根据一定的法则或需要(如类别多少的规定,或同类对象的相似或接近程度),将具有相同或相近特征的对象定义为一类。自动聚类的目的是在已有信息中定义符合实际情况的类。在网站的非主要分类体系中,也可以用自动聚类的方法自动生成栏目内的类别。

(2) 自动归类。它是由计算机系统从待分类对象中提取有关特征,然后与既定的分类系统中对象所具有的公共特征进行相关性比较,将对象归入与其特征最相近的类中。自动归类的目的是把各种信息纳入已建立的分类系统之中且对于《中国网络信息分类法》来说,分类体系已经形成,所涉及的自动分类主要是指自动归类。

其中,自动归类系统根据其实现的技术可分为两类:基于词典法的自动归类系统及基于专家系统的自动归类系统。基于词典法的自动归类系统是把待分类文本中抽取的代表知识主题的语词与词典类别词库中的语词进行相符性比较来归类的。其中主题词词典库中的词汇主要取自于已有的各种分类法和主题法。

进入20世纪90年代以后,由于人工智能技术的不断成熟,研究者开始把专家系统技术引入到自动分类领域,出现了基于专家系统的自动归类系统。专家系统是一种在某特定领域以人类专家的水平去解决该领域问题的计算机程序,一般由知识库和推理机两大基础部分组成。知识库储存了从专家那儿获得的关于某领域的专门知识。推理机具有推理的能力,即根据知识推导出结论,而不仅仅简单地搜索现成的答案。无论是基于词典法的自动归类系统,还是基于专家系统的自动归类系统,目前的发展都还不够成熟。基于词典法的自动分类系统的核心是词典中主题词的质量,但现有分类系统中使用的词典的主题词往往落后于科技和时代的发展;基于专家系统的自动归类系统的缺陷是知识库规模小,知识表示方式单一。人工智能技术尚未能从根本上解决知识学习的问题,这就导致了知识库的更新慢,跟不上学科的发展。并且,词典法和专家系统的自动归类都离不开汉语分词技术。汉语词之间不像英语等有自然的切分标记,切词难度大,到目前为止各种分词算法对歧义切分都还没有好的解决方法。

此外,影响自动分类准确度的因素还有三个方面:

(1) 标引关键词的正确性、专指度及标引的网络度。关键词标引错误,肯定导致自动分类结果的错误。关键词的专指度低,导致自动分类归入上位类;关键词的专指度过高,会导致自动分类归入下位类。标引的网络度过高,会将网页中仅提及但没论述的主题加以标引,这将导致自动分类结果中出现错误的分类;标引的网络度过低,会漏掉网页中论述的主题,这将导致自动分类结果中分类不全的现象。

(2) 关键词分类法对照表的质量。该对照表是实现自动分类的又一重要依据,其质量的高低将严重影响自动分类的结果,并且其影响程度甚至要高于关键词的标引质量对自动分类结果的影响。这是因为,如果关键词分类法对照表编制正确,一个网站的关键词标引错误,仅会影响该网站的分类结果的正确性,与其他网站的自动分类结果无关。但是,如果关键词分类法对照表编制有误,将会导致所有相关网站的自动分类结果错误。

(3) 自由分类。自由分类法(Folksonomy)是用户自发的用标签(Tag)对感兴趣的资料进行分类,并与他人共享标签的过程和结果。其特点是自由、共享和动态更新。由于满足了人们的"视觉"偏好和"读图"心理,故比搜索引擎的输入框更直观。但缺点是缺乏等级结构,无法精确地描述信息,且容易被滥用。当前因特网正从"专家"转向"平民"。等级式分类法便于按学科对信息进行汇集,分面分类法提供按照不同的属性(分面)查找资料,而自由分类法则易于为大众使用和共享,维护成本低。按照"差的就是好的"(worse is better)之观点,自由分类法更容易被大多数用户接受使用,从而不断更新完善。

自由分类法是用户自发的用标签(Tag)对感兴趣的资料进行分类,并与他人共享标签的过程和结果。如下场景描述了自由分类法的使用:李明(化名)上网发现了一张大海的图片,他点击一下鼠标,在图片对应的网址和名称下增加"seablue 2005"3 个标签后保存。在 30 万人这样做后就有了 Tag 云图,图中文字的大小和对应图片的多少成正比。自由分类法的特点是自由、共享和动态更新。它更好地满足人们的"视觉"偏好和"读图"心理,使它比搜索引擎的输入框更直观。但它的缺点也是明显的,即缺乏等级结构,无法精确地描述信息,并且容易被滥用。尽管如此,它还是比本体(Ontology)更好地预示了语义网的应用前景。

自由分类法对元数据实现增值。如果说元数据是"关于数据的数据"(Data about data),那么自由分类法就是"关于数据的标签"(Tag about data)。两者均组织信息以便利用户的使用,只是手段不同,前者是通过专业人士和标准化,后者则更多依赖大众的参与和重量级应用。自由分类法则将元数据的制作和使用全部归于大众,并将元数据的共享作为核心和公共价值的体现,自由分类法简化很多,简化的界面,简化的操作和使用,并通过标签总图的方式来显示标签的变化情况。

第三节 主 题 法

一、主题法概述

主题法一词是主题法系统的简称。用语词作为概念标识将概念标识按照字顺排列,并用参照系统等方法间接显示概念之间相互关系的情报语言,称为主题法系统。它包括标题法、单元词法、叙词法和关键词法。单元词法现在已发展为叙词法。

主题法在国外发展较早。19世纪初期,Thomas Jefferson 改写了 Francis Bacon《知识大纲》;1856年,Andrea Crestadoro(安德里亚·克里斯塔多罗)发表了 *Art of Making Catalogues*(目录编制技术);1870年,Charles A. Cutter 发表了 *Rules of a Dictionary Catalog*(字典目录规范);1895年,美国图书馆协会发表了用于目录标引的主题词表;1898年,美国国会图书馆制定了官方主题词表。

主题法在国内的发展过程是:1980年3月,正式出版的《汉语主题词表》;1991年,中国科技情报所对自然科学部分进行修订;1994年,又出版了《中图法》与《汉语主题词表》对照型的词表《中国分类主题词表》。

主题法的特点包括:直接以语词作为检索标识;以字顺为主要检索途径(手工检索);以特定的事物、问题、现象,即主题为中心集中信息资源;通常是通过详尽的参照系统等方式揭示各个主题词之间的关系。

主题法可以根据不同的角度分类。

按选词方式分类,主题法可以分为标题法、单元词法、叙词法(主题词法)、关键词法。

(1) 标题法。一种以标题词作为主题标识,以词表预先确定的组配方式标引和检索的主题法。标题词指经过词汇控制,用来标引文献的词或词组,通常为比较定型的事物名称。如"图书""信息资源""信息组织""信息存储和检索"等都可以作为标题词。

(2) 单元词法。以单元词作为主题标识,通过字面组配的方式表达文献主题的主题法。所谓单元词,是指用来标引文献主题的、最基本的、字面上不能再分的语词。例如,"物理"和"贸易"就属于单元词,而"知识组织"和"主题标引"可进一步分解成"知识""组织""主题""标引"。

(3) 叙词法。是以从自然语言中精选出来的、经过严格处理的语词作为文献主题标识,通过概念组配方式表达文献主题的主题法类型。

(4) 关键词法。将文献中原有的,能描述其主题概念的那些具有关键性的词抽出,不加规范化处理,按字顺排列,以提供检索途径的方法。所谓关键词,是指那些出现在文献的标题(篇名、章节名)以至摘要、正文中,对表达文献主题内容来说是最重要的、带关键性的,可作为检索入口的语词。

按语词标识的组配特点分类,主题法可以分为先组定组式、先组散组式、后组式;按使用时是否控制分类,主题法可以分为受控主题法、非控主题法。

二、国内外常用主题词表

由于主题词表是一种语义词典,由术语及术语之间的各种关系组成,能反映某学科领域的语义相关概念,是一种把文献、标引人员或用户的自然语言转换成规范语言的一种术语控制工具,因此主题词表是某学科领域内的表达事物相关概念的词汇大集合,是能够显示主题词之间的各种词义关联的词汇系统,是因需求进行不断调整的动态词典。

根据相关统计,主题词表的种类比较多。外国主题词表中有影响的是美国《工程与科学主题词表》《日本科学技术情报中心主题词表》《国际核情报系统主题词表》等。国内的主题词表有《汉语主题词表》《医学主题词表》《化学工业主题词表》等。这些主题词表作为情报检索系统的语言工具都已投入使用。

主题词表是由主题词及主题词之间关系组成，应用参照符号显示、并清楚地区分主题词间基本语义关系。由《汉语主题词表编制规则》等规定的三种语义关系，包括同等关系、等级关系还有相关关系，各个关系都具有互逆性质，即词与词之间解释的各种关系与词与词之间的关系是相对应的。介绍国内外两个典型主题词表：

1.《工程与科学主题词表》

《工程与科学主题词表》是用于工程与科学领域情报检索系统的文献标引和检索的工具书，简称 TEST。

《工程与科学主题词表》是按照美国国际部和工程师联合会的合作计划编制的，1967 年 12 月出版。编制 TEST 主题词表，首先从 145 种现有标题表和主题词中选出 14.5 万个词作为参考素材，经过分析处理从中选定 23364 个词。编表工作自 1965 年 12 月开始，历时两年左右，动员了 876 人次，花费了 44.8 万美元。

《工程与科学主题词表》由 4 部分内容组成，收录 23364 个词（其中非标准主题词为 5544 个）。第一部分是主表。其款目由款目词、主题范畴代号和参照关系组成，按款目词的 ABC 字顺排列。第二部分是轮排索引，利用它可按款目词中的任何一个单词查出款目词。例如，Digital Computers（数字计算机）这个款目词可分别按组成该款目词的两个单词，即 Digital（数字）和 Computers（计算机）查出。第三部分是主题范畴索引，利用它可按主题范畴查出所需款目词。主题范畴基本上是直接采用美国联邦政府科学技术情报委员会编辑的主题范畴表。主题范畴是按照主题范畴号码排列。主题范畴号有 4 位数字，前两位表示大类，后两位表示小类。在各主题范畴之下的主题词按其 ABC 字顺排列。第四部分是等级索引，词间的等级关系以梯形点阵形式展开，最高概念词称为族首词。

2.《汉语主题词表》

《汉语主题词表》是 1974 年作为“汉字信息处理系统工程”的配套项目开始编制，并在研究和借鉴国外叙词表编制技术的基础上，根据国际标准 ISO2788《单语种叙词表编制规则》，经过近 9000 人 5 年时间的工作，于 1980 年编成问世。

《汉语主题词表》由中国科技信息研究所和北京图书馆负责主持，1975 年开始编制，1980 年正式出版。分为社会科学、自然科学和附表 3 卷，共 10 个分册，全表收录主题词 108568 个。其中正式主题词 91158 个，非正式主题词 17410 个，词族数 3707 个，一级范畴数 58 个，二级 674 个，三级 1080 个。

《汉语主题词表》分 3 卷 10 册：第一卷（2 册）为社会科学部分，第二卷（7 册）为自然科学部分，两部分均包括字顺主表、范畴索引、词族索引和英汉对照索引，第三卷为附表，包括世界各国政区名称、自然地理区划名称、组织机构名称及人物名称。《汉语主题词表》涵盖各个学科专业，收词量大，编制体例规范，对推动中国主题标引工作的开展和促进专业叙词表的编制起了重要作用。

三、网络信息资源组织中的主题法介绍

目前的网络信息组织一般采用两种技术来实现信息检索：一是使用网站和网页分类技术，建立分类浏览目录，这就涉及分类法的应用；二是采用全文检索技术，这里面较多地

使用了关键词法，而关键词法是主题法的一种。

主题法是网络信息组织所采用的主要方法，主题法在网络信息组织中的使用主要表现为两种形式：一是用现有的词表（叙词表、标题表）组织网络信息资源；二是广泛采用关键词法。

由于主题词表是结构化的受控表，是后组式的检索语言，它可以清晰和系统地表示自然语言词汇之间的基本语义关系。主题词表在检索系统中起着组织信息和查找信息的功能。在少量系统中提供了主题词表方式的网络信息资源检索。例如，美国国防部的 Cenetr for Army Lessons Learned（CALL）系统，它所使用的是 CALL 信息化与网络建设字典和军事词汇主题词表。

关键词检索在网络中应用相当广泛，有相当一部分网络信息资源浏览器与搜索引擎都以主题词为组织与揭示信息的重要途径与方法。不同的搜索引擎提供的关键词检索功能不同。有的只能进行简单关键词查询，有的既可以提供简单关键词查询，又可以提供高级或复杂的关键词查询。

如图 2-1 所示，在中国知网界面可以看到，选择关键词检索，关键词的选用须表述核心特征、有检索意义，避免使用无检索意义的词并且忽略同义词。

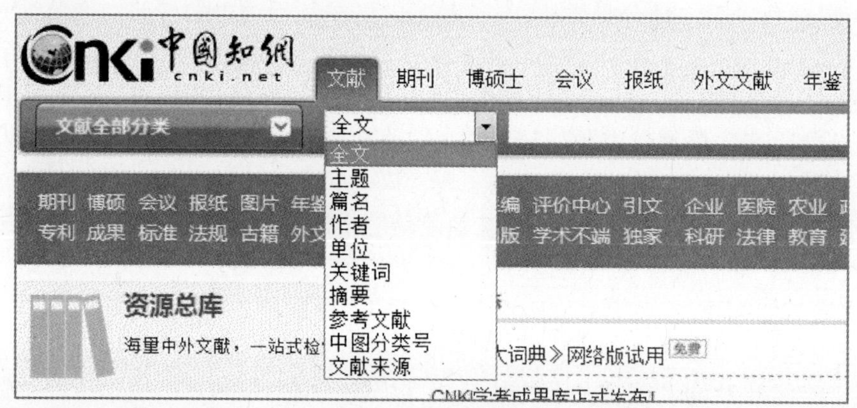

图 2-1 中国知网界面

键入“信息组织”关键词，得到以下结果，如图 2-2 所示。

	题名	作者	来源	发表时间	数据库	被引	下载	预览
1	否定结构的语篇功能	苗兴伟	外语教学与研究	2011-03-20	期刊	7	915	
2	多媒体电子地图的信息组织及可视化机制研究	蔡忠亮	武汉大学	2004-09-06	博士	29	1588	
3	数字图书馆理论与发展模式研究	孙坦	中国科学院文献情报中心	2000-06-21	博士	33	2441	
4	情报学进展系列论文之四 网络世界的信息组织	周晓英;曾建勋	情报资料工作	2009-03-25	期刊	11	466	
5	新网络环境下用户信息获取方式对图书馆信息组织的影响	欧阳剑	中国图书馆学报	2009-11-15	期刊	15	813	
6	泛在信息环境下图书馆信息资源组织构建研究	欧阳剑	图书情报工作	2011-03-05	期刊	4	317	
7	tag信息组织机制研究——以del.icio.us、flickr	黄国彬	图书馆杂志	2008-05-	期刊	11		

图 2-2 中国知网的查询结果

中国知网把出现在文献中的关键词选取出来,然后组配好,按字序排列,配合日期、作者等进行对文献的定位与检索。

本章小结

信息标引也称为文献标引,是指分析文献内容的属性(特征)及相关外表属性,并用特定语言表达分析出的属性或特征,从而赋予文献检索标识的过程。本章对信息标引语言概述、分类法、主题法作了详细介绍。

作业题

一、填空题

1. 信息标引也称为________,是指分析________,并用________,从而赋予文献检索标识的过程。

2. ________是适应情报检索需要而创制的一种人工语言,它在手工检索条件下产生,并得到了充分发展及应用。

3. ________是相对于规范语言而言的,其本质特征是不受控制。

4. 分类法是指________的关系,组成系统化的结构,并体现为________的体系表,作为分类工作的依据和工具。

5. 用语词________按照字顺排列,并用参照系统等方法间接显示________的情报语言,称为主题法系统。

6. 目前的网络信息组织一般采用________和________来实现信息检索。

二、选择题

(一) 单项选择题

1. 依据标识组合时间的先后可将标引语言分为(　　)。

A. 散组式语言、先组式语言、后组式语言

B. 先组式语言、散组式语言、后组式语言

C. 先组式语言、后组式语言、散组式语言

D. 后组式语言、先组式语言、散组式语言

2. (　　)是网络信息组织所采用的主要方法。

A. 叙事法　　B. 主题法　　C. 描述法　　D. 总结归纳法

(二) 多项选择题

1. 关于标引类型,以下描述正确的是(　　)。

A. 包括分类标引和主题标引

B. 分类标引是指对文献进行主题分析

C. 主题标引被称为分类

D. 主题标引是指文献进行主题分析

2. 下列说法正确的是(　　)。

A. 主题词表是一种语义词典

B. 主题词表是由主题词及主题词之间关系组成

C. 主题词表是应用参照符号显示、并清楚地区分主题词间基本语义关系

D. 主题词表的种类很少

三、简答题

1. 简述信息标引的概念。
2. 简述分类和分类法的概念。
3. 列举国内外常用分类法。
4. 简述中国图书馆分类法的编制原则和组成。
5. 简述网络信息资源的概念和特点。
6. 简述自动分类技术的类型和实现方法。
7. 简述自由分类法的概念和特点。
8. 简述主题法系统的概念、特点和优点。
9. 列举国内外常用主题词表。
10. 实践操作:从中国知网中查找近3年的关于“信息组织”的最新文献。

第三章　置标语言工具

信息标引语言是完成信息组织活动的基本语言，其主题法、分类法也是历经实践验证的有效方法，在掌握了描述方法的基础上，具体实践还需要使用置标语言工具，通过工具将无序信息进行定性描述、分类，完成信息有序化的前置工作。本章对目前较为通用的SGML、HTML、XML、JSON等语言工具进行详细介绍。

第一节　置标语言概述

置标语言，也称为标记语言、标志语言、标识语言，是一种将文本以及文本相关的其他信息结合起来，展现出关于文档结构和数据处理细节的计算机文字编码。与文本相关的其他信息（包括文本的结构和表示信息等）与原来的文本结合在一起，但是使用标记进行标识。

早在20世纪60年代，出现了使用描述性标签的描述编码来描述电子文档格式，其中最具代表性的是IBM公司发明的通用标记语言（Generalized Markup Language，GML）。1980年，ANSI的CLPT委员会和GCA和Genlode委员会在GML的基础上，制定了标准通用标记语言（Standard Generalized Markup Language，SGML）的草案，1986年，SGML成为信息处理、文本和办公系统的国际标准ISO8879。

SGML是一种元语言（Metalanguage），即SGML是描述标记语言的语言。SGML的实质是强调描述性标记，引入文档类型定义（DTD）概念，具有平台独立性，所以，SGML具有结构化、确认性和可扩展性三个特点。但是，庞大、复杂且严格定义的规范说明令人对SGML望而却步，这使得SGML的使用和推广受到很大的限制。

1990年，Tim Berners Lee采用一组SGML的DTD标记标签作为最初的HTML，并用在Web浏览器的排版中。1992年，HTML1.0的发布表明HTML正式作为SGML的一个小标签集应用于Web中。随着Web应用的不断增长，HTML得到了很大的发展，1997年，HTML4.0提供了更多便于网上用户访问网络的功能。然而，即使是HTML4.0也仅提供的是有限量的标签集，这种标签集的有限性无法满足Web上日益增长的各种多元化信息的描述需求，结果，XML开始登上Web舞台。

XML是SGML的一个简化的子集，它是专门的Web应用标记语言。1996年，W3C编制并推出XML草案，1998年，XML1.0正式发布。作为与SGML同样的国际标准，XML受到越来越多的广泛关注。

另外，还有一些常用的置标语言。

William L. Tunnicliffe提出第一个用于计算机文本处理的标记语言GenCode；一些在出版业以外可用的计算机标记语言可以在Unix系统上的排版工具中找到，如troff和nroff

之类的。在这些系统中,格式化命令被插入到文档文本中,以便排版软件可以根据编辑器的规格格式化文本。"所见即所得"的出版软件对这些语言大量使用;TeX 是一个由美国计算机教授高德纳(Donald E. Knuth)编写的功能强大的排版软件。它在学术界十分流行,特别是数学、物理学和计算机科学界。TeX 被普遍认为是一个很好的排版工具,特别是在处理复杂的数学公式时。一个名为 LaTeX 的 TeX 宏包在 TeX 之上提供了一个描述性标记系统,LaTex 并被广泛使用;"Scribe 是结构和表述之间分清楚的第一个语言",Brian Reid 在他的博士论文中提出。他提出了一个 idea:样式分离文档,并提出了控制描述元素使用的语法,这影响了 SGML,是 HTML 和 LaTex 的直接祖先。

第二节 SGML 语言

一、SGML 简介

如果说 HTML 是目前最为广泛使用的置标语言,那么它的优势应该归功于 SGML。1945 年,Vannevar Bush(著名的曼哈顿计划的组织者和领导者)发表论文描述了一种被称为 MEMEX 的机器,其中已经具备了超文本和超链接的概念。Doug Engelbart(鼠标的发明者)等人则在 1960 年前后,对信息关联技术做了最早的实验。与此同时,Ted Nelson 正式将这种信息关联技术命名为超文本(Hypertext)技术。随后在 1969 年,Charles F. Goldfarb 博士带领 IBM 公司的一个小组开发出通用标记语言(Generalized Markup Language,GML),并在 1978—1986 年间,将 GML 语言进一步发展成为著名的标准通用标记语言。当 Tim Berners-Lee 和他的同事们在 1989 年试图创建一个基于超文本的分布式信息系统时,Tim Berners-Lee 意识到,SGML 是描述超文本信息的一个最佳方案。于是,Tim Berners-Lee 应用 SGML 的基本语法和结构为 Web 量身定制了 HTML。

SGML 是 1986 年出版发布的一个信息管理方面的国际标准。该标准定义独立于平台和应用的文本文档格式,索引和链接信息,为用户提供一种类似于语法的机制,用来定义文档的结构和指示文档结构的标签(tag)。制定 SGML 的基本思想是把文档内容于样式分开。

SGML 规定了在文档中嵌入描述标记的标准格式,指定了描述文档结构的标准方法,这是 SGML 的精华。换句话说,你可以使用 SGML 为你创作的每一种类型的文档设置层次结构模型。SGML 是一个包含超文本链接的综合语言,在 Web 上使用的 HTML 格式是使用固定标签集的一种 SGML 文档。

SGML 优点的优点包括高稳定性、跨平台性和高完整性。

SGML 的 ISO8879 是国际标准规范,所以可信度相当高,其规范结构也相当的严谨,此外 SGML 已使用二十几年了,且自 1996 以来 SGML 的规范几乎是未曾变更过,所以 SGML 是相当成熟的一种通用性标记语言。

SGML 的文件可以跨平台使用,如可以在不同的计算机硬件或操作系统上被使用,甚至可以被不同的应用软件来使用,因为 SGML 是一种高稳定性的国际标准,加上已使用二十几年,所以支持其格式的应用软件与相关数据转换技术就多,所以 SGML 的文件可以在各应用领域中被广泛采用,当然其可携性相对就可以提高。

制定 SGML 时就考虑须满足广泛的使用者,所以其规范制定得相当完整,可以满足不同应用领域使用者的需求,且与 SGML 搭配使用的家族如 HyTime 与文档样式语义和规范语言也都是国际标准,如 HyTime 符合 ISO/IEC10744 的标准,主要功能是描述动态文件的一种语言,而文档样式语义和规范语言符合 ISO/IEC10179 的标准,其制定目标有两个:一个是制定 SGML 文件显示时的样本形式;另一个是有转换语言的功能。

虽然 SGML 有高稳定性与完整性的优点,这可使得 SGML 可以适用在各类应用领域,但这相对的也是 SGML 致命的缺点。SGML 在其开发之初,是以作为一种规范性的标准为出发点的,因而重视详尽性,而忽视实用性成了它的致命弱点,可以这样说,SGML 从来没有在网络上广泛应用过。具体而言:

(1) SGML 是一个严格而完整的系统,方便软件应用并不是它的首要任务,所以 SGML 非常复杂,其复杂程度对于网络上的日常应用简直不可思议。

(2) SGML 十分庞大,既不容易学,又不容易使用,在计算机上实现十分困难。

(3) 在 SGML 中有许多语法语义标准,它们既不方便而且消耗昂贵,这导致开发 SGML 软件非常昂贵。目前比较便宜的 SGML 软件之一是 Adobe Frame Maker,其标准版本价格为 850 美元,而 Adobe Frame Maker+SGML 是以 1995 美元售出的。

(4) 种种不足,导致了几个主要的浏览器厂商都明确拒绝支持 SGML,这无疑造成了 SGML 在网上传播的最大障碍。

鉴于以上因素,SGML 已明显不适用于网络社会的需要,“如何使 SGML 能成功地运用于网络?”,这一问题已自然而然地提上了议程。1996 年 8 月,GCA(图形通信协会)召集 SGML 开发者们举行了一次会议,与会者明确表示 SGML 在某些方面已经落伍了,这些种种不足已经成为它广泛传播的障碍,讨论的结果认为有必要考虑怎样修补 SGML。

二、SGML 的标准体系

一个典型的 SGML 文档可被分为三个层次:结构、内容和样式。SGML 主要是处理结构和内容之间的关系。

结构:为了描述文档的结构,SGML 定义了一个称为“文档类型定义”(Document Type Definition,DTD)的文件,它为组织文档的文档元素(如章和章标题、节和主题等)提供了一个框架。此外,DTD 还为文档元素之间的相互关系指定了规则。例如,“章的标题必须是在章开始之后的第一个元素”“每个列表至少要有两个项目”等。DTD 定义的这些规则可以确保文档的一致性。

内容:这里指的内容就是信息本身。内容包括信息名称(标题)、段落、项目列表和表格中的具体内容,具体的图形和声音等。确定内容在 DTD 结构中的位置的方法称为“加标签”,而创建 SGML 文档实际上就是围绕内容插入相应的标签。这些标签就是给结构中的每一部分的开始和结束做标记。

样式:SGML 本身正在定义样式(Style)的设置标准,即文档样式语义学和规范语言(Document Style Semantics and Specification Language,DSSSL)。

SGML 标准的体系可分为三个层次:第一层次是元语言标准——SGML 标准;第二层次是基础标准,如文档样式语义与规范语言标准(DSSSL)等,是该体系的基本标准;第三层次是具体的应用标准,如互联网上已广泛应用的 HTML 等标准。也就是说,在 XML 标准出现之前,SGML 标准已经形成了完善的体系,并有许多建立于其上的应用系统与应用标准,如图 3-1 所示。

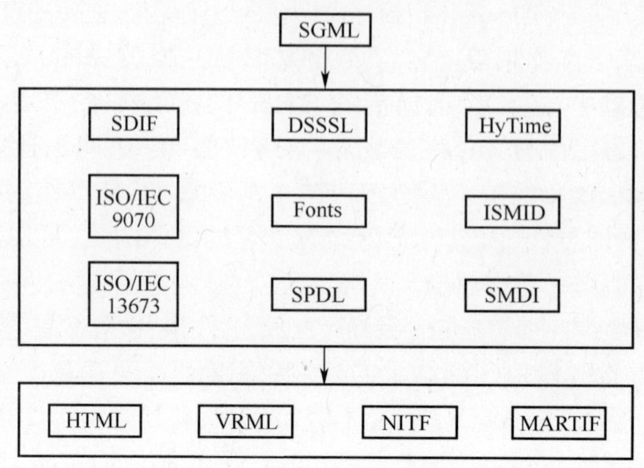

图 3-1　SGML 标准体系

其中,基础标准可分为三类:信息描述标准、信息表现标准和信息关联标准。

(1) 信息描述标准:这一类标准是与 SGML 标准本身直接相关的标准,如 SGML 公共标识符注册标准(ISO 9070),SGML 技术报告(ISO TR 9573)、SGML 一致性测试系统标准(ISO/IEC 13673)、文档处理 APIs 标准等。

(2) 信息表现标准:这一类标准是关于组合文档、超媒体文档的描述与处理的标准,如文档处理框架与逻辑文档格式化、多语种字体信息、信息交换与服务等。具体标准包括:文档样式语义与规范语言标准 DSSSL(ISO/IEC 10179)、标准页面描述语言 SPDL(ISO/IEC 10180)、字体标准 Fonts(ISO/IEC 9541)、字体注册标准 Font Registration(ISO/IEC 10036)等。

(3) 信息关联标准:这一类标准是关于基于 SGML 进行信息管理与交换的标准,如信息的链接与定位、基于时间的信息管理、知识结构与索引的表示法、交互式文档中的动作管理。具体的标准包括:超媒体/基于时间的结构化语言标准 HyTime(ISO/IEC 10744)、基于主题的地图导航标准(ISO/IEC 13250)。

在这些协议中,信息表现部分最重要的标准是 DSSSL,信息关联部分最重要的是 HyTime(Information processing-Hypermedia/Time-based Structuring Language - 2d edition)。这两个标准也是对 XML 标准体系中影响最为深刻的两个。其中前者是一种与平台无关的进行 SGML 文件处理的语言,主要包括转换语言、样式语言、表达式语言和标准文档查询语言(SDQL),XML 相关标准中有很多内容是从 DSSSL 中继承过来的。后者则定义了一个元素类型的集合,以便使用者可以利用这些类型,以一种标准的方式,在已有的 SGML 文档中提供超链及其他功能。在 XML 相关标准中对此也做了继承。

第三节　HTML 语言

一、HTML 简介

HTML 是使用 SGML 定义的一个描述性语言,或可说 HTML 是 SGML 的一个应用。

HTML 不是如 C++和 Java 之类的程序设计语言,而只是标示语言。HTML 的格式和语法非常简单,只是由文字及标签组合而成,任何文字编辑器都可以编辑 HTML 文件,只要能将文件另存为 ASCII 纯文字格式即可。当然,使用专业的网页编辑软件设计网页更加方便,如 FrontPage 或 Dreamweaver 等,甚至 Word 软件都可以将文件保存为 HTML 格式。

在开发技术的选型中,通常会选择传统 HTML 的扩展技术,包括可扩展超文本标记语言(eXtensible HyperText Markup Language,XHTML)和动态 HTML(Dynamic HTML,DHTML)。

XHTML 是与 HTML 同类的语言,不过语法上更加严格。从对象关系上讲,HTML 是基于 SGML 的应用,但语法规则较为“宽松”;而 XHTML 则基于 XML 的应用,严格服从 XML 的语法规则。XML 是 SGML 的一个子集,关于它的技术将在后面章节描述。XHTML1.0 在 2000 年成为 W3C 的推荐标准,在各种网页的开发工具中都有对 XHTML 标准的设置选项。

DHTML 并非 W3C 的标准,它是微软等公司给出的相对传统静态 HTML 而言的一种开发网页的概念。DHTML 建立在原有技术的基础上,主要包括三个方面:一是 HTML(或 XHTML),其中定义了各种页面元素对象;二是 CSS,CSS 中的属性也可被动态操纵从而获得动态的效果;三是客户端脚本(包括 JavaScript 等),用以编写程序操纵 Web 页上的 HTML 对象和 CSS。

HTML 文件中的各种元素组合起来的,通过浏览器的解析和展现就形成各种各样的网页。代码和运行效果如图 3-2 和图 3-3 所示。

```
<html>
<head>
    <title>网页制作教学</title>
</head>
<body>
    Hello World!
</body>
</html>
```

图 3-2 示例代码

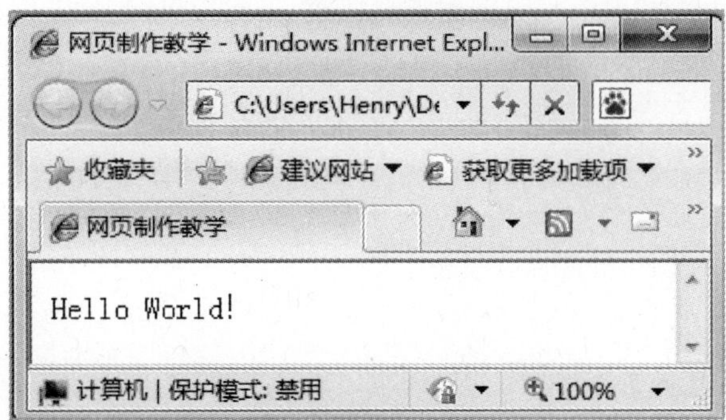

图 3-3 网页的浏览效果

在 HTML 中任何标签皆由“<”及“>”所围住，如<P>，标签名与小于号之间不能留有空白字符。在起始标签之标签名前加上符号“/”便是其终结标签，如</font>。标签字母大小写皆可。

由开始标签和终结标签所构成的对象可以称为 HTML 元素(或 HTML 对象)。元素带有参数，也称为元素的属性。参数只可加于起始标签中。熟悉面向对象程序设计的开发人员更习惯将它们称为“HTML 对象和属性”，本书并不特别强调它们的名称，但在不同的章节会根据上下文的情况给出不同的名称。

通常在一个完整的 HTML 文件中，html 元素是 HTML 文档的根元素，其中包含两个部分：头部元素和体部元素，它们分别被包含在<head>标签和<body>标签中。

另外，CSS 和 JavaScript 增强了 HTML 的表现能力，同时也可以使 Web 浏览器端的开发更加符合模块化、可扩展性、面向对象等软件工程方面的要求。

二、结构元素与属性

HTML5 中支持的多种结构元素来呈现文档中的各节(Sections)内容，包括 HTML4 中已经定义的<body>、<address>、<h1>、<h2>、<h3>、<h4>、<h5>和<h6>元素，以及 HTML5 中新定义的<article>、<section>、<nav>、<aside>、<header>和<footer>元素。HTML5 中支持的多种结构元素如表 3-1 所列。

表 3-1 HTML5 中支持的多种结构元素

元素	语　义	HTML 支持版本
body	定义文档的主体	4、5
h1 到 h6	定义标题 1 到标题 6	4、5
address	定义文档作者或拥有者的联系信息	4、5
article	定义外部的内容	5
section	定义文档中的节，如章节、页眉、页脚或文档中的其他部分	5
nav	定义导航链接的部分	5
aside	定义 article 以外的内容，且与 article 的内容相关	5
header	定义文档的页眉	5
footer	定义文档的页脚	5

<body>元素包含了 HTML 文档中需要在浏览器窗口显示的全部内容，其他的界面元素可作为<body>元素的子元素而存在。<h1>到<h6>元素定义了不同的标题信息，根据其语义，浏览器会以不同大小的字体来呈现，代码和显示效果如图 3-4 和图 3-5 所示。

在 HTML5 中新增了<article>、<section>、<nav>、<aside>、<header>、<footer>等新元素，而这些元素的作用主要体现在语义上，主要目的是增加文档的可读性和搜索引擎优化，在内容展示方面并没有特别的改变。

为了方便理解，这里将这些结构元素和 word 文档结构进行类比：<header>相当于页眉，<footer>相当于页脚，<article>相当于正文，<section>是正文中包含的各个部分(可以理解为段落或章节)，<aside>是正文的注解，而<nav>则是网站中经常使用的导航栏。典型的网页布局如图 3-6 所示。

```
<html>
<body>
    <h1>这是标题1</h1>
    <h2>这是标题2</h2>
    <h3>这是标题3</h3>
    <h4>这是标题4</h4>
    <h5>这是标题5</h5>
    <h6>这是标题6</h6>
</body>
</html>
```

图 3-4 示例代码

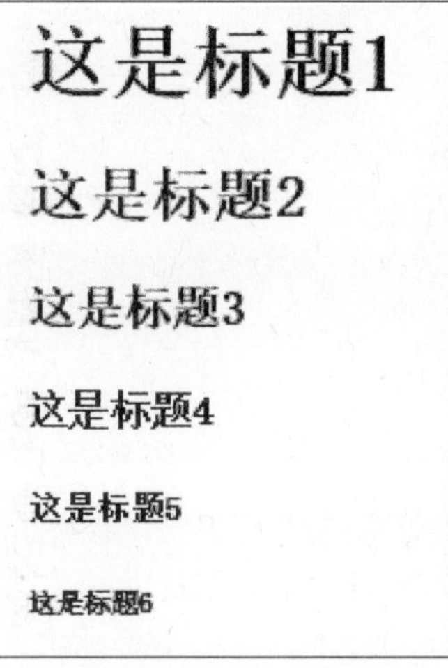

图 3-5 运行效果图

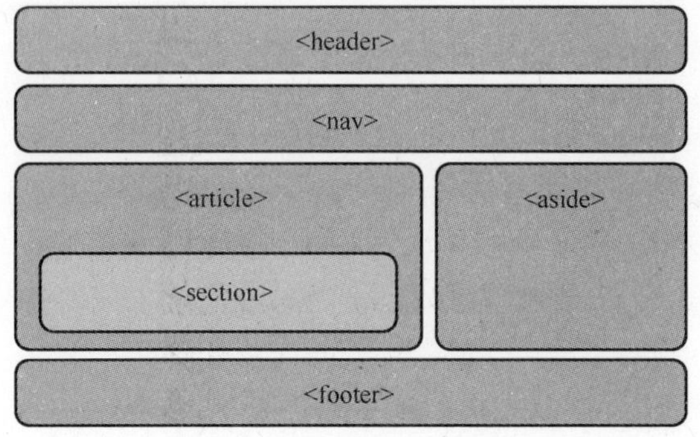

图 3-6 典型的网页布局

图 3-7 代码使用一系列结构元素设计了一个典型的网页结构。

然而如果没有 CSS 的配合,这样的代码并不会显示出理想中的网页结构。如果只考虑网页的结构呈现,那么用 HTML4 中已经支持的<div>元素似乎更加方便。虽然<div>元素也可以将整个网页分成多个区域,并可以分别设置这些区域的位置和显示风格,但<div>元素本身并没有任何语义,或者说它的语义仅仅是“区域”或“容器”。如果单纯用<div>元素来布置网页的页眉、页脚、导航栏等区域,并不利于对网站中的一系列网页进行

```
<html>
<body>
    <header>
        中国文学网
    </header>
    <nav>
        <ul>
            <li>中国古典文学</li>
            <li>中国近代文学</li>
            <li>中国当代文学</li>
        </ul>
    </nav>
    <article>
        <h1>文档标题</h1>
        <p>文档内容</p>
        <aside>
            <h2>作者简介</h2>
            <p>高大，男，陕西西安人。</p>
        </aside>
    </article>
    <footer>
        <p>版权：中国文学网，2016年</p>
    </footer>
</body>
</html>
```

图 3-7 典型的网页结构代码

统一的风格设计,也不利于搜索引擎对网页内容的理解。因此,建议在 HTML5 的标准下,尽量采用带有准确语义的结构元素来进行网页区域的定义。

当然,虽然 HTML5 新增了这些结构元素,<div>元素依然未被弃用。在不强调语义的情况下,或为了兼容较低版本浏览器,依然可以选择<div>元素作为网页结构定义的主要方式。

三、文本元素与属性

在 HTML 中,文本元素(Text-level semantics)用来定义网页中文本内容和语义,增加文字的易读性。文本元素主要包括<a>、<em>、<strong>、<small>、<s>、<cite>、<q>、<dfn>、<abbr>、<time>、<code>、<var>、<samp>、<kbd>、<sub>、<sup>、<i>、<b>、<u>、<mark>、<ruby>、<rb>、<rt>、<rtc>、<rp>、<bdi>、<bdo>、<span>、
、<wbr>等。虽然文本的显示样式通常是由 CSS 来定义,但文本元素的语义也会影响文本的显示风格,如上标(sup)、下标(sub)等文本。文本元素及语义说明如表 3-2 所列。

表 3-2 文本元素及语义说明

元素	语 义	HTML 支持版本
a	定义超链接	4、5
em	定义强调文本,指定文本的性质,显示为斜体字	4、5
strong	定义强调文本,指定文本的性质,显示为粗体字	4、5
small	定义小号文本	4、5
s	定义加删除线的文本	4、5

（续）

元素	语　　义	HTML 支持版本
sub	定义下标文本	4、5
sup	定义上标文本	4、5
i	定义斜体文本，指定文字该如何显示	4、5
b	定义粗体文本，指定文字该如何显示	4、5
u	定义下划线文本	4、5
mark	定义有加亮记号的文本	5
ruby	定义注释，可显示中文注音或字符	5
rb	定义部分 ruby 注释	5
rt	定义字符（中文注音或字符）的解释或发音	5
rp	在 ruby 注释中使用，以定义不支持 ruby 元素的浏览器所显示的内容	5
rtc	定义 ruby 注释中的文本容器	5
cite	定义作品（如书籍、歌曲、电影、电视节目、绘画、雕塑等）的标题	4、5
q	定义一个短的引用	4、5
dfn	定义一个定义项目	4、5
abbr	标记一个缩写	4、5
time	定义日期、时间	5
code	定义软件代码文本	4、5
var	定义变量	4、5
samp	代表从软件系统中输出的文本	4、5
kbd	代表通过键盘输入的文本	4、5
bdi	设置一段文本，使其脱离其父元素的文本方向设置	5
bdo	重新设置其中的文本方向	4、5
span	可以将文本的一部分独立出来进行格式设置	4、5
br	插入换行符。一个 元素代表一个换行	4、5
wbr	定义在文本中的特定位置折行	5
center	定义居中的文本	4
font	定义文本的字体外观、尺寸和颜色。常用属性为 face、size、color	4
strike	定义删除线文本	4
big	定义大号文本	4

值得注意的是，在 HTML5 不再支持<center>、<font>、<strike>、<big>等部分文字样式元素；同时又新增了<mark>、<ruby>、<bdi>等元素。建议在开发 Web 页面时，文本的样式可由 CSS 统一定义。

em、strong、small、s、sub、sup、i、b、u 和 mark 等文本元素可以实现文字的特殊效果，图 3-8的代码展示了多种文本元素的显示效果。

```
<html>
<body>
    <em>em定义强调文本，显示为斜体字</em>     <br>
    <strong>strong定义强调文本，显示为粗体</strong>     <br>
    <small>small定义小号文本</small>     <br>
    <s>s定义加删除线的文本</s>     <br>
    sub定义下标文本，比如a<sub>2</sub>     <br>
    sup定义上标文本，比如a<sup>2</sup>     <br>
    <i>i定义斜体文本</i>     <br>
    <b>b定义粗体文本</b>     <br>
    <u>u定义下划线文本</u>     <br>
    <mark>mark定义有加亮记号的文本</mark>
</body>
</html>
```

图 3-8 典型的网页结构代码

上述代码运行效果如图 3-9 所示。

em定义强调文本，显示为斜体字
strong定义强调文本，显示为粗体
small定义小号文本
~~s定义加删除线的文本~~
sub定义下标文本，比如a_2
sup定义上标文本，比如a^2
i定义斜体文本
b定义粗体文本
u定义下划线文本
mark定义有加亮记号的文本

图 3-9 网页结构代码的运行效果图

四、群组元素与属性

在 HTML 中，群组元素（Grouping content）用来定义网页中具有关联性的内容和语义。群组元素主要包括<p>、<hr>、<pre>、<blockquote>、<ol>、<ul>、<li>、<dl>、<dt>、<dd>、<figure>、<figcaption>、<div>、<main>等。与文本元素一样，群组元素的语义也会影响显示风格，比如多个列表项元素在显示时通常会在前面加上数字序号或图形符号。群组元素及语义说明如表 3-3 所列。

表 3-3 群组元素及语义说明

元素	语　义	HTML 支持版本
p	定义段落。一个<p>元素表示一个段落	4、5
hr	定义内容中的主题变化，并显示为一条水平线	4、5

（续）

元素	语　义	HTML 支持版本
pre	定义预格式化的文本。pre 元素中的文本会保留空格和换行符	4、5
blockquote	实现页面文字的段落缩进。一个<blockquote>元素代表一次缩进，可以嵌套使用达到不同的缩进效果	4、5
ol	定义有序列表	4、5
ul	定义无序列表	4、5
li	定义列表项	4、5
dl	展示定义列表	4、5
dt	展示定义项目	4、5
dd	展示定义的描述	4、5
div	定义文档中的节	4、5
figure	规定独立的流内容（图像、图表、照片、代码等），规定的内容应该与主内容相关，但如果被删除，则不应对文档流产生影响	5
figcaption	定义 figure 元素的标题。该标题被置于 figure 元素的第一个或最后一个子元素的位置	5
main	规定文档的主要内容	5

段落元素<p>可以分段显示文本，效果类似于“换行符”
。不同的是，
除了作为“换行符”，没有其他的语义，在起始标签和结束标签之间不存在内容，因此多数情况是以
的方式出现；<p>则具有段落的语义，起始标签<p>和结束标签</p>之间为一个段落。虽然在网页中省略结束标记也不会产生显示错误，但在规范的 HTML5 代码中起始标签<p>和结束标签</p>应当成对出现。

浏览器在解析 HTML 文档时，会忽略其中的“段落开头的空格”或“回车符”等，因为 HTML 中“空格”或“回车符”等都有专门的字符或标签来描述。但如果要展示的文本中有大量的空格或其他格式具有一定的含义需要保留，比如软件代码中的缩进和空格等，就需要使用<pre>元素来描述。

图 3-10 的代码展示了<p>、<hr>、<pre><blockquote>等元素的显示效果。

```
<html>
<body>
    <p>这是段落。</p>
    <p>hr 标签定义水平线：</p>
    <hr />
    <p>pre 标签很适合显示计算机代码：</p>
    <pre>
        for i = 1 to 10
            print i
        next i
</pre>
    <blockquote>段落前面有缩进……</blockquote>
</body>
</html>
```

图 3-10　示例代码

显示结果如图 3-11 所示。

```
这是段落。

hr 标签定义水平线:
______________________________

pre 标签很适合显示计算机代码:

for i = 1 to 10
     print i
next i

     段落前面有缩进……
```

图 3-11 代码运行效果图

<div>元素用来将页面内容分割成各个独立的部分。在每个<div>元素中,不仅可以包含文本内容,也可以包含图片、表单等其他内容。在默认的情况下,<div>元素所包含的内容,将在新的一行显示。元素中可以使用的所有属性如表 3-4 所列。

表 3-4 <div>元素的属性及功能说明

属性	描　述
dir	设置文本显示方向
lang	设置语言
class	类属性
style	设置级联样式
title	标题属性
nowrap	取消自动换行
id	标记属性

class 属性中用来在元素中应用层叠样式表中的样式类,其语法结构如下所示:

```
<div class="定义的类的名称">……</div>
```

id 属性的作用可以分为两个方面;其一也是最主要的作用是用来标记元素,也就是给元素定义唯一的标识,方便在元素中使用行为;另一个作用是类似 class 属性的作用,用来调用层叠样式表。其语法结构如下所示:

```
<div id="定义的名称">……</div>
```

style 属性用来在元素中定义层叠样式表。其与 class 属性的区别在于,使用 style 属性定义的样式的优先级,高于 class 属性调用的样式。其语法结构如下所示:

```
<div style="定义的样式">……</div>
```

文本的默认显示方式是,忽略掉文本中的换行符并根据元素的宽度进行自动换行显示。使用 nowrap 属性可以改变这种显示方式,使文本遇到换行符时换行显示。其语法结构如下所示:

```
<divnowrap="nowrap">……</div>
```

title 属性用来设定当鼠标悬停在文本内容上时所显示的内容,该属性可以用来添加注释等。但目前大多数浏览器不支持该属性。其语法结构如下所示:

```
<div title="标题内容">……</div>
```

值得一提的是，由于网站设计中，通常可以采用<div>元素来声明大量的页面共享的"Header"（如网站的标志、导航条等）和"Footer"（如网站的版权说明等）部分，代码如下：

```
<div id="header">……</div>
……
<div id="footer">……</div>
```

在 HTML5 中，有<header>、<footer>等节元素可以替代<div>元素，不仅可以使代码更简洁，而且更符合 HTML5 中元素的语义，具体的说明将在后面的章节中给出。

五、超链接元素与属性

网页之间的链接（Links）能使浏览者从一个页面跳转到另一个页面，实现文档互联、网站互联。超链接就像整个网站的神经细胞，把各种信息有机地结合在一起。在 HTML 中，超链接可以通过<a>元素和嵌套在<map>元素内部的<area>元素来实现。关于<area>元素将在嵌入式元素中展开描述，本节将主要讨论<a>元素。<a>元素的属性如表 3-5 所列。

表 3-5 超链接元素的属性及功能说明

属性	值	描述
href	URL	链接的目标 URL
hreflang	language_code	规定目标 URL 的基准语言，仅在 href 属性存在时使用
media	media query	规定目标 URL 的媒介类型。 默认值：all，仅在 href 属性存在时使用
rel	alternate archives author bookmark contact external first help icon index last license next nofollownoreferrer pingback prefetch prev search stylesheet sidebar tag up	规定当前文档与目标 URL 之间的关系，仅在 href 属性存在时使用
target	_blank _parent _self _top	在何处打开目标 URL，仅在 href 属性存在时使用
type	mime_type	规定目标 URL 的 MIME 类型，仅在 href 属性存在时使用 注：MIME = Multipurpose Internet Mail Extensions

文本链接是最常见的一种超链接，它通过网页中的文件和其他文件进行链接，语法如下：

```
<ahref="链接的 URL 地址" target=目标窗口的打开方式>链接元素</a>
```

链接元素可以是文字，也可以是图片或其他页面元素。href 属性是<a>元素最常用的属性，用来指定链接目标的 URL 地址。链接地址可以是绝对地址，也可以是相对地址。

例如,链接到 W3C 官方网站,并打开新的浏览器显示该网站,实现代码如下:

```
<ahref=" http://www.w3.org/" target=_blank>W3C</a>
```

target 属性是<a>元素另一个常用的属性,用来设置目标窗口的属性。target 参数的取值有 4 种,如表 3-6 所列。

表 3-6 target 属性的取值及功能说明

target 值	目标窗口的打开方式
_parent	在上一级窗口打开,常在分帧的框架页面中使用
_blank	新建一个窗口打开
_self	在同一窗口打开,与默认设置相同
_top	在浏览器的整个窗口打开,将会忽略所有的框架结构

书签链接也是常用的一种超链接,用来在创建的网页内容特别多时对内容进行链接。书签可以与所链接文字在同一页面,也可以在不同的页面。建立书签的语法如下:

```
<a name="书签名称">文字</a>
```

在代码的前面增加链接文字和链接地址就能够实现同页面的书签链接。语法如下:

```
<ahref="#书签的名称">链接的文字</a>
```

其中,#代表这是书签的链接地址,书签的名称则是上面定义的书签名。如果想链接到不同的页面需要在链接的地址前增加文件所在的位置。语法如下:

```
<ahref=" 链接的 URL 地址#书签名称">链接的文字</a>
```

六、表格元素与属性

在 HTML5 中使用<table>、<caption>、<tr>、<td>、<th>、<colgroup>、<col>、<tbody>、<thead>、<tfoot>等表格元素构建和展示表格式数据(Tabular data)。表格元素及语义说明如表 3-7 所列。

表 3-7 表格元素及语义说明

标签	语　义	HTML 支持版本
table	定义表格	4、5
caption	定义表格标题	4、5
tr	定义表格中的行	4、5
td	定义表格中的单元	4、5
th	定义表格中的表头单元格	4、5
colgroup	定义表格列的组。通过此标签,您可以对列进行组合,以便格式化	4、5
col	为表格中的一个或多个列定义属性值	4、5
tbody	定义表格主体	4、5

（续）

标签	语　　义	HTML 支持版本
thead	定义表格的表头	4、5
tfoot	定义表格的页脚	4、5

<table>元素可以用来定义表格，包括表格的标题、表头及单元格内容等。作为<table>元素的子元素，表格行用<tr>定义，表头元素用<th>元素定义（表头通常显示成黑体），单元格内容用<td>元素定义。一个<table>元素可包含一个或多个<tr>元素，一个<tr>元素又可以包含一个或多个<th>、<td>元素。

<table>元素的属性 border 用于设置边框的宽度，它的取值以像素为单位，比如<table border=2>表示表格带有边框且边框的宽度为两个像素。border 的默认值为 1，而当 border=0 时则意味着表格没有边框。<table>元素属性 bordercolor、bordercolordark 和 bordercolorlight 分别用于规定表格边框、表格边框内侧和表格边框外侧的颜色。属性 bgcolor 可以规定整个表格的背景颜色，也可以在<tr>、<td>元素中用来规定特定的一行或特定单元格的背景颜色。

基本表格的示例代码如图 3-12 所示。

```
<html>
<body>
    <table border="2" style="width:  200px">
        <tr>
            <td>a1</td>
            <td>b1</td>
            <td>c1</td>
        </tr>
        <tr>
            <td>a2</td>
            <td>b2</td>
            <td>c2</td>
        </tr>
    </table>
</body>
</html>
```

图 3-12　代码示例

基本表格的运行效果如图 3-13 所示。

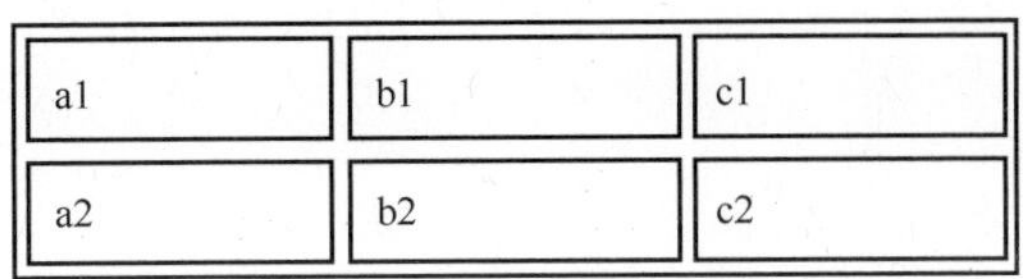

图 3-13　代码运行效果图

<caption>元素可以定义表格标题，表格标题具有 align 属性。align 取默认值 top 时表格的标题位于表首，align 取值为 bottom 时表格标题位于表尾。<td>和<th>都具有 colspan 属性，该属性可以对单元格进行横向合并，而 rowspan 属性则可以纵向合并单元格，如图 3-14所示。

```
<html>
<body>
<table border="1">
<caption>跨两列的单元格</caption>
<tr>
<th>姓名</th>
<th colspan="2">电话</th>
</tr>
<tr>
<td>张小明</td>
<td>13999912345</td>
<td>325330425</td>
</tr>
</table>
<br />
<table border="1">
<caption>跨两行的单元格</caption>
<tr>
<th>姓名</th>
<td>张小明</td>
</tr>
<tr>
<throwspan="2">电话</th>
<td>13999912345</td>
</tr>
<tr>
<td>325330425</td>
</tr>
</table>
<br />
<table border="1">
<thead>
<tr>
<td>THEAD中的文本</td>
</tr>
</thead>
<tfoot>
<tr>
<td>TFOOT 中的文本</td>
</tr>
</tfoot>
<tbody>
<tr>
<td>TBODY 中的文本</td>
</tr>
</tbody>
</table>
</body>
<html>
```

图 3-14 示例代码

在浏览器中的运行效果如图 3-15 所示。

跨两列的单元格

姓名	电话	
张小明	13999912345	325330425

跨两行的单元格

姓名	张小明
电话	13999912345
	325330425

THEAD中的文本
TBODY中的文本
TFOOT中的文本

图 3-15 代码运行效果图

七、图片、音频与视频元素

除了文字信息,网页中还可以呈现图形、图像、音频、视频等多媒体信息。为了丰富网页的表现方式,HTML5 允许以内嵌元素(Embedded content)的方式在网页中嵌入图形、图像、视频、音频以及其他可操作的对象。相关的元素包括<img>、<iframe>、<embed>、<object>、<param>、<video>、<audio>、<source>、<track>、<map>、<area>、<MathML>系列和<SVG>系列。内嵌元素及语义说明如表 3-8 所列。

表 3-8 内嵌元素及语义说明

元素	语 义	HTML 支持版本
img	定义 HTML 页面中的图像	4、5
iframe	定义包含另一个文档的行内框架	4、5
embed	定义嵌入的内容,比如插件,元素必须有 src 属性	5
object	定义一个嵌入的对象	4、5
param	为包含它的 object 元素提供参数	4、5
video	定义视频,如电影片段或其他视频流	5
audio	定义声音,如音乐或其他音频流	5
source	为媒介元素(如<video>和<audio>)定义媒介资源	5
track	为 video 等媒介指定外部字幕	5
map	定义客户端的图像映射,图像映射是带有可点击区域的图像	4、5
area	定义图像映射内部的区域	4、5
MathML 系列	在文档内使用〈math〉…〈/math〉…标签应用各种 MathML 元素	5
SVG 系列	在文档中定义可缩放矢量图形	5

HTML 提供了<img>元素用来描述图像信息的内容和表现形式,但图像的数据并不会直接插入 HTML 文档中,<img>元素的作用是让 HTML 文档在展示时给图像留出一个位置。图像文件的地址由<img>元素的 src 属性指定,当浏览器无法下载图像文件时,则在

相应的位置显示一些文字,文字的内容由 alt 属性指定。<img>元素的语法如下:

```
<imgsrc="url" alt="some_text"/>
```

需要注意,如果按照 XML 的语法来解释,<img>元素构成的是一个空元素,其中不再包含子元素或数据内容。

图像的大小可以在元素中使用 width 和 height 属性给出,如果不设置这两个属性,则将默认为按照图像的实际尺寸显示,如下列代码所示:

```
<imgsrc="pulpit.jpg" alt="Pulpit rock" width="304" height="228" />
```

在实际开发中,建议显式地设置 height 和 width 属性,这样浏览器在加载页面时更容易一次性留出相应的位置供图像显示。另外,一旦图像不能正常下载,整个的页面布局也不会受到影响。

HTML 中支持插入的图像文件格式主要是 GIF、JPG 和 PNG 三种类型,开发者需要在不同的应用场景中选择适合的文件类型。

GIF 格式支持最多 256 色的图像。虽然 GIF 的颜色不够丰富,但它支持动画和透明色,在网页中常常被用来设计按钮、菜单等较小的图像。

JPG 格式可以支持高分辨力、颜色丰富的图像。由于 JPG 具有很好的压缩比,非常适合在网页中展现照片。当然,在使用 JPG 格式处理图像时,压缩比越大,图片的质量就越差。

PNG 格式可以支持颜色丰富的图像,同时还可支持 alpha 滤镜的透明方式。虽然 PNG 不支持动画效果,但与 GIF 一样适合作为较小的图像的显示方式。需要注意的是:不同的浏览器的种类和版本对 PNG 格式的支持并不完全相同。例如,IE6 是可以支持 PNG-8 的格式,但在处理 PNG-24 的透明效果时会显示为灰色。

<img>元素的 usemap 属性可以指定可点击区域的图像映射元素,而图像映射元素本身的设置是在<map>元素中,其中的<area>元素则给出了具体的区域和超链接的位置,功能类似于<a>元素。下列代码给出了图像映射的方式,即在一个图像中设置了三个不同形状的区域,当用户点击这些区域时会产生如同超链接的效果。图 3-16 为代码示例。

```
    <html>
    <body>
<imgsrc="planets.gif" width="145" height="126" alt="Planets" usemap="#planetmap" />
    <map name="planetmap">
<area shape="rect" coords="0,0,82,126" href="sun.htm" alt="Sun" />
<area shape="circle"coords="90,58,3" href="mercur.htm" alt="Mercury" />
<area shape="circle"coords="124,58,8" href="venus.htm" alt="Venus" />
    </map>
    </body>
    </html>
```

图 3-16 代码示例

根据 HTML5 的规范,在网页上呈现的视频和音频需要符合一定的标准,否则就通过插件(如 activeX)来呈现。

<audio>元素用来定义声音，如音乐或其他音频流。<audio>与</audio>之间插入的内容是供不支持 audio 元素的浏览器显示的。<audio>元素的属性及功能说明如表 3-9 所列。

表 3-9　<audio>元素的属性及功能说明

属性	值	描　述
autoplay	autoplay	如果出现该属性，则音频在就绪后马上播放
controls	controls	如果出现该属性，则向用户显示控件，如播放按钮
loop	loop	如果出现该属性，则每当音频结束时重新开始播放
preload	preload	如果出现该属性，则音频在页面加载时进行加载，并预备播放。如果使用 "autoplay"，则忽略该属性
src	url	要播放的音频的 URL

如下应用实例说明了<audio>元素的使用，代码如图 3-17 所示：

```
<html>
<body>
<audiosrc="music.mp3" controls="controls">
你的浏览器不支持音频元素。
</audio>
</body>
</html>
```

图 3-17　代码示例

在浏览器中显示效果如图 3-18 所示。

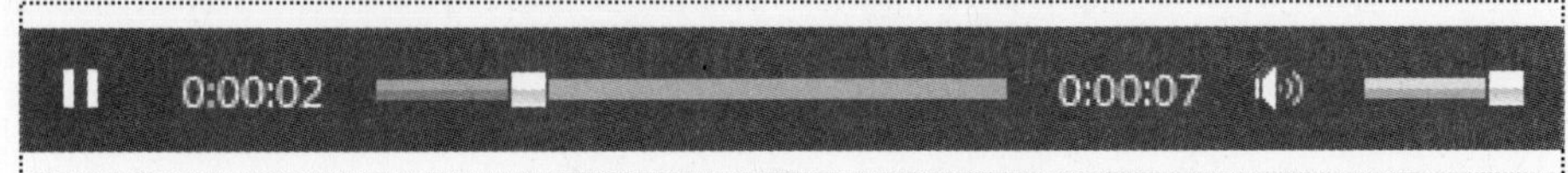

图 3-18　代码运行效果图

<video>元素用来定义视频，如电影片段或其他视频流。<video>与</video>之间插入的内容是供不支持 video 元素的浏览器显示的。<video>元素的属性及功能说明如表3-10所列。

表 3-10　<video>元素的属性及功能说明

属性	值	描　述
autoplay	autoplay	如果出现该属性，则视频在就绪后马上播放
controls	controls	如果出现该属性，则向用户显示控件，比如播放按钮
height	pixels	设置视频播放器的高度
loop	loop	如果出现该属性，则当媒介文件完成播放后再次开始播放
preload	preload	如果出现该属性，则视频在页面加载时进行加载，并预备播放。如果使用 "autoplay"，则忽略该属性

（续）

属性	值	描　述
src	url	要播放的视频的 URL
width	pixels	设置视频播放器的宽度

如下应用实例说明了<video>元素的使用，代码示例如图 3-19 所示。

```
<html>
<body>
<video width="320" height="240"src="video.mp4" controls="controls">
你的浏览器不支持视频元素。
</video>
</body>
</html>
```

图 3-19　代码示例

在浏览器中显示效果如图 3-20 所示。

图 3-20　代码运行效果图

不同浏览器可识别的视频格式有所不同，为了支持在多种浏览器中正常播放视频，可以使用<source>元素列出不同格式的视频文件，浏览器将使用第一个可识别的格式进行播放。代码示例如图 3-21 所示。〈source〉元素的属性及功能说明如表3-11所列。

```
<html>
<body>
<video width="320" height="240" controls="controls">
<sourcesrc="movie.ogg" type="video/ogg">
<sourcesrc="movie.mp4" type="video/mp4">
你的浏览器不支持视频元素。
</video>
</body>
</html>
```

图 3-21　代码示例

表 3-11 <source>元素的属性及功能说明

属性	值	描 述
media	media query	定义媒介资源的类型,供浏览器决定是否下载
src	url	媒介的 URL
type	numeric value	定义播放器在音频流中的什么位置开始播放。默认音频从开头播放

八、画布与 SVG

根据 HTML5 的规范,<svg>和<canvas>元素都可以完成在网页中的绘图功能。与<canvas>元素不同的是,SVG 是一种使用 XML 描述 2D 图形的语言,SVG 中所描述的 2D 图形元素是以矢量图形对象的方式存在,不依赖分辨率,可以附加 JavaScript 事件处理器。可以通过 JavaScript 来修改图形对象的属性,浏览器会自动重绘图形。注意,一些浏览器需要插件才能支持 SVG。<svg>元素的属性及功能说明如表 3-12 所列。

表 3-12 <svg>元素的属性及功能说明

属性	值	描 述
height	pixels	设置 SVG 文档的高度
width	pixels	设置 SVG 文档的宽度
version		定义所使用的 SVG 版本
xmlns		定义 SVG 命名空间

如下应用实例说明了<svg>元素的使用,在浏览器中显示一个五角星,如图 3-22 和图 3-23 所示。

```
    <html>
    <body>
    <p>
<svg xmlns="http://www.w3.org/2000/svg" version="1.1" height="190">
    <polygon points="100,10 40,180 190,60 10,60 160,180"
        style="fill: lime; stroke: purple; stroke-width: 5; fill-rule: evenodd;" />
    </svg>
    </body>
</html>
```

图 3-22 代码示例

图 3-23 代码运行效果图

画布元素<canvas>是为了客户端矢量图形而设计的。它本身没有封装行为,而是通过 JavaScript 制作脚本程序把图形绘制到画布。<canvas>元素用来定义图形,如图表和其他图像。该元素属性如表 3-13 所列。

表 3-13　<canvas>元素的属性及功能说明

属性	值	描　述
height	pixels	设置 canvas 的高度
width	pixels	设置 canvas 的宽度

如下应用实例说明了<canvas>元素的使用,在浏览器中显示一个红色的矩形。代码示例如图 3-24 所示。

```
<html>
<body>
<canvas id="myCanvas"></canvas>
<script>
        var canvas =document.getElementById('myCanvas');
        varctx = canvas.getContext('2d');
ctx.fillStyle = '#FF0000';
ctx.fillRect(0,0,80,100);
</script>
</body>
</html>
```

图 3-24　代码示例

九、CSS 样式

层叠样式表(Cascaing Style Sheet,CSS)是 W3C 组织所拟定出的一套标准的样式语言规范。

由于 HTML 的主要功能就是以丰富的样式显示各种内容,而有限的 HTML 元素无法满足不断增加的样式需求。这一矛盾的解决方式是在 HTML 之外增加样式表,以描述复杂的网页显示方式。

自从 20 世纪 90 年代初 HTML 被应用开始就出现了各种形式样式表。不同的浏览器结合各自的样式语言让读者来调节网页的显示方式。1994 年 Hakon Wium Lie 提出了 CSS 的最初建议,而此时 Bert Bos 正在设计名为 Argo 的浏览器,他们决定一起合作设计 CSS。与之前的样式语言不同,CSS 是第一个含有“层叠”特性的样式语言。Hakon 于 1994 年第一次公开展示了 CSS 的解决方案,此方案很快被 W3C 所采纳,并由 Hakon 等人作为项目的主要技术负责人开展更加深入的研发工作。1996 年底完成了 CSS 1 的制定,1998 年完成 CSS 2 的制定。目前,越来越多的浏览器和网站开始支持 CSS 3 标准。

随着 CSS 技术的使用,HTML 页面真正“活动”了起来。各种浏览器都不断增加和改善对 CSS 的支持。1997 年,Microsoft 发布了 IE 4.0,并将动态 HTML 元素、CSS 和动态对象模型(DHTML Object Model)发展成了一套完整、实用、高效的客户端开发技术体系,Microsoft 称其为 DHTML。而在 HTML 5 中，一些纯粹用作显示效果的元素将取消，因为它们显示效果的工作更适合由 CSS 来担当。

作为一种用于网页展示的样式语言，CSS 增加了更多的样式定义方式来辅助 HTML 语言。通过 CSS 样式表的定义，只要设定某种元素（如表格、背景、连接、文字、按钮、滚动条等）的样式，则各网页相同种类的元素将会呈现出相同的风格。这种方式不仅加快了网站开发的进度，而且便于建立一个风格统一的网站。

CSS 的定义可以直接放在 HTML 元素中，称为内联样式。形式如下：

<p style="color:sienna;margin-left:20px">This is a paragraph. </p>

CSS 的定义可以放在 HTML 文件的<style>元素中，称为内部样式表。形式如图 3-25 所示。

```
<head>
    <style>
        body {
            background-color: yellow;
        }
    </style>
    </head>
```

图 3-25 内部样式表

CSS 的定义也可以独立保存在一个扩展名为 .css 的文件中，通过链接的方式包含入网页中，称为外部样式表。形式如图 3-26 所示。

```
<head>
<linkrel="stylesheet" type="”text/css”" href="”foo.css”">
</head>
```

图 3-26 外部样式表

一条 CSS 规则中包括两个部分：一个选择符（selector）和一个或多个描述（declaration），描述之间用分号隔开。每一个描述中又包含属性名（property）和属性值（value）。语法如下：

selector {property:value; property:value;……}

图 3-27 的 CSS 规则中声明了段落元素<p>的显式方式，包括文本居中、黑色、arial 字体。CSS 中的注释在“/ * ”和“ * /”之间。

```
p {
    text-align: center;
    color: black;
    font-family: arial;
}
```

图 3-27 段落的显示方式

在这个例子中，p 是选择符，text-align、color 和 font-family 是属性，并为这些属性设置了相应的属性值。

CSS 允许以多种方式规定样式信息,包括内联样式、内部样式表、外部样式表等。如果在同一个 HTML 文档内部以不同的方式应用了多个 CSS 的定义,且对同一个 HTML 元素存在不止一次样式定义时,浏览器会使用哪个样式呢？通常,这些来源不同的样式将根据一定的优先规则层叠于一个虚拟样式表中,且其优先顺序从高到低为：

(1) 内联样式(在 HTML 元素内部定义样式)。

(2) 内部样式表(在 HTML 文档头部<style>元素中定义样式)。

(3) 外部样式表(在 HTML 文档头部<link>元素中链接 CSS 文件)。

(4) 浏览器默认设置(每个浏览器都对各种元素有默认的显示样式)。

需要注意的是,虽然内联样式拥有最高的优先权,但在开发中尽量不要采用这种方式,因为分散在 HTML 文档中各元素内部的样式定义不便于维护和更改。

第四节 XML 语言

一、XML 简介

为了使异构系统间的数据交换更加容易实现,W3C 于 1998 年正式推出了可扩展标记语言(Extensible Markup Language,XML)。作为标准通用标记语言(SGML)经过优化后的一个子集,XML 具有简明的结构、良好的可扩展性、通用性和开放性,因而逐步成为信息交换和共享的重要手段。目前,XML 已被广泛地应用于网站开发中的许多环节,包括服务器配置、业务流程描述、程序代码编写和数据库接口设计等方面。

XML 的产生与 HTML 在应用过程中产生的瓶颈问题直接相关。虽然,HTML 是 Web 的“数据类型”,但同时还具有如下不足：

(1) HTML 是专门为描述主页的表现形式而设计的,它疏于对信息语义及其内部结构的描述,不能适应日益增多的信息检索要求和存储要求。

(2) HTML 对形式的描述能力实际也还是非常不够的,它无法描述矢量图形、科技符号和一些其他的特殊显示效果。

(3) HTML 的元素日益臃肿,文件结构混乱而缺乏条理,导致浏览器的设计越来越复杂。

HTML 源自 SGML,且后者是描述各种电子文件的结构及内容的成熟的国际标准,因此 SGML 便很自然地成为解决 HTML 瓶颈问题的思路。但 SGML 并非为互联网应用而设计,它的体系也太过复杂和庞大,很难被互联网所广泛使用。于是,经过多次国际会议和多个国际组织的努力,于 1998 年形成了针对互联网进行优化的 SGML“子集”——XML。XML 去除了 SGML 中繁杂而保持其优点,使其可以方便地应用于各种基于互联网的系统中。

XML 文档的层次结构容易被软件所解析,同时,它还非常易于人的阅读。

XML 继承了 SGML 具有的可扩展性、结构性及可校验性,这也是 HTML 的主要区别：

(1) 可扩展性方面：HTML 不允许用户自定义标识或属性,而在 XML 中,用户能够根据需要,自行定义新的标识和属性名,以便更好地从语义上修饰数据。

(2) 结构性方面：HTML 不支持深层的结构描述,XML 的文件结构嵌套可以复杂到任意程度。

(3) 可校验性方面:传统的 HTML 没有提供规范文件以支持应用软件对 HTML 文件进行结构校验;而 XML 文件可以包括一个语法描述,使应用程序可以对此文件进行结构确认。

虽然 XML 较 HTML 具有很多优势,但这并不能得到"XML 将取代 HTML"的结论。虽然 XML 也可以用来描述表现形式,但这种描述的方式(具体的标签和语法)也必须通过标准固定下来,而 HTML 就是这种完成特定任务的"固化"的标准。事实上,W3C 确实制定了一个应用标准——XHTML,用以规范网页设计。

由于 XML 的开放特性,任何一个信息发布者(包括企业或个人)都可以制定自己的信息描述标准并按这一标准提交 XML 文档,这会造成了相同信息内容的不同格式版本,文档之间也难以相互兼容。这种结果必然制约 XML 的通用性,阻碍信息的交流。因此,根据不同行业的特点制定一系列 XML 应用标准是很有必要的。

XML 的技术标准可分为三个层次:元语言标准、基础标准和应用标准,如图 3-28 所示。其中,元语言是整个体系的核心,包含了 XML 从 SGML 中继承和扩展的语言特性;基础标准规定了 XML 中的公用特征,如命名空间(Namespace)、XML 连接(XLink)、架构(Schema)以及文档对象模型(DOM)等,它们是进一步建立 XML 应用标准的基础;应用标准是基于文档特性、应用环境和使用方式等特点制定的实用化标准。

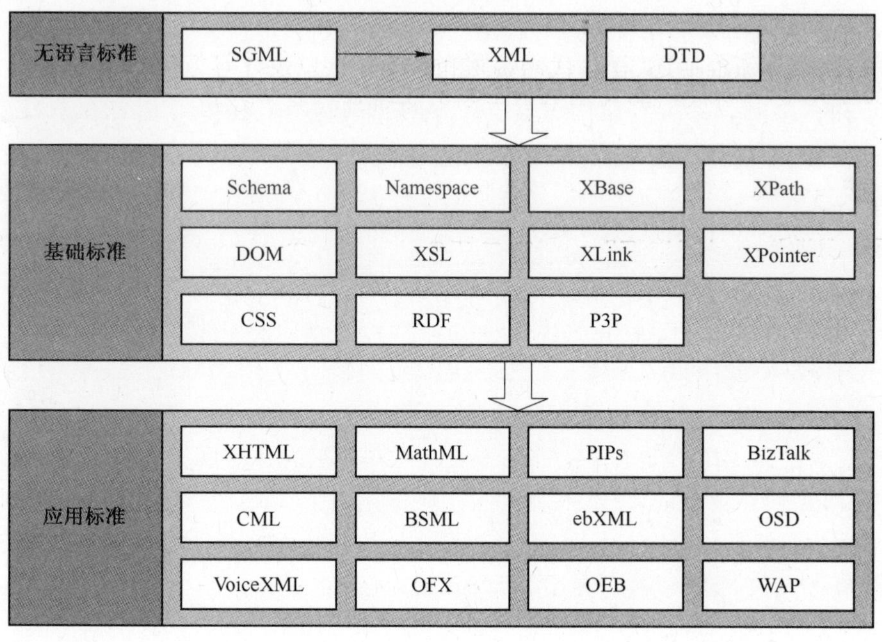

图 3-28 XML 技术标准体系

制定 XML 应用标准是一件非常庞大的工程,它涉及 XML 的体系结构、应用环境以及行业特点等问题。因此,许多企业、行业协会和政府部门都参与了标准的制定,并针对不同的应用环境推出了大量的标准。

二、XML 文档结构

XML 的处理指令是用来给处理 XML 文档的应用程序提供信息的。处理指令遵循下面的格式：

```
<? 指令名指令信息? >
例如：
<? xml version="1.0" encoding="GB2312" standalone="yes"? >
<? xml-stylesheet type="text/xsl" href="mystyle.xsl"? >
```

例子中的第一个处理指令是由<? xml>标签描述的 XML 声明，其中的信息为：该文档遵守的 XML 版本 1.0；文档所使用的编码方式为 GB2312（默认为 UTF-8）；Standalone 属性说明文档不需要从外部导入文件；例子中的第二个处理指令指定了与 XML 文件配套使用 XSL 文件 mystyle. xsl。

XML 文档的基本单位是元素。元素是一个信息块，它由一个元素名和一个元素内容构成。元素的名称还应遵守如下规则：

(1) 元素名称中可以包含字母、数字以及其他字符。

(2) 元素名称不能以数字或“_”（下划线）开头。

(3) 元素名称不能以“xml”（包括其各种大小写形式）开头。

(4) 元素名称中不能包含空格。

(5) 元素名称中间不能包含“:”（冒号）。

每一个 XML 文档都有一个根元素，或称作文档元素，如图 3-29 代码中的<Sections>。

```
<? xml version="1.0"? >
<Sections>
<ado>
<code>Source Code Section of C-Sharp Corner</code>
<articles>Source Code Section of C-Sharp Corner</articles>
</ado>
<Graphics>
<code>GDI+ source Code Section of C-Sharp Corner</code>
<articles>Source Code Section of C-Sharp Corner</articles>
</Graphics>
</Sections>
```

图 3-29 XML 文档的根元素

按照 XML 元素所包含的内容，可以将 XML 元素分为以下四种形式：

(1) 包含数据内容的元素：这些元素中只包含数据。例如，<x>abc</x>。

(2) 包含子元素内容的元素：元素包含一个或多个子元素。例如，<x><y></y></x>。

(3) 空元素：元素中既不包含数据内容又不包含子元素。例如，<x></x>，可以简写为<x/>。

(4) 包含混合内容的元素：元素既包含数据内容又包含子元素。例如，<x>abc<y></y></x>。

元素中的数据内容通常是一般的字符串，但如果这些字符串的内容与XML文档本身会产生二义性，则需要采用CDATA(character data)来声明。例如，

```
<x><![CDATA[<AUTHOR name="Joey"></AUTHOR>]]></x>
```

通过这种方式，将整个字符串“<AUTHOR name="Joey"></AUTHOR>”声明为<x>元素的数据内容。

空元素看似没有实质意义，但与元素属性配合则可描述具有一定特征的元素。另外，虽然XML的语法支持包含混合内容的元素，但这种形式在数据语义上容易造成混乱，不建议使用。

XML与HTML有很多相似性，但在语法上XML比HTML更为严格。所以在编写XML文档时需要注意下列细节：

(1) XML是大小写敏感的。例如，<table>和<TABLE>是不同的元素。

(2) XML的每一个元素都必须有对应的结束标签，即使是空元素也必须要写一对标签。

(3) XML中的元素之间可以嵌套而形成子元素，但不能交叉。例如，<b><i>This text is bold and italic</b></i>在XML的语法中是错误的。

(4) 空格也可以是XML文档的数据内容。

XML属性提供一种定义复杂元素的解决方案。属性由属性名和属性值组成。元素的属性说明只能在元素起始标签或空元素标签中出现，属性值必须放置在一对双引号中。例如：

```
<code language= "C# ">Source Code Section of C-Sharp Corner</code>
```

与元素名一样，属性名也是大小写敏感的。如果属性名为“ID”，则说明该属性可以作为元素的索引。

对于XML元素来说，属性不是必须的。有时我们也可以将相同的信息放到一个子元素中，但对于比较简单的上下文信息，使用属性比使用子元素更方便，而且表达的意思也更清晰。

三、DTD

文档类型定义(Document Type Definition, DTD)是一套语法规则，它可以作为XML文档的模板，同时也是XML文档的有效性(Valid)校验标准。在DTD中可以定义一系列文档规则，包括文档中的元素及其顺序、属性等。当我们打开很多网站的页面源代码时，可能会看到HTML文档的第一行文字为

```
<!DOCTYPE html PUBLIC "-//W3C//DTD XHTML 1.0 Transitional//EN" "http://
www.w3.org/TR/xhtml1/DTD/xhtml1-transitional.dtd">
```

这便是XHTML的文档类型定义声明，浏览器根据这一声明决定如何解析页面元素。

例如，假定要使用图3-30中XML词汇描述员工信息。

由于DTD语法本身不符合XML的语法规范，因此不能使用标准的XML解析器来处理DTD文档。基于XML的文档定义方式——XML架构的产生弥补了这一缺陷。

```
<employee id="555-12-3434">
<name>Mike</name>
<hiredate>2007-12-02</hiredate>
<salary>42000.00</salary>
</employee>
```

以下 DTD 文档描述了 XML 文档的结构：

```
<! -- employee.dtd -->
<! ELEMENT employee(name,hiredate,salary)>
<! ATTLIST employee  id CDATA #REQUIRED>
<! ELEMENT name(#PCDATA)>
<! ELEMENThiredate (#PCDATA)>
<! ELEMENT salary(#PCDATA)>
```

图 3-30 用 XML 词汇描述员工信息

四、XML Schema

XML 架构(XML Schema)是一种文档类型定义方式，与 DTD 的最大区别在于：XML 架构本身也是 XML 文档。XML 架构文档之于 XML 实例文档如同面向对象系统中对象类之于实例对象。因此，一个 XML 架构文档往往对应了多个 XML 实例文档。

架构定义中使用的元素来自 http://www.w3.org/2001/XMLSchema 命名空间，为使用方便，通常将其赋于别名 xsd。以下为 XML 架构文件的结构：

```
<xsd:schema xmlns:xsd="http://www.w3.org/2001/XMLSchema"
targetNamespace="http://example.org/employee/">
<! -- definitions go here -->
</xsd:schema>
```

XML 架构定义中必须具有一个根 xsd:schema 元素。根元素可包含的子元素包括 xsd:element、xsd:attribute 和 xsd:complexType 等。例如，我们要描述图 3-31 中 XML 实例文档。

```
<tns:employee xmlns:tns="http://example.org/employee/"
tns:id="555-12-3434">
    <tns:name>Monica</tns:name>
    <tns:hiredate>1997-12-02</tns:hiredate>
    <tns:salary>42000.00</tns:salary>
</tns:employee>
```

图 3-31 XML 实例文档

可以看出，XML 架构的描述较 DTD 而言要“烦琐”一些，但“烦琐”的方式却可带来更加灵活和强大的文档定义功能。例如，XML 架构中可以使用更加丰富的数据类型，子元素的出现次数和排序的定义也更加灵活，代码的重用性和可维护性也较高。

五、XSL

可扩展样式语言(XML Style Language，XSL)可以将 XML 文件作为原料，使用选择、测试和匹配等方式，将 XML 转换为目标文档，如 HTML。

要从 XML 里提取相关的数据进行样式转换，就要用到 XSL 提供的模式查询语言。所谓模式查询语言，就是通过相关的模式匹配规则表达式从 XML 里提取数据的特定语句。模式查询语言可分为三种：

选择模式：<xsl:for-each>、<xsl:value-of>和<xsl:apply-templates>

测试模式：<xsl:if>和<xsl:when>

匹配模式：<xsl:template>

选择模式语句将数据从 XML 中提取出来，是一种简单获得数据的方法。选择模式语句的元素中都有 select 属性，它设定了选择的条件。应用 XSL 选择模式语句找出文档中满足设定条件的元素或元素的集合进行样式转换。

以音乐 CD 的 XML 文档为例，可以采用 XSL 对文件进行样式转换。新建文件 cd_catalog. xsl，其内容如图 3-32 所示，运行的结果如图 3-33 所示。

```
<? xml version="1.0" encoding="ISO-8859-1"? >
<xsl:stylesheet version="1.0" xmlns:xsl="http://www.w3.org/1999/XSL/Transform">
<xsl:template match="/">
<html>
<body>
<h2>My CD Collection</h2>
<table border="1">
<trbgcolor="#9acd32">
<th>Title</th>
<th>Artist</th>
</tr>
<xsl:for-each select="catalog/cd">
<tr>
<td>
<xsl:value-of select="title"/>
</td>
<td>
<xsl:value-of select="artist"/>
</td>
</tr>
</xsl:for-each>
</table>
</body>
</html>
</xsl:template>
</xsl:stylesheet>
经过 XSL 转换后的结果如下，在浏览器中显示为如图 3-32 所示。
<html>
<body>
<h2>My CD Collection</h2>
```

图 3-32　音乐 CD 与 XML 文档内容

（续）

```
<table border="1">
   <trbgcolor="#9acd32">
   <th>Title</th>
   <th>Artist</th>
   </tr>
   <tr>
   <td>Empire Burlesque</td>
   <td>Bob Dylan</td>
   </tr>
   <tr>
   <td>Hide your heart</td>
   <td>Bonnie Tyler</td>
   </tr>
   </table>
   </body>
</html>
```

图 3-32 音乐 CD 与 XML 文档内容（续）

My CD Collection

Title	Artist
Empire Burlesque	Bob Dylan
Hide your heart	Bonnie Tyler

图 3-33 XML 加上 XSL 文件在浏览器中的显示

第五节 JSON 语言

一、JSON 概述

JSON（JavaScript Object Notation）是 JavaScript 规范的一个子集，只要浏览器能支持 JavaScript，就能解析它。作为一种基于文本的数据传输格式，是轻量级的，不仅易于开发者编码和阅读，可以在多种语言之间进行数据交换。相比 XML，JSON 更小、更快、更易解析，减少了客户端解析时所带来的性能和兼容性问题。

与 XML 相似，JSON 是纯文本；JSON 具有“自我描述性”（人类可读）；JSON 具有层级结构（值中存在值）；JSON 可通过 JavaScript 进行解析；JSON 数据可使用 AJAX 进行传输。相比 XML 的不同之处包括：JSON 没有结束标签；JSON 更短；JSON 读写的速度更快；JSON 能够使用内建的 JavaScript eval( ) 方法进行解析；JSON 使用数组；JSON 不使用保留字。图 3-34 代码中，employee 对象是包含三个员工记录（对象）的数组。

```
{
    "employees":[
        {"firstName":"Bill","lastName":"Gates"},
        {"firstName":"George","lastName":"Bush"},
        {"firstName":"Thomas","lastName":"Carter"}
    ]
}
```

图 3-34 包含三个员工纪录的数组

JSON 文本格式在语法上与创建 JavaScript 对象的代码相同，代码如图 3-35 所示。

```
<html>
    <body>
        <h2>在 JavaScript 中创建 JSON 对象</h2>
        <p>
            Name:<span id="jname"></span><br />
            Age:<span id="jage"></span><br />
            Address:<span id="jstreet"></span><br />
            Phone:<span id="jphone"></span><br />
        </p>
        <script type="text/javascript">
            varJSONObject={
            "name":"Bill Gates",
            "street":"Fifth Avenue New York 666",
            "age":56,
            "phone":"555 1234567"};
            document.getElementById("jname").innerHTML=JSONObject.name
            document.getElementById("jage").innerHTML=JSONObject.age
            document.getElementById("jstreet").innerHTML=JSONObject.street
            document.getElementById("jphone").innerHTML=JSONObject.phone
        </script>
    </body>
</html>
```

图 3-35 JSON 文本格式的例子

以上代码运行的结果如图 3-36 所示。

在 JavaScript 中创建 JSON 对象

Name: Bill Gates
Age: 56
Address: Fifth Avenue New York 666
Phone: 555 1234567

图 3-36 JSON 代码运行的结果

二、JSON 取值

JSON 数据的书写格式是“名称/值对”。名称/值对包括字段名称(在双引号中),后面写一个冒号,然后是值:

```
"firstName" : "John"
```

这很容易理解,等价于这条 JavaScript 语句:

```
firstName = "John"
```

JSON 值可以是:

(1) 数字(整数或浮点数)。

(2) 字符串(在双引号中)。

(3) 逻辑值(true 或 false)。

(4) 数组(在方括号中)。

(5) 对象(在花括号中)。

(6) null。

三、JSON 对象

JSON 对象在花括号中书写,对象可以包含多个名称/值对:

```
{ "firstName":"John" ,"lastName":"Doe" }
```

这一点也容易理解,与这条 JavaScript 语句等价:

```
firstName = "John"
lastName = "Doe"
```

四、JSON 数组

JSON 数组在方括号中书写,数组可包含多个对象,如图 3-37 所示。

```
{
   "employees":[
     { "firstName":"John" ,"lastName":"Doe" },
     { "firstName":"Anna" ,"lastName":"Smith" },
     { "firstName":"Peter" ,"lastName":"Jones" }
   ]
}
```

图 3-37 JSON 数组

在上面的例子中,对象"employees"是包含三个对象的数组。每个对象代表一条关于某人(有姓和名)的记录。

五、JSON 应用

因为 JSON 使用 JavaScript 语法，所以无须额外的软件就能处理 JavaScript 中的 JSON。通过 JavaScript 可以创建一个对象数组，并像这样进行赋值：

```
var employees = [
{ "firstName":"Bill" ,"lastName":"Gates" },
{ "firstName":"George" ,"lastName":"Bush" },
{ "firstName":"Thomas" ,"lastName": "Carter" }
];
```

可以像这样访问 JavaScript 对象数组中的第一项：

```
employees[0].lastName;
```

返回的内容是：

```
Gates
```

可以像这样修改数据：

```
employees[0].lastName = "Jobs";
```

把 JSON 文本转换为 JavaScript 对象是 JSON 最常见的用法之一，是从 web 服务器上读取 JSON 数据（作为文件或作为 HttpRequest），将 JSON 数据转换为 JavaScript 对象，然后在网页中使用该数据。

为了更简单起见，我们使用字符串作为输入进行演示（而不是文件）。以下代码创建包含 JSON 语法的 JavaScript 字符串：

```
var txt = '{ "employees": [' +
'{ "firstName":"Bill" ,"lastName":"Gates" },' +
'{ "firstName":"George" ,"lastName":"Bush" },' +
'{ "firstName":"Thomas" ,"lastName":"Carter" } ]}';
```

由于 JSON 语法是 JavaScript 语法的子集，JavaScript 函数 eval()可用于将 JSON 文本转换为 JavaScript 对象。

eval()函数使用的是 JavaScript 编译器，可解析 JSON 文本，然后生成 JavaScript 对象。必须把文本包围在括号中，这样才能避免语法错误：

```
var obj = eval("(" + txt + ")");
```

在网页中使用 JavaScript 对象，如图 3-38 所示。

以上代码运行的结果如图 3-39 所示。

使用 JSON 解析器将 JSON 转换为 JavaScript 对象是更安全的做法。JSON 解析器只能识别 JSON 文本，而不会编译脚本。

在浏览器中，这提供了原生的 JSON 支持，而且 JSON 解析器的速度更快。较新的浏览器和最新的 ECMAScript（JavaScript）标准中均包含了原生的对 JSON 的支持。

```
<html>
    <body>
      <h2>通过 JSON 字符串来创建对象</h3>
      <p>
        First Name:<span id="fname"></span><br />
        Last Name:<span id="lname"></span><br />
      </p>
      <script type="text/javascript">
        var txt ='{"employees":[' +
        '{"firstName":"Bill","lastName":"Gates" },' +
        '{"firstName":"George","lastName":"Bush" },' +
        '{"firstName":"Thomas","lastName":"Carter" }]}';
        var obj = eval("(" + txt + ")");

        document.getElementById("fname").innerHTML=obj.employees[1].firstName
        document.getElementById("lname").innerHTML=obj.employees[1].lastName
    </script>
  </body>
</html>
```

图 3-38 在网页中使用 Java Script 对象

通过 JSON 字符串来创建对象

First Name: George
Last Name: Bush

图 3-39 JSON 代码运行的结果

本章小结

置标语言,也称为标记语言、标志语言、标识语言,是一种将文本以及文本相关的其他信息结合起来,展现出关于文档结构和数据处理细节的计算机文字编码。本章详细介绍了标记语言工具,包括 SGML 语言、HTML 语言、XML 语言和 JSON 语言等置标语言工具,展现出关于文档结构和数据处理细节计算机文字编码。

作 业 题

一、填空题

1. ________,也称为标记语言、标志语言、标识语言,是一种________结合起来,展现出关于________的计算机文字编码。

2. SGML 优点的优点包括________、________和________。

3. 通常在一个完整的HTML文件中,________是HTML文档的根元素,其中包含两个部分:________和________,它们分别被包含在标签________和________标签中。

4. XML的技术标准可分为三个层次:________、________和________。其中,________是整个体系的核心。

5. ________是JavaScript规范的一个子集,只要浏览器能支持JavaScript,就能解析它。

二、选择题

(一)单项选择题

1. 关于置标语言,以下描述不正确的是(　　)。

A. 和标记语言不一样

B. 需要一个运行时环境,使其有用

C. 有多种常用置标语言

D. 是一种将文本以及文本相关的其他信息结合起来,展现出关于文档结构和数据处理细节的计算机文字编码

2. 下列说法不正确的是(　　)。

A. SGML规定了在文档中嵌入描述标记的标准格式,指定了描述文档结构的标准方法

B. SGML不适用于当今网络社会的需要

C. SGML并没有得到广泛应用

D. SGML是沿用至今得到广泛应用的标准通用标记语言

(二)多项选择题

1. XML的特点包含(　　)。

A. 简明的结构

B. 良好的可扩展性

C. 通用性

D. 完整闭环性

2. 关于JSON描述不正确的是(　　)。

A. JSON是纯文本

B. JSON具有"自我描述性"(人类可读)

C. JSON具有层级结构(值中存在值)

D. JSON不能通过JavaScript进行解析

三、简答题

1. 简述置标语言的概念。

2. 简述SGML的概念和优点。

3. 简述SGML标准的三个层次。

4. HTML是一种计算机语言,它与同样也是计算机语言的C语言等都什么本质的不同?

5. 相对之前的HTML标准,HTML5的主要变化包括哪些?

6. 表格元素在页面设计中非常重要,特别是在商业系统中的数据展示方面尤为

常用。请说明<table>、<tr>、<td>元素分别具有什么功能。

7. 超链接元素中可以设置 target 属性，请分别描述 target 属性的不同取值及功能。

8. HTML 中支持插入的图像文件格式主要有哪些，它们各有什么特点？

9. 请在不同的浏览器中测试它们对 HTML5 频、视频元素的支持情况，测试音频和视频的编码要求。

10. CSS 文本属性可以设置文字的样式，HTML 中的文本元素也可以对文字样式进行设置。试比较这两种方式的主要不同之处。

11. CSS 的层叠性是如何体现的，试举例说明。

12. XML 的产生和发展与 HTML 的局限性有关系，请列举 HTML 的主要不足。

13. 简述 XML 继承了 SGML 的主要特性。

14. XML 元素在命名是需要遵守哪些原则？

15. 简述 JSON 的特点。

第四章　信息资源描述的元数据方案

使用信息标引语言,结合置标工具,可以对现有信息进行有效组织,但随着互联网的广泛使用,网络信息资源的急剧增加,查找和检索有用信息变成难题。元数据是描述和限定其他数据的数据,能够增强和改进文件的检索能力,因此,对元数据进行学习,可促进对网络信息资源的组织能力。本章对于元数据的概念、元数据的分类,以及都柏林核心元数据、典型元数据方案以及元数据互操作做了详细介绍。

第一节　元数据概述

一、元数据的由来

随着万维网的不断发展,网络上信息资源正呈不断增多的趋势。但随之而来的问题是,人们发现在海量的信息环境中,信息的查找和检索变得越来越困难。网络上充斥着各种各样的信息,但人们却不知道究竟该怎样才能找到自己所需要的信息。

为了有效地解决查找网络资源这一问题,元数据这一概念被提了出来。元数据也被称为是关于数据的数据,它是专门用来描述数据的特征和属性的。由于电子文件所具备的多种多样的格式和控制方法,它们可能不能被每个人直接使用:因为也许人们不熟悉或不了解它的格式;也许它的内容被加密了;或者它只有在交费后才能被接受;也或者这个资源太大,存取起来既困难又费时。在这些情况下,元数据能支持用户决策过程。它包含的数据元素集就是用来描述一个信息对象的内容和位置,以便能在网络中方便的查找和检索。

从元数据提供者的角度来看,元数据能改进文件的检索能力(特别是搜索的精确性),以及对藏品的控制和管理问题。而各种网络上的搜索引擎,如 Lycos、Alta Vista、Open Text 等,虽然对许多资源有自动索引功能,但其查准率却极低。而一些由专业人员提供的不仅复杂并被结构化的特殊体系方案,如 MARC、GILS、TEI header、IAFA 模块(用来描述匿名的 FTP 档案和基于主题的信息网关)和 FGDC,这些标准虽然能达到一定的查准率,但在数据加工标引工作上既费时又费人工,并且需要的是专业的从业人员,因此对于充斥于网上的海量信息可以说是无能为力。这些复杂的体系方案通常都需要大量的时间、金钱和合格的职员,因此创造一个更简单的元数据模型和体系方案显得非常吸引人。而且,随着因特网上的搜索服务的改进,从各种复杂或简单的元数据格式到各个不同的用户团体之间,也特别需要一种标准化的语言或交换格式。

所以,创立一个简单的,并且在网络中为各个用户团体所接受的标准化元数据元素集,成为网络发展的迫切需要。1995 年 3 月在都柏林召开的第一届元数据研讨会上,经过与会代表的商讨和辩论,终于产生了一个精简的元数据集——都柏林核心元素集

(Dublin Core Element Set),简称为都柏林核心(DC)。由于它的简练、易于理解、可扩展,且能与其他元数据形式进行桥接等特性,使它成为一个良好的网络资源描述元数据集。这次会议之后又召开了五次元数据研讨会,每次会议都对DC进行了一定的补充和修订,使DC在结构和功能上逐渐地完善起来。DC能较好地解决网络资源的发现、控制和管理问题,因此对于现在的数字图书馆研究很有意义。现在研究及采纳DC的各种项目已遍及美洲、欧洲、大洋洲、亚洲等地,DC已被翻译成了二十多种语言。1998年9月,因特网工程专题组(IETF)也正式接受了DC这一网络资源的描述方式,将其作为一个正式标准予以发布(RFC2413)。

二、元数据的定义

元数据方法可以定义为数字资源的描述方法。数字资源的描述与其如何应用和应用目的是密切联系的,因此元数据方法与数字资源的应用环境和应用领域直接相关,元数据方法旨在提供数字信息资源组织的方法论支持,也即回答"如何进行数字资源组织"这个问题。

元数据的英文名称为Metadata。元数据是描述和限定其他数据的数据。对于元数据的解读,各个领域由于对元数据应用的侧重点各不相同,对元数据的定义也各不相同。元数据的典型实例有数据的重要特性、用于数据定位的数据以及有助于数据检索的数据。在相对较早引入元数据的计算机领域中,这样定义元数据:"元数据是关于数据的数据,是数字信息组织和处理的基本工具,为各种形态的数字化信息单元和资源集合提供了规范、普遍的描述标准和方法"。关于元数据,迄今为止还没有完全统一的定义,最常规的定义就是:元数据是关于数据的数据。以下给出几种常见的具有代表性的元数据的定义:

(1) 元数据是关于数据的结构化的数据。该定义突出体现了元数据的结构化特征,从而使利用元数据作为信息组织的方式和全文索引的方式有所区别。

(2) 元数据是与对象相关的数据。该定义强调了元数据的面向对象性。指出即使用户可能是程序,也可能是不具有关于对象的存在或者特征等方面完整知识的人,也可以支持与对象有关的操作。

(3) 元数据是对信息包裹的编码描述。元数据的目的是为了提供一个中间级别的描述,使得信息需求者可以据此确定自己所需要浏览或检索的信息包,而不必检索大量不相干的全文文本。

(4) 元数据,即代表性的数据,通常被定义为数据之数据。该定义注重元数据的功能与地位。由于元数据包含了用来描述信息资源对象内容和位置的数据元素集,因而可以促进网络环境下搜索引擎对信息对象的发现与检索。

(5) 元数据是关于数据的数据,此术语指任何用于帮助网络电子资源识别、描述和定位的数据。该定义来自国际图联。但是该种说法没有考虑到纸质文件印刷环境的情况,仅仅侧重于网络电子资源。

元数据格式涉及的内容有元数据内容格式、元数据应用规范和元数据格式语言。其中元数据内容格式一般由标题、创作者、主题、日期等元素或其子元素组成。而应用规范是应用系统在使用元数据格式进行实际描述数据时的具体规范,涉及元素选择方式、元素内容详细界定、内容描述方式等内容。所谓元数据格式语言,是指定义、标记、封装、交换传递元数据时所用到的语言。目前,在不同领域和不同应用项目中已存在多种不同的元数据格式。

三、元数据的功能

元数据的应用范围非常广,元数据可应用于图像、声频和视频的检索和导航,结构化的文献管理、地理和环境信息系统、数字图书馆、混合多媒体等。随着数字化信息的发展,元数据也正在被用于数字图书馆、医学信息资源等更多的领域中。

元数据在信息管理中所发挥的总体功能,就是要保证信息在整个生命周期根据其不同阶段发挥不同的作用。

(1) 可靠性功能。信息创建时的权威性和可依赖性,即它可以代表与其有关事实的能力。可靠性主要是与电子文件的形成阶段相关,而元数据系统在电子文件的形成阶段就具有保证其可靠性的作用和能力。

(2) 真实性功能。文件要能真实地反映事务处理活动的实际过程,即电子文件在整个现行阶段利用过程中的可靠性。真实性主要反映的是这一阶段文件的状态、文件的类型,以及传递的方式和保存的方式等真实的情况。而元数据系统在电子文件的现行阶段就具有保证其真实性的作用和能力。

(3) 完整性功能。完整性本质就是指电子文件经归档后进入现行阶段仍能自始至终保证文件的可靠性和真实性。

第二节　元数据的分类

信息资源纷繁庞杂,而网络信息资源尤甚,有的资源相对简单,有的则非常复杂。从个人到机构,不同的用户对信息资源也有不同的要求和需要;从商业性质到学术性质,使用环境也决定着元数据的结构及其复杂度。因此,存在多种多样类型的元数据,元数据可以根据不同的分类方式划分为不用的类型。以下主要是根据元数据的功能把元数据划分为管理型元数据、描述型元数据、保存型元数据、技术型元数据、使用型元数据五类。

管理型元数据:主要用来管理与支配信息资源的元数据,如信息资源的分类、组织、规范和控制版本控制等。

描述型元数据:主要用来从不同角度和层次对资源信息进行描述,如信息资源的标题、关键字、内容描述等,可为用户提供查找帮助。

保存型元数据:主要用于对信息资源长期维护的元数据,如数字对象标识符、数据更新等。

技术型元数据:主要用于描述信息资源技术层面的元数据,如文件压缩格式、比率、分辨力等。

使用型元数据:与用户接口相关的元数据,如用户信息的使用、认证和跟踪等。

第三节　都柏林核心元数据(DC)

一、都柏林核心元数据的产生

1995 年 3 月 1—3 日,第一届元数据研讨会在美国俄亥俄州的都柏林召开。会议由联机图书馆中心(OCLC)和美国超级计算应用中心(NCSA)主持。与会代表包括来自图书馆界、档案界、人文学界和地理学界,以及来自 Z39.50 和通用标记语言标准(SGML)集团的代表。大会的目的旨在确定所研究的问题的范围,即是否只要一个简单的元数据元素集就能对网上的各种主题资源进行描述,会议为进一步发展描述电子资源的元数据元素的定义打下基础。

由于资源描述的广泛性以及复杂性使商讨的范围受到了限制,现在网络上的绝大部分信息对象都被看作是“文件”,而元数据记录是用来直接帮助发现因特网上的资源的,因此提出的一套元数据元素集旨在描述支持电子文件资源的发现的基本特性。而其他涉及成本核算或档案的信息,都不在商谈之内。

在这次会议中,专题组的目的主要是为了培养对当前问题的一般性的认识,以及主要涉及者可能会采取的解决方法,并提出一个核心元数据元素集来描述网络上的电子资源。会议目标主要是为了定义一个能被全球所理解接受的小的元数据元素集,它能允许作者和信息提供者自己来描述自己的工作,并能方便资源发现工具之间的互操作性。但是核心元素并不能满足特殊用户团体需要的对象描述。

这届研讨会最主要的成果是设定了一个包含 13 个元素的都柏林核心元素集:Dublin Core(或简称为都柏林核心 DC)。都柏林核心是在网络环境如因特网中,帮助发现文件类对象所需要的最小元数据元素集。而它的结构句法问题则作为一个执行细节没有进行详细说明。

二、都柏林核心元数据的变化

都柏林第一次会议后,DC-1 所定义的 13 个元素,这些元素在以后的 DC 发展中从名称到内容都有了很大的变化(表 4-1)。这次会议之后又召开了五次元数据研讨会,每次会议都对 DC 进行了一定的补充和修订,使 DC 在结构和功能上逐渐地完善起来。DC 能较好地解决网络资源的发现、控制和管理问题,因此对于现在的数字图书馆研究很有意义。

表 4-1 DC-1 定义元素

会议	时间	地点	主要主持单位	主要讨论议题及成果
DC-1	1995 年 3 月 1—3 日	美国俄亥俄州的 Dublin Core	OCLC/NCSA	与会代表一致认为有必要产生一个简单的描述网络上文件类对象(DLO)资源的元素集,并最终产生了一个包含 13 个元素的元素集,即 The Dublin Core Set
DC-2	1996 年 4 月 1—3 日	英国,Warwick	UKOLN/OCLC	会议主要讨论了元数据描述模型之间的互操作性,及其展开的机制,即 Warwick 框架 Warwick 框架和 Meta Content 框架成为 RDF 框架发展的基础
DC-3	1996 年 9 月 24—25 日	美国俄亥俄州的 Dublin Core	CNI/OCLC	会议主要讨论了网络上的图像资源问题,认为把已有的 13 个 DC 元素进行一定的修改后,同样可用来描述图像对象,并增加了两个元素:Description 和 Rights Management,使元素的个数增加到 15 个

（续）

会议	时间	地点	主要主持单位	主要讨论议题及成果
DC-4	1997年3月3—5日	澳大利亚首都堪培拉	NLA/DSTC/OCLC	会议产生了两大派别：最小主义学派和结构语言学派。会议正式定义了3个限定词：语言、体系和类型（子元素名）；另外，还讨论了把元数据模型和命名域相联合以及在HTML2.0中嵌入坎帕拉限定词等问题
DC-5	1997年10月	芬兰首都赫尔辛基	OCLC/NLF	会议讨论了日期，覆盖范围和关联这3个元素，使15个DC元素的定义讨论最终告一段落。会后生成了一个子元素专题组，并使Z39.50能支持用DC指定的搜索
DC-6	1998年11月2—4日	美国华盛顿特区	LOC/OCLC	会议的主要议题将是DC与其他资源描述方案之间的互操作性

三、都柏林核心元数据的组成

都柏林核心元数据具有创建和维护简单、广为理解的句法、系统互用性、可扩展性等特点。目前，DC已经拥有15个基本元素，并可以使用TYPE和SCHEME限定词以及LINK参照对元素进行扩展。都柏林核心元数据中主要的元素如下：

元素名称：题名（Title）

标签：题名（Title）。

定义：赋予资源的名称。

注释：资源名一般指资源对象正式公开的名称。

元素名称：创建者（Creator）

标签：创建者（Creator）。

定义：创建资源内容的主要责任者。

注释：创建者的实例包括个人、组织或某项服务。一般而言，用创建者的名称来标识这一条目。

元素名称：主题（Subject）

标签：主题及关键词（Subject and Keywords）。

定义：资源内容的主题描述。

注释：如果要描述特定资源的某一主题，一般采用关键词、关键字短语或分类号，最好主题和关键词从受控词表或规范的分类体系中取值。

元素名称：描述（Description）

标签：描述（Description）。

定义：资源内容的说明。

注释：描述可以包括但不限于以下内容：文摘、目录、对以图形来揭示内容的资源而言的文字说明，或者一个有关资源内容的自由文本描述。

元素名称：出版者（Publisher）

标签：出版者（Publisher）。

定义：使资源成为可以获得并可用的责任者。

注释：出版者的实例包括个体、组织或服务。一般而言，应该用出版者的名称来标识这一条目。

元素名称:其他责任者(Contributor)

标签:其他责任者(Contributor)。

定义:对资源的内容做出贡献的其他实体。

注释:其他责任者的实例可包括个人、组织或某项服务。一般而言,用其他责任者的名字来标识这一条目。

元素名称:日期(Date)

标签:日期(Date)。

定义:与资源生命周期中的一个事件相关的时间。

注释:一般而言,日期应与资源的创建或出版日期相关。建议采用的日期格式应符合 ISO 8601 [W3CDTF]规范,并使用 YYYY-MM-DD 的格式。

元素名称:类型(Type)

标签:资源类型(Resource Type)。

定义:资源内容的特征或类型。

注释:资源类型包括描述资源内容的一般范畴、功能、种属或聚类层次的术语。建议采用来自受控词表中的值(如 DCMI 类型词汇表[DCMITYPE])。要描述资源的物理或数字化表现形式,请使用"格式"(FORMAT)元素。

元素名称:格式(Format)

标签:格式(Format)。

定义:资源的物理或数字表现形式。

注释:一般而言,格式可能包括资源的媒体类型或资源的大小,格式元素可以用来决定展示或操作资源所需的软硬件或其他相应设备,如大小包括资源所占的存储空间及持续时间。建议采用来自受控词表中的值(如用"互联网媒体类型[MIME]"列表中的词定义计算机媒体格式)。

元素名称:标识符(Identifier)

标签:资源标识符(Resource Identifier)。

定义:在特定的范围内给予资源的一个明确的标识。

注释:建议对资源的标识采用符合某一正式标识体系的字符串及数字组合。例如,正式的标识体系包括统一资源标识符(URI)(包含统一资源定位符 URL)、数字对象标识符 (DOI)和国际标准书号 (ISBN)。

元素名称:来源(Source)

标签:来源(Source)。

定义:对当前资源来源的参照。

注释:当前资源可能部分或全部源自该元素所标识的资源,建议对这一资源的标识采用一个符合正式标识系统的字串及数字组合。

元素名称:语种(Language)

标签:语种(Language)。

定义:描述资源知识内容的语种。

注释:建议本元素的值采用 RFC 3066[RFC3066],该标准与 ISO 639 [ISO639]一起定义了由两个或三个英文字母组成的主标签和可选的子标签来标识语种。例如,用"en"或"eng"来表示 English,"akk" 来表示 Akkadian,"en-GB"表示英国英语。

元素名称:关联(Relation)

标签:关联(Relation)。

定义:对相关资源的参照。

注释:建议最好使用符合规范标识体系的字符串或数字来标识所要参照的资源。

元素名称:覆盖范围(Coverage)

标签:覆盖范围(Coverage)。

定义:资源内容所涉及的外延与覆盖范围。

注释:覆盖范围一般包括空间位置(一个地名或地理坐标)、时间区间(一个时间标签,日期或一个日期范围)或者行政辖区的范围(如指定的一个行政实体)。推荐覆盖范围最好是取自于一个受控词表(如地理名称叙词表[TGN]),并应尽可能地使用由数字表示的坐标或日期区间来描述地名与时间段。

元素名称:权限(Rights)

标签:权限管理(Rights Management)。

定义:有关资源本身所有的或被赋予的权限信息。

注释:一般而言,权限元素应包括一个对资源的权限声明,或者是对提供这一信息的服务的参照。权限一般包括知识产权(IPR)、版权或其他各种各样的产权 。如果没有权限元素的标注,不可以对与资源相关的上述或其他权利的情况做出任何假定。

DC 具备如下一些特性:内在性(intrinsicality)、可扩展性(extensibility)、独立句法结构(syntax independence)、可选择性(optionality)、可重复性(repeatability)及可修改性(modifiability)。

DC 具有四个优点:

(1) DC 将鼓励作者和出版者以自动资源发现工具能收集的形式来提供元数据。

(2) 它将鼓励包含有元数据元素模块的网络出版工具的创造,从而进一步简化元数据记录的创造工作。

(3) 如果有可能的话,DC 生成的记录能作为更详细的编目记录的基础。

(4) 如果 DC 成为标准,那么元数据记录就能被各用户团体所了解。

第四节 机读目录方案(MARC)

一、MARC 与 CNMARC 的来源

MARC 是 Machine Readable Catalog 的缩写,意即"机读目录",即以代码形式和特定结构记录在计算机存储载体上的、用计算机识别与阅读的目录。MARC 可一次输入,多次使用,是信息技术发展和资源共享要求的产物。

MARC 数据最早产生于美国。1961 年,美国国会图书馆开始图书馆自动化的设想,随着计算机技术的进步,1963 年,美国国会图书馆组织了在内部工作中采用电子计算机技术的可行性调查,1966 年 1 月,产生了《标准机器能读目录款式的建议》,即 MARC-1

格式,1967 年提出 MARC-2,它是目前使用的各种机读目录格式的母本。1969 年开始向全国发行 MARC Ⅱ格式书目磁带,并将 MARC Ⅱ格式称为 US- MARC,即美国机器可读目录。作为一种计算机技术发展早期形成的数据格式,这一格式在定义时比较充分地照顾到图书馆书目数据在文献形式描述、内容描述、检索等方面的需要,表现为:字段数量多;著录详尽;可检索字段多;定长与不定长字段结合,灵活实用;保留主要款目及传统编目的特点;扩充修改功能强;并能在实践中不断发展完善。美国机读目录适合美国国情,英、法等国家根据各自情况创建了自己的机读目录,为了进一步协调、促进国际交流,统一各国机读目录格式,国际图书馆联合会在 USMARC 基础上制订了"国际机读目录通信格式",即 UNIMARC,现在许多国家都采用 UNIMARC 进行文献编目。

CNMARC 是中国机读目录(China Machine-Readable Catalogue)的缩写,是用于中国国家书目机构同其他国家书目机构以及中国国内图书馆与情报部门之间,以标准的计算机可读形式交换书目信息。中国机读目录研制于 20 世纪 70 年代。1979 年成立了全国信息与文献标准化技术委员会,成立北京地区机读目录研制小组;1982 年,中国标准总局公布了参照 ISO2709 制定的国家标准《文献目录信息交换用磁带格式》(GB 2901—82),为中文 MARC 格式的标准化奠定了基础;1986 年 UNIMARC 中译本面世。在此基础上,根据中国实际情况,编制《中国机读目录通讯格式》讨论稿,1992 年 2 月正式出版《中国机读目录通讯格式》,即 CN-MARC。CNMARC 格式为中国机读目录实现标准化、与国际接轨,从数据结构方面提供了保障。

二、MARC 的数据字段

表 4-2 给出 MARC 的数据字段说明。

表 4-2 MARC 的数据字段说明

字段名	来源	类型	长度
记录号	001	C	12
ISBN 号	010$a	C	13
装订	010$b	C	10
价格	010$d	C	10
作品语种	101$a	C	3
正书名	200$a	C	120
副书名	200$e	C	100
分册号	200$i	C	20
分册名	200$h	C	100
著者	200$f	C	100
其他责任	200$g	C	100
版本说明	205$a	C	40
出版社	210$c	C	30
出版地	210$a	C	20
出版时间	210$d	C	8
页码	215$a	C	10
尺寸	215$d	C	10
附件	215$e	C	20
丛编题名	225$a	C	100
丛编责任	225$f	C	100

（续）

字 段 名	来　源	类　型	长　度
附注	300$a	C	50
提要	330$a	C	200
个人主题	600$a	C	40
团体主题	601$a	C	60
作者主题	604$a	C	80
题名主题	605$a	C	80
普通主题	606$a	C	60
地名主题	607$a	C	60
非控主题	610$a	C	40
中图分类	690$a	C	20
科图分类	692$a	C	20
个人责任	701$a	C	20
团体责任	711$a	C	40
编目机构	801$b	C	10
编目时间	801$c	C	20
电子正文	856$u	C	40

表 4-3 给出 MARC 的数据实例。

表 4-3　MARC 的数据实例

记录控制	001 0102218479
处理时间	005 20041126104239
ISBN	010 $a7-111-11419-1 $dCNY28. 00
处理数据	100 $a20031113d2003 em y0chiy0110 ea
作品语种	101 1 $achi $ceng
出版国别	102 $aCN $b110000
编码数据	105 $ay z 001yy
题名责任	200 1 $a 总裁思维 $e 像真正的 CEO 一样思考与行动 $f(美)C. 雷・约翰逊(C. Ray Johnson)著 $g 顾宇飞译 $9zong cai si wei
出版发行	210 $a 北京 $c 机械工业出版社 $d2003
载体形态	215 $a22,308 页 $d23cm
丛 编 项	225 2 $a 新华信管理丛书 $i 总裁成功系列
责任附注	314 $aC. 雷・约翰逊(C. Ray Johnson),美国人,Underground Technology Inc. 公司的董事会主席兼首席执行官。著有《总裁思维》等
提要文摘	330 $a 本书共分 4 部分,论述了企业基本经营原则,组织的管理与执行,现金危机和机遇,品格、道德、沟通与智慧及总裁领导企业实现目标所必需的领导能力和危机处理与应变能力
分 集	462 0 $a 总裁成功系列 $12001
并列题名	510 1 $aCEO Logic $eHow to Think and Act Like a Chief Executive $zeng
其他题名	517 1 $a 像真正的 CEO 一样思考与行动 $9xiang zhen zheng de CEO yi yang si kao yu xing dong
普通主题	606 0 $a 企业领导学
中图分类	690 $aF272. 91
人名等同	701 1 $a 约翰逊 $bC. R. $4 著 $9yue han xun
人名等同	701 1 $aJohnson $bC. Ray $4 著
人名次要	702 0 $a 顾宇飞 $4 译 $9gu yu fei

第五节 其他元数据方案

一、EAD

编码文档描述(Encoding Archival Description,EAD)是SGML的一个专用数据类型(DTD)。美国国会图书馆网络开发/MARC标准办公室是它的维护机构,美国档案管理员协会(the Society of American Archivists,SAA)是该标准的所有者。EAD主要用于描述档案和手稿资源(manuscripts collections),并利用网络检索和获取档案手稿类信息资源。相对于提供概括性描述和整体存取的MARC记录,EAD意在提供具体细节的描述和存取。EAD还提供"发现辅助"(美国使用"发现辅助"-finding aids-英国使用"详细目录"-detailed catalogues),力图提供一个完整、等级式的描述结构,并主要为具有知识组织和档案实践的人们所设计。高层元素主要包括头标<eadheader>、前面事项<front mater>、档案描述<archdes>。每一个高层元素又包括多个小项以及若干细项。

二、PICS

PICS(网络内容选择平台)项目始于1995年8月,最初用于帮助父母和老师控制儿童获取网络资源,后来作为一项技术规范,使用户能够轻松找到合适的内容又避免那些对自己或儿童不适合、不需要的内容。该规定易于创建和获取,标记各种系统以及相关的内容选择和过滤机制,从而允许不同的人和机构以最适合各自观点的方式标记网页内容。PICS技术规范最终在1996年初完成,此后PICS被结合到一系列产品中,如基于PICS的评级服务和过滤工具被大量地开发出来。

三、GILS

政府信息定位服务(the Government Information Locator Service,GILS)主要应用于政府出版物,由美国联邦政府建立,面向普通公众和政府用户提供如何定位和查找由许多政府机构产生的有用信息。Research in Metadata for Computer Models:该站点整理了一些关于计算机模型方面的元数据的资料:如通过web可以获得的模型,关于模型的研究和论文,元数据及编目的实例、思想和文章。该站点还提供了计算机模型元数据的内容标准。

四、CDF

频道定义格式(Channel Definition Format,CDF)由微软公司在1997年3月提出。作为一个开放的专门说明,CDF允许网页出版商实现从任何自动传输的WEB服务器到相容的接受程序之间提供快速更新的信息集合或频道。CDF使用XML,并对XML和Web Collections进行了扩展,面向的用户是创建网页的个人或机构。它使用一个简单句法创建频道,因而除了WEB服务器和CDF适应的浏览器之外,不需要任何技术支持。

五、MCF

元内容框架(Meta Content Framework,MCF)由网景公司于1997年6月提交给W3C。

它是过去多项元数据工作(如 XML、CDF、PICS、Web Collection)发展的结果,产生了一个“数据模型和相应的交换格式”,足够强大以适应任何应用。MCF 主要应用于:描述 WEB 站点或频道集合的结构;贯穿 E-mail;PIM 功能;分布式注解和创作;交换相关于商业的信息,如价格、存货清单、送货日期。

六、CDWA

艺术作品描述目录(CDWA)由 AITF(the Art Information Task Force)于 1996 年开发,主要为提供和使用艺术信息的团体(如博物馆和档案馆)描述艺术作品(包括其图像)提供结构化工具。它的描述重点在于“可动”的对象及其图像,包括来自不同时期和地理范围的油画、雕刻、陶艺、金属制品、家具、设计、表演艺术等。该元数据有 26 个主要类目,每一个类目有其子类目,包括主题、记录、管理等项目。

七、CIMI

CIMI(A Standards Framework for the Computer Interchange of Museum Information)是博物馆信息计算机交换标准框架,完整的框架包含交换协议、交换格式、低层网络和通信以及内容数据标准。现阶段 CIMI 的主要计划是文化遗产联机信息(Cultural Heritage Information Online,CHIO),主要目标是提供对各类博物馆信息的记录方式,包括展览目录的全文本、展品文字解释(wall texts)、图像以及传统的文献类信息。CHIO 包括两个部分:CHIO 结构(包括内容数据标准及其格式)和 CHIO 存取(access)。前者使用 SGML,后者使用 Z39. 50。

八、FGDC

联邦地理数据委员会(Federal Geographic Data Committee,FGDC)主要应用于地理空间信息,在 1992 年联邦地理数据委员会(Federal Geographic Data Committee)发起了“关于空间数据信息交换”的论坛,并在 1994 年通过数字化地理元数据的内容标准。元数据是数字地球中实现空间信息共享的主要解决途径之一,它与空间信息的共享是密不可分的。

九、REACH

1997 年美国研究图书馆协会 RLG(Research Library Group)为探索有效组织博物馆信息、提供博物馆资源在线服务而提出了 REACH 元数据格式(RLG REACH Element Set),包含 20 个基本元素。

十、TEI

文本编码(Text Encoding Initiative,TEI)计划开始于 1987 年,其目标是定义一个表现电子化文本资料的通用格式,使研究者能交换和重复使用资源,不受软件、硬件和应用领域的限制。美欧的许多学术团体已加入该计划中,并组成多个委员会考虑编码的各个方面。TEI Header 作为 TEI 格式中元素定义部分,基于 SGML/DTD,可作为 TEI 文件的一部分,或作为独立的元数据存在。

十一、UKOLN

UKOLN 元数据小组(The UK Office for Library and Information Networking:英国图书馆和信息网络办公室)是英国国家数字信息管理的一个重点技术小组,它为英国图书馆和信息文化社团提供方针、研究等服务,UKOLN 建立在 Bath 大学。VRA Core Categories (Visual Resources Association):VRA Core 视觉资料核心类目,是为对艺术、建筑、史前古器物、民间文化等艺术类可视化资源而建立的,主要用于博物馆的收藏。

第六节 元数据互操作

一、元数据互操作的背景

所谓元数据的互操作性,是指在由不同的组织制定与管理且技术规范不尽相同的元数据环境下,要向用户提供一个统一的数据检索界面,确保系统对用户的一致性服务。在具体应用上,互操作性表现为易转换性,即在所携信息损失最小的前提下,可方便地转换为其他系统常用的元数据。

各种元数据相关项目,尤其是数字化图书馆,最终要成为互联网上阅读浏览的网络数据库,各种格式的元数据在网络数据库间的导入和导出已成为元数据工作者研究的热点,不同格式的元数据之间的精确互换是亟待解决的问题。目前,业界对 DC 与 MARC 之间的转换研究得比较多,但至今还没有取得令人满意的效果。国外有研究成果表明:在合适的条件下,一个 DC 记录有可能转换成一个比较全面的 MARC 记录,但该记录可能不是一个有效的 MARC 记录,因为它丢失了如下一些强制字段:记录标签;001 记录标记符;100 通用处理数据;101 款目语种;200 题名和责任声明。而构造“记录标签”和“通用处理数据”却是其中最难解决的问题。

根据我国当前引进、研制元数据的状况,将现存的元数据分为两类,即 MARC 元数据和非 MARC 元数据。MARC 元数据包括 USMARC、UNIMARC、CNMARC 等。非 MARC 元数据包括 DC 系列元数据和非 DC 系列元数据。DC 系列元数据是指我国在数字图书馆建设的过程中,对 DC 元数据加以引进并改造而生成的针对特殊类型信息资源的元数据,也就是说这些新出现的元数据是在 DC 元数据的基础上进行了扩充、改进。例如,DC 元数据、北京大学拓片元数据、《数字式中文全文文献通用格式》以及清华大学的建筑元数据。非 DC 系列元数据包括 TEI 头标、EAD、GILS 等。

非 MARC 元数据大多数是一些资源描述机构针对自己的需要而开发的。在这些元数据方案中,元数据的制作可以由专业的编目人员完成,也可以由根本没有任何经验信息资源的提供者自己完成。非专业人员制作的元数据具有费用低、元数据的专指性较好的优点。但是,这样做会导致对数字化信息资源的属性和特征的揭示程度差别很大,进而影响元数据的总体质量。到目前为止,绝大多数元数据仍然由专业人员提供。例如,TEI 头标是一种复杂的元数据,绝大多数 TEI 文本都是由人文科学领域非图书馆专业人员创建,而 TEI 头标通常是由图书馆员创建或维护。如果让非专业人员参与元数据的制作,那么元数据方案设计就应解决元数据制作质量的检测与管理问题。

二、元数据互操作的层次

元数据互操作的目标是为用户提供一致的服务,这些服务最终的作用对象是由不同组织管理的、采用不同技术、异构的分布式系统。元数据的互操作是其中的一种。

为了实现成员之间的“交谈”,需要联盟中所有成员在三个方面达成“共识”:

一是技术。包括数据的输出格式、遵守的协议、安全系统等。

二是资源内容。包括数据和元数据的语法和语义的定义。

三是组织管理。包括数据存储的方法,访问控制、身份认证和计费方法等规定。

以上三个方面达成的一致性“协议”,对各成员的要求程度不同,最终实现互操作的程度就不同,提供给用户的服务功能也就不同。互操作的三种层次包括:

1. 联盟

联盟内部制定一系列的协议和规范,要求所有成员的系统都遵守这些协议,从而基于共同的协议标准容易实现互操作,并能提供功能强大的服务。但对于成员的要求比较高,成员之间关系紧密,所以很难形成大规模的联盟团体。例如,Z39. 50 就实现了这个层次的互操作。

2. 采集

对于联盟成员不要求遵守许多复杂的协议,只需少量的工作就可以实现与其他成员的互操作,所以说是加入联盟的一种低门槛的方法。成员之间的关系比较松散,容易形成较大规模的联盟。但这种层次仅能提供一些基本的互操作功能。例如,OAI(Open Archives Initiative)就是基于元数据采集的思想。

3. 搜集

如果形式上不建立这种正规的联盟,只是通过搜集完全开放的自由访问的网络资源,也可以实现最基本的互操作。不妨把互联网上所有的网站看作一个虚拟的联盟,显然对于成员没有任何要求,但提供互操作的服务质量很差,难以满足需要密切合作的成员的要求。例如,互联网上的搜索引擎就属于这个层次。

三、元数据互操作协议

互操作协议是指在网络中的各组织通过一种联盟的形式,彼此约定同一规则,遵守相同的协议,在应用层面上进行数据的发布和检索。以下协议是互操作协议的典型代表。

1. Z39150

Z39150 属于计算机数据库网络互联通信协议,是开放系统互联参考模型(OSI2RM)的应用层协议,论及面向连接的、程序间的通信问题,是信息检索应用服务定义和协议规范。目前,它已经广泛地被图书馆界作为一种访问分布式数据库的方法。

2. OAI 协议及 OAIster

OAI(Open Archive Initiative)是由国际组织提出的基于元数据的互操作框架,其主要由数据提供者 DP(Data Provider)、服务提供者 SP(Service Provider)、元数据搜寻 MS(Metadata Search)协议三部分组成。DP 将其拥有的元数据用公共元数据格式表达,并通过 OAI 协议提供统一的标准化接口,向外部揭示自身的元数据,SP 则通过 OAI 协议获取数据提供者的元数据,并以这些元数据为基础为用户提供进一步的信息增值服务。此方法通过元数据收获模式,可解决各资源库在元数据格式上的异构性问题,实现资源的整合检索。

OAIster 是密歇根大学 2002 年发起的联合目录项目,其整合对象为从开放存取数字资源集合所获取的数字资源。该项目以 OAI-PMH 协议为蓝本,截至 2014 年 12 月 17 日,覆盖了超过 1500 个成员馆。2009 年联机计算机图书馆中心(Online Computer Library Center,OCLC)参与到这个项目的建设和维护中,目标是将 OAIster 建设成一个所有开放存取数字资源库的自助服务贡献模型,以确保其对丰富开放资源的存取能力具有可持续性。它目前是全球最大的开放档案资料数据库。

3. SRW/U 及欧洲图书馆

SRW/U(the Search and Retrieve Web Service/the Search and Retrieve via URL)则是为了解决 Z39.50 基于 OSI 模型建立而无法直接与 WEB 连接及 Z39.50 协议过于复杂等问题而提出的 Z39.50ZING 协议的一个组成部分。该协议的目标是在通用的框架结构下实现对各种网络资源的整合。

SRW/U 由美国国会图书馆(the Library of Congress,LC)负责维护管理,2004 年 2 月发布了 SRU1.1 版本,目前已更新至 2.0 版本,是结构化信息标准促进组织(Organization for the Advancement of Structured Information Standards,OASIS)认可的标准之一。根据通信协议不同,SRW/U 分为按参数传递的形式分为两类:基于 SOAP 协议的 SRW 与基于 HTTP 协议的 SRU。

LC、OCLC、牛津大学等信息服务机构均发布了自己的 SRU 服务接口平台。欧洲图书馆:欧洲知识的门户(The European Library:Gateway to Europe's Knowledge)项目由芬兰、德国等多个国家参与,涉及不同的语种,而这些图书馆在本地查询中多数都利用了 Z39150,因此项目采用了 SRU 和 CQL 来实现互操作。

4. STARTS/SDLIP/SDARTS 及 PERSIVAL 计划

STARTS/SDLIP/SDARTS 协议是由美国斯坦福大学、哥伦比亚大学等机构完成的一组搜索协议,各个协议功能如下:STARTS 协议定义对数据源的查询请求、查询格式以及数据源提供的关于回复内容和格式;SDLIP 协议定义两种信息资源之间的互操作行为,以及不同公共接口类型与相应的中间件 LSP;SDARTS 协议为针对常见数据集类型的封装器参考执行程序工具包。

个人图像视频及语言资源检索及概要计划(Personalized Retrieval and Summarization of Image, Video, and Language Resources,PERSIVAL)是由哥伦比亚大学计算机系发起的项目,旨在为分散的医疗档案提供统一的检索入口。

本章小结

元数据的英文名称为 Metadata。元数据是描述和限定其他数据的数据。对于元数据的解读,各个领域由于对元数据应用的侧重点各不相同,对元数据的定义也各不相同。元数据的典型实例有数据的重要特性、用于数据定位的数据以及有助于数据检索的数据。本章对于元数据的概念、元数据的分类,以及都柏林核心元数据、典型元数据方案以及元数据互操作做了详细介绍。

作 业 题

一、填空题

1. ________可以定义为数字资源的描述方法。

2. 根据元数据的功能把元数据划分为________、________、________、________和________五类。

3. 都柏林核心元数据具有________、________、________、________等特点。目前，DC已经拥有________个基本元素，并可以使用________和________限定词以及________对元素进行扩展。

4. ________是指在由不同的组织制定与管理且技术规范不尽相同的元数据环境下，要向用户提供一个统一的数据检索界面，确保系统对用户的一致性服务。

二、选择题

(一)单项选择题

1. 关于元数据，以下描述不正确的是(　　)。

A. 为了有效地解决查找网络资源这一问题，元数据这一概念被提了出来

B. 元数据能改进文件的检索能力

C. 元数据能支持用户决策过程

D. 元数据的种类很少

2. 关于都柏林核心元数据描述不正确的是(　　)。

A. 都柏林第一次会议后，定义了13个元素

B. 都柏林第一次会议定义的13个元素没有发生变化延用至今

C. DC在结构和功能上也在逐渐的完善

D. DC能较好地解决网络资源的发现、控制和管理问题，因此对于现在的数字图书馆研究很有意义

(二)多项选择题

1. 关于MARC，以下描述正确的是(　　)。

A. MARC是Machine Readable Catalog的缩写，意即"机读目录"

B. 以代码形式和特定结构记录在计算机存储载体上的、用计算机识别与阅读的目录

C. MARC可一次输入，反复使用

D. 是信息技术发展和资源共享要求的产物

2. 元数据互操作协议的典型代表包含(　　)。

A. Z39150

B. OAI协议及OAIster

C. SRW/U及欧洲图书馆

D. STARTS/SDLIP/SDARTS及PERSIVAL计划

三、简答题

1. 简述元数据的概念和应用领域。

2. 简述根据元数据的功能划分的元数据分类。
3. 列举都柏林核心元数据的特点和基本元素。
4. 简述 MARC 和 CNMARC 的概念。
5. 列举 5 个以上的元数据方案名称。
6. 简述元数据互操作的 3 个层次。
7. 列举 3 个以上的元数据互操作协议名称。

第五章 信息组织的数据库方法

数据库技术是数据管理的最强大技术，是计算机科学的重要分支，它的出现使得有关信息排序并记载在载体上的工作环节由计算机实现。目前信息化建设过程中出现的各类信息系统，都离不开数据库的支撑，因此使用数据库技术完成信息系统使用过程中的信息有序化也成为信息组织不可或缺的一部分。本章就数据库的组织方法、各类数据库的信息组织展开了详细描述，并针对当前大数据技术的广泛应用，介绍了 NoSQL 数据库和大数据基础技术。

第一节 数据库组织方法概述

一、数据库组织方式的特点

数据库，简而言之可视为电子化的文件柜——存储电子文件的处所，用户可以对文件中的数据进行新增、截取、更新、删除等操作。

数据库管理系统（Database Management System，DBMS）是为管理数据库而设计的计算机软件系统，一般具有存储、截取、安全保障、备份等基础功能。数据库管理系统可以依据它所支持的数据库模型来作分类，如关系式、XML；或依据所支持的计算机类型来作分类，如服务器群集、移动终端；或依据所用查询语言来作分类，如 SQL、XQuery；或依据性能（冲量重点）来作分类，如最大规模、最高运行速度；其他的分类方式。不论使用哪种分类方式，一些 DBMS 能够跨类别，例如，同时支持多种查询语言。

信息组织广义的解释是指信息分类标引、主题标引、信息描述及排序记载、信息分析研究等工作。狭义的信息组织应不包括信息分析研究，仅涉及分类标引、主题标引、信息描述。自从出现计算机数据库后，有关信息排序并记载在载体上的工作环节由计算机实现。当然，在网络环境下，信息组织涉及很多网络信息自动化组织所需要的技术以及标准、法规等内容。但究其实质，即使是由计算机做信息管理，仍离不开对信息的标引、描述和存储等环节。

数据库技术是数据管理的最强大技术，是计算机科学的重要分支。当前，信息资源正成为各个单位、各个部门重要的财富和资源，建立一个满足各级部门信息处理要求并行之有效的信息系统也成为一个企业或组织生存和发展的重要条件。因此，作为信息系统的核心和基础的数据库技术得到越来越广泛的应用，从小型单项事务处理系统到大型集成信息系统，从联机事务处理到联机分析处理，从一般企业管理到计算机辅助设计与制造，计算机集成制造系统（CIMS）、办公信息系统（OIS）、地理信息系统（GIS）等，越来越多的应用领域采用数据库存储和处理他们的信息内容资源（这是广义信息资源之一）。数据库的应用水平已经成为国家信息化程度的重要标志。

数据库系统是对数据进行存储、管理、处理和维护的计算机软件系统。数据库技术是适应数据管理应用的需要而产生,数据库的发展与应用密切相关。数据库技术从20世纪60年代中期产生至今仅仅30多年的历史,就已经经历了三代的演变,目前已经发展成为一个庞大的数据库家族。系统的层次和网络数据库仍在广泛使用,关系数据库取得了巨大的成功。面向对象数据库更加直接和灵活,因特网和Web技术的迅速发展迫切需要用数据库来管理网络上的巨大信息资源。

当前计算机最重要的应用领域是信息管理,信息管理中首先是信息系统分析与设计。由于信息系统开发水平的优劣直接影响到信息管理的效率,因此采用数据库应用技术是提高信息系统设计水平的关键。数据库系统的出现是信息系统从以加工数据的程序为中心转向以围绕共享的数据库为中心的新阶段。这样既便于数据的集中管理,又有利于应用程序的研制和维护,提高了数据的利用率和相容性,提高了决策的可靠性。因此,数据库已经成为现代信息系统的不可分离的重要组成部分。

数据库系统的主要特点包括:数据结构化,数据的共享性高、冗余度低、易扩充,数据独立性高以及数据由DBMS统一管理和控制。

1. 结构化

数据库系统实现了整体数据的结构化,这是数据库最主要的特征之一。这里所说的“整体”结构化,是指在数据库中的数据不再仅针对某个应用,而是面向全组织;不仅数据内部是结构化,而且整体式结构化,数据之间有联系。

2. 共享性

因为数据是面向整体的,所以数据可以被多个用户、多个应用程序共享使用,可以大大减少数据冗余,节约存储空间,避免数据之间的不相容性与不一致性。

3. 数据独立性高

数据独立性包括数据的物理独立性和逻辑独立性。

物理独立性是指数据在磁盘上的数据库中如何存储是由DBMS管理的,用户程序不需要了解,应用程序要处理的只是数据的逻辑结构,这样一来当数据的物理存储结构改变时,用户的程序不用改变。

逻辑独立性是指用户的应用程序与数据库的逻辑结构是相互独立的,也就是说,数据的逻辑结构改变了,用户程序也可以不改变。

数据与程序的独立,把数据的定义从程序中分离出去,加上存取数据由DBMS负责,从而简化了应用程序的编制,大大减少了应用程序的维护和修改。

4. 数据由DBMS统一管理和控制

数据库的共享是并发的(Concurrency)共享,即多个用户可以同时存取数据库中的数据,甚至可以同时存取数据库中的同一个数据。

DBMS必须提供以下几方面的数据控制功能:数据的安全性保护(Security)、数据的完整性检查(Integrity)、数据库的并发访问控制(Concurrency)、数据库的故障恢复(Recovery)。

二、信息资源数据库的分类

1. 关系数据库技术

关系数据库,通过引入数学领域的关系模型及关系代数和关系演算,以关系概念为基础发展起来，经过几十年的应用和发展，在处理文本数据、管理事务等方面奠定了自己的优势。

在信息存储方面，关系数据库以二维表的方式管理数据，数据以一条条记录的方式进行管理，每一记录内部包括许多字段，字段名不可重复，每一记录的每一字段具有唯一值，字段中不支持子字段。关系数据库是一个严格的二维表，在结构定义上有很强的限制，如对表中每个属性的长度是固定的、类型是事先定义好的。这样做一方面是为了保证关系运算的准确性和检索的完备性，但是在另一方面又限制了数据库内容的变化性。

在信息检索方面，关系数据库的检索是在索引文件(Index File)上的SQL查询。关系数据库为每一个可检索的数据项建立一个索引文件，通过索引文件对字段进行检索。对属于不同表的数据项进行组合检索则需要对表进行链接操作，当数据量太大时，对系统空间要求很高，且检索速度也不太理想。另外，关系数据库对检索词的索引是以整个数据项的内容为单位的，不能满足一些更深层次的索引要求，如全文检索。为了克服这一缺点，关系数据库生产商推出的新版Universal Database Server，或对象关系数据库中普遍提供的数据库扩充功能，使得全文检索引擎可以无缝集成到数据库中，例如Oracle的Cartridge技术、Informix的Data Blade技术、IBM DB2的Extender等。

在多媒体信息的处理方面，关系数据库以处理文本信息见长，对于多媒体信息从一开始就没有将其纳入管理范围。后来随着互联网的兴起，大量多媒体信息的涌入，使得关系数据库生产商们不得不考虑多媒体信息的处理问题，于是纷纷提供了对于一些超长文本、图像、声音等多媒体的扩充，如Informix数据库允许用户在数据库中建立复杂的数据类型及用户自定义的数据类型，同时可对这些数据类型定义各种操作和运算以实现对象的封装。在定义操作和运算时可以采用数据库过程语言、C语言，它们经注册后成为服务器的一部分。

关系模型理论从提出到现在，关系数据库技术已成为一种相当成熟的技术，特别是在结构化数据的处理方面有着极大的优势。在数字图书馆中还有着相当一部分的结构化信息，如各种统计数据、数值和实事数据库等都可以应用关系数据库技术进行管理。

2. 面向对象数据库技术

面向对象方法是一种认识、描述事物的方法论，它起源于程序设计语言，并迅速渗透到计算机科学技术的各个领域。它以客观世界中客观存在实体对象为基本元素，并以类和继承来表达事物间具有的共性和它们之间存在的关系，用一种与客观世界比较直接的映射方式很好地实现了抽象、封装、复杂性控制、信息隐蔽等机制。面向对象数据库是面向对象方法在数据库领域中的实现和应用，它既是一个面向对象的系统，又是一个数据库系统。

当前，面向对象数据库技术仍处于不断发展和创新的阶段，在概念、原理和实现上都还没有形成被广泛接受的共识。但对下述基本概念的支持是面向对象数据库所应该具有的：对象(Object)、类(Class)、继承(Inheritance)、封装(Encapsulation)等。

目前已有一些成功的面向对象的数据库管理系统，但是其工具、环境和对面向对象方法的支持程度还有待进一步的完善。URION、IRIS、ONTOS、Object Store、O2等是当前较有影响的面向对象数据库。许多主流的关系型数据库系统(如Oracle、Informix)也在新版本中加入了面向对象的特性，也就是对象关系型数据库。纯面向对象数据库管理系统自然对于面向对象方法具有较好的支持,对象关系型数据库管理系统一般也应支持 SQL 环境中的基本类型扩充、复杂对象处理、对象类属的继承和产生式规则的应用。

3. 非结构化数据库技术

非结构化数据库就是字段数据及字段长度可变的数据库。非结构化数据库观点认为信息大体上可分为两类:一类信息能够用数据或统一的结构加以表示,称为结构化数据,如数字、符号;而另一类信息根本无法用数字或者统一的结构表示,例如文本、图像、声音乃至网页等,称为非结构化数据。结构化数据是非结构化数据的特例。关系型数据库就是一种结构化数据库,它很难处理网络中千变万化的非结构数据,必须采用子字段、多值字段以及变长字段的机制,允许创建许多不同类型的非结构化的或任意格式的字段,以突破关系数据库非常严格的表结构。

非结构化数据库技术将非结构化和结构化数据都定义为资源,使得非结构化数据库的基本元素就是资源本身,即数据库中的资源可以同时包含结构化的和非结构化的信息,所以,非结构化数据库能够存储和管理各式各样的非结构化数据。通过这种对资源的管理方法,非结构化数据库实现了数据库系统从数据管理到内容管理的转化。非结构化数据库最大的特点在于它突破了关系数据库结构定义不易改变和数据定长的限制,支持重复字段、子字段以及变长字段,并实现了对变长数据和重复字段进行处理和数据项的变长存储管理,在处理连续信息(包括全文信息)和非结构信息(重复数据和变长数据)中有着传统关系型数据库所无法比拟的优势。

在信息检索方面,关系数据库是通过建立索引而实现快速检索的,而非结构化数据库则通过倒排文档(Inverted File)来实现记录的快速定位。灵活高效的倒排文档技术不仅能满足传统的按整字段和子字段进行逻辑组配查询的需求,而且还能进行全文任意词的单项及组配检索,检索速度快且不受文献量的影响。

在多媒体信息的处理方面,非结构化数据库的记录是不定长的,因而可以存储各种信息,如文字、图像、视听资料等。因此,非结构化数据库可以很轻松地处理多媒体信息。

4. 多媒体数据库技术

数字化图书馆要求数据库具有管理图像、文本、声音、视频等多种媒体信息的能力,关系数据虽然可以通过引入抽象数据类型来支持对多媒体信息的处理,但这种支持仅停留在简单的输入、输出上,对于其他操作和深层次检索要求用户自行定义。因此,多媒体数据库概念应运而生。

目前多媒体数据模型仍处在探索阶段,在实现方法上可以抛开以前的数据模型,开发新的数据库类型,从底层实现真正意义上的多媒体数据库系统;也可以从现有的数据库出发,通过将各种媒体的数据库整合起来构建多媒体数据库。由于后一种方法充分利用了现有的数据库,对数字图书馆来说是一种比较现实的方案。

5. 数据仓库技术

数字图书馆不仅要提供一次信息,还必须提供经过深层次开发的二次、三次信息;数字图书馆的功能不仅应包括信息导航和信息提供,还应包括信息分析和决策支持。因此,数据仓库技术也成为数字图书馆的关键技术之一。

数据仓库是集成的面向主题的数据库集合,其中每个数据单位都与时间有关。数据仓库中的数据应该是定义良好的、一致的和不变的。其数据量应该足够支持数据分析、查询、报表生成和与长期积累的历史数据的对比。数据仓库技术就是一种能满足上述所有目标的方法。数字图书馆中存在着大量的历史数据,用数据仓库将它们组织起来,可以在更高的层次上充分利用这些数据。

构建一个数据仓库系统应包含 8 个功能模块:

(1) 设计模块,用于设计数据仓库。

(2) 数据获取模块,用于从源文件和源数据库中获取数据,并进行清洁、传输,将它加到数据仓库中。

(3) 数据管理员模块,用于建立、管理和访问数据仓库中的数据。

(4) 管理模块,用于管理数据仓库的运行。

(5) 信息目录模块,用于为管理者和企业用户提供存储在数据仓库中的数据内容和含义信息。

(6) 数据访问模块,用于为企业的最终用户提供访问数据仓库的方法。

(7) 中间件模块,用于为最终用户工具提供访问数据仓库的方法。

(8) 数据传递模块,用于向其他仓库和外部系统中分配数据仓库数据。

第二节　数据库系统结构及其信息组织方法

一、单用户数据库系统的信息组织方法

单用户数据库是指每次只提供给一个用户使用的数据库。

单用户数据库结构是一种早期简单的数据库结构,应用程序、数据库管理系统和数据等所有的数据库系统都安装在同一台计算机上,该计算机由一名用户独享,不同计算机之间不能共享数据。

以企业各部门为例,各部门使用自己的计算机实现数据管理,所有计算机之间都是相互独立的。由于不同部门之间不能共享数据,企业中存储了大量冗余数据,如每个员工的编号、姓名等个人信息被反复存储在人事、会计、技术等不同部门的数据库中。

二、主从式数据库系统的信息组织方法

主从式架构(Master/Slave)或客户端/服务器(Client/Server)结构,简称 C/S 架构,是一种网络架构,它把客户端(Client)(通常是一个采用图形用户界面的程序)与服务器(Server)区分开来。每一个客户端软件的实例都可以向一个服务器或应用程序服务器发出请求。

Master/Slave 在数据库集群应用比较多,主要是实现读写分离。对于数据库应用而言基本上是读大于写,因此由 Master 服务器负责增、删、改操作,由 Slave 负责读操作(也就是 SELECT),Master 一般只有一台,而 Slave 可以有好多台。Slave 与 Master 之间会有心跳数据包(一般数据库服务器会提供配置)。当 Master 有数据写入时,Master 会将数据同步至各 Slave 上。如果数据库采用 Master/Slave 的话,那对于应用程序来说是透明的,也就是说,不管用不用 Master/Slave,我们的代码不需要修改。

主从式架构示意图提供一个可伸缩(Scalable)的架构,网上的计算机或者处理过程是

一个客户端或者服务器。服务器软件一般运行在强大的专用商业计算机上。另外,客户端一般运行在普通个人计算机或者工作站上。

服务端的特征包括被动的角色、等待来自客户端的请求、处理请求并传回结果。客户端的特征包括主动的角色、发送请求、等待直到收到响应。

服务器可以是有状态或者无状态的。无状态的服务器不会保留任何请求之间的信息,有状态服务器会记住请求之间的信息。这些信息的作用域可以是全局的或者某个事务(Session)的。静态 HTML 页面服务器是一个无状态服务器的例子,Apache、Tomcat 是一个有状态服务器。

三、分布式数据库系统的信息组织方法

随着传统的数据库技术日趋成熟、计算机网络技术的飞速发展和应用范围的扩大,以分布式为主要特征的数据库系统的研究与开发受到人们的注意。分布式数据库系统(Distributed Database System,DDBS)是数据库技术与网络技术相结合的产物,在数据库领域已形成一个分支。分布式数据库研究始于 20 世纪 70 年代中期。世界上第一个分布式数据库系统 SDD-1 由美国计算机公司(CCA)于 1979 年在 DEC 计算机上实现。20 世纪 90 年代以来,分布式数据库系统进入商品化应用阶段,传统的关系数据库产品均发展成以计算机网络及多任务操作系统为核心的分布式数据库产品,同时分布式数据库逐步向客户机/服务器模式发展。

分布式数据库系统的分类包括:

(1) 同构同质型 DDBS:各个场地都采用同一类型的数据模型(如关系型),并且是同一型号的 DBMS。

(2) 同构异质型 DDBS:各个场地采用同一类型的数据模型,但是 DBMS 的型号不同,如 DB2、ORACLE、SYBASE、SQL Server 等。

(3) 异构型 DDBS:各个场地的数据模型的型号不同,甚至类型也不同。随着计算机网络技术的发展,异种机联网问题已经得到较好的解决,此时依靠异构型 DDBS 就能存取全网中各种异构局部库中的数据。

分布式数据库系统的基本特点包括:

(1) 物理分布性:数据不是存储在一个场地上,而是存储在计算机网络的多个场地上。

(2) 逻辑整体性:数据物理分布在各个场地,但逻辑上是一个整体,它们被所有用户(全局用户)共享,并由一个 DBMS 统一管理。

(3) 场地自治性:各场地上的数据由本地的 DBMS 管理,具有自治处理能力,完成本场地的应用(局部应用)。

(4) 场地之间协作性:各场地虽然具有高度的自治性,但是又相互协作构成一个整体。

四、基于 C/S 和 B/S 系统的数据库访问方式

基于 Web 服务器和浏览器共同构建的软件系统被称为浏览器/服务器体系结构(Browser/Server architecture,B/S 结构),它是对传统客户机/服务器体系结构(Client/Server architecture,C/S 结构)的一种变化或者改进的结构。

Web 应用程序(Web Application)是指在 B/S 结构中,通过浏览器访问、在 Web 服务器端运行的应用程序,用户只需要具有浏览器、网站地址和权限就可以访问 Web 应用程序;与 Web 应用程序相对应的是传统 C/S 结构中的桌面应用程序(Desktop Application),它需要在客户端进行安装和运行。

电子邮件应用是一个典型的例子。我们可以通过特定的桌面应用程序(如 Outlook、Foxmail 等)收发信件或管理邮箱,也可以不使用任何特殊的桌面应用程序而只通过浏览器直接访问电子邮件服务网站(如 mail. 139. com 或 mail. google. com 等)。

可以看出,传统 C/S 结构中的客户机不是毫无运算能力的输入、输出设备,而是具有一定数据存储和数据处理能力。通过把应用软件的计算和数据合理地分配在客户机和服务器两端,可以有效地降低网络通信量和服务器运算量。而在 B/S 结构下,用户界面完全通过 Web 浏览器实现,一部分事务逻辑在浏览器端(有时称为前端)实现,但是主要事务逻辑在服务器端(有时称为后端)实现。

Web 应用程序利用了不断成熟的万维网浏览器技术,结合浏览器运行 JavaScript 程序能力,在通用浏览器上实现了原来需要复杂专用软件才能实现的强大功能。B/S 结构相对于传统的 C/S 结构更加适合开发多层架构的系统,如图 5-1 所示。

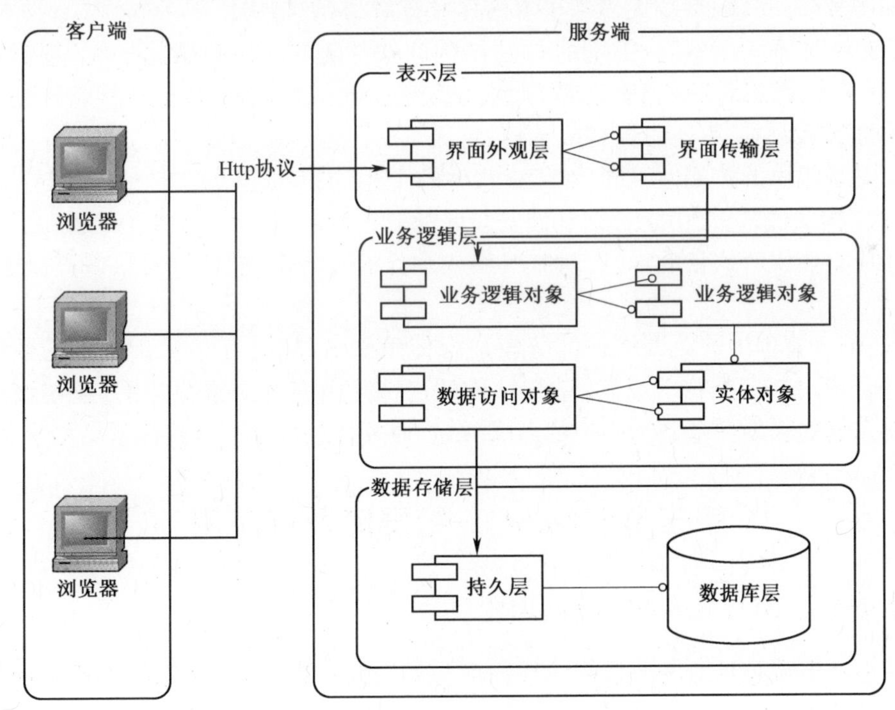

图 5-1 B/S 的系统结构图

B/S 结构相对于传统 C/S 结构是个巨大的进步。在搭建信息系统时,两者也体现出明显的不同之处。

(1) 硬件环境不同:传统的 C/S 一般建立在专用的局域网上,局域网之间再通过专门服务器提供连接和数据交换服务;B/S 适合建立在广域网之上,不需要专门的网络硬件环境。

(2) 对安全要求不同:传统的 C/S 一般面向相对固定的用户群,对信息安全的控制能力很强,一般高度机密的信息系统采用 C/S 结构适宜;B/S 通常建立在广域网之上,对安全的控制能力相对弱,面向是不可知的用户群。因此,B/S 更适合发布各种公开信息。

(3) 系统架构不同:传统的 C/S 结构可以更加注重流程,可以对权限多层次校验;B/S系统所依托的 HTTP 协议缺少对流程、状态等方面的管理,因此在实际的 B/S 系统开发中需要采用更加优化的开发和运行平台,包括微软的 .NET 平台或 JavaEE 平台等。

(4) 系统维护不同:传统的 C/S 结构意味着在用户的计算机中必须安装特定的客户端软件。如果系统出现了问题或者需要对系统进行升级,就必须在每一个客户端计算机上进行操作;B/S 结构的维护和升级都发生在服务器端。

(5) 处理的问题不同:传统的 C/S 结构适合对大量数据进行批量的增、删、改操作,尤其适合对数据库中的数据进行管理;B/S 结构适合面向不同的用户群,接受用户数据的汇集和用户对数据库的各种查询。

(6) 用户接口不同:传统的 C/S 结构的前台多是建立的 Windows 平台上,客户端软件对操作系统有特定的要求,跨平台性较差;B/S 的前台建立在浏览器上,对操作系统没有特别的要求,一般只要有操作系统和浏览器就行,具有良好的跨平台性。因此,云计算或软件即服务(SaaS)的系统大多基于 B/S 结构建立。

(7) 投入成本构成不同:传统的 C/S 结构的软件随着应用范围的扩大,投资会连绵不绝,不利于软件项目控制和避免 IT 黑洞,系统总拥有成本较高;B/S 结构软件一般只有初期一次性投入成本,系统总拥有成本较低。

(8) 系统规模的扩展性不同:对于成长中的企业,快速扩张是它的显著特点。对于传统的 C/S 结构软件来讲,由于必须到处安装服务器和客户端、招聘专业 IT 支持人员等,因此无法适应企业快速扩张的特点;而 B/S 结构软件通过一次安装,以后只需设立账号、培训即可。

总之,信息管理中的数据维护部分较适合使用 C/S 结构,而信息管理中的数据查询部分较适合使用 B/S 结构。当然,系统结构的选择是由多种因素决定的,系统设计人员需要根据系统的软硬件基础和用户的需求,结合业务特点选择适合的体系结构。

第三节 NoSQL 数据库及其应用

一、关系型数据库与 NoSQL 数据库比较

关系型数据库是目前选用最多的数据库类型,其中与数据库交互的方式是使用 SQL 语言。非关系型数据库 NoSQL(Not Only SQL),不是指某一种技术,而是一类技术的总称。非关系型数据库最早可以追溯到 1991 年发布的 Berkeley DB 的第一版,这是一个基于键值存储的 Hash 数据库。NoSQL 真正被关注是 2007 年 Amazone 和谷歌的工程师发表关于有关 Dynamo 和 BigTable 的数据库论文,对这两种新型数据的设计思想进行描述。

InfoSys Technonlgies 的首席技术架构师 Sourav Mazumder 对 NoSQL 有一个较为全面的描述:

(1) 能够水平伸缩,为跨多节点数据分布模型而设计。

(2) 能够用可扩展的松耦合类型数据模式对数据逻辑建模。

(3) 支持多种"Non-SQL"接口来访问数据。

(4) 拥有对数据持久化的能力。

在设计 NoSQL 技术的时候,加入了一些新的原则,如何有效地对大数据进行处理,对大数据的操作不仅要求读取速度快,还要求有较高的写入性能,这对一些需要频繁进行读取操作的应用至关重要。这些新原则包括:

(1) 数据库采用横向扩展的方式来提高性能,大量节点的并行处理来提高数据写入和其他性能。

(2) 对数据要求保持最终一致性(eventual consistency),允许数据出现短暂的不一致情况,而不像传统关系数据库要求事物的强一致性。

(3) 为防止节点的失败,每个数据节点要进行至少三个备份节点。

关系模型是一种严格的数据建模方法,而在大数据时代海量的无固定结构数据,关系模型数据库对数据格式的要求过于严格,人们更希望通过列表、哈希表、文档、图等概念对数据进行建模,这也是发明 NoSQL 的主要原因之一。

可以看出,NoSQL 对比关系型数据库有两个主要的改变:一是横向的伸缩,NoSQL 支持横向扩展,是分布式的数据库,能够很好地适应海量数据条件下数据的处理,并且能够在分布式架构下达到较高的性能;二是数据模式,NoSQL 使用可扩展的、松耦合数据结构,如 Key-Value 键值对、图表、文档等,同样也可以使用关系型数据库的二维表,数据结构还可以在系统运行中动态的更改,这样有利于存储海量的非结构化和半结构化数据。

基于上述的 NoSQL 设计思想,各种基于 NoSQL 的数据库被设计出来,解决了大数据的管理、处理和分析问题。根据数据存储类型的不同,NoSQL 可以分为基于 Key-Value 存储模型、基于列分组存储模型和基于文档模型。

1. 基于 Key-Value 的数据存储方式分析

基于 Key-Value 数据存储系统,使用哈希表维护 Key 值和数据 Value 的映射。在根据 Key 值进行数据查询时能够达到较高的性能。虽然基于 Key-Value 存储系统中的数据 Value 具有特定的结构,但这些数据结构是由应用程序来进行处理,数据库系统并不对其进行处理,应用程序根据 Value 的格式进行后续的解释,用户不能像关系数据库那样根据某一特定属性进行查询。在基于 Key-Value 存储模型的数据库中 Value 可以是列表、无序集合、有序集合、数值等类型。在非关系型数据库系统中,如果要对某一时间段内所有的刷卡信息进行查询,就需要程序先获得这段时间内,所有刷卡记录的 ID 列表(Key 表),然后利用这个记录 ID 信息的列表逐一提取数据(Value),这种操作主要是由顶层应用程序来完成。在关系数据库中要查询某段时间内的刷卡记录,直接可以在关系数据库中,限定 SQL 语句查询时间范围。当应用程序需要根据数据某个字段进行查询时,Key-Value 存储模型要提取所有的数据进行解析,所以这种模型的存储效率不高。

基于 Key-Value 存储模型具有查询简单的特点,便于把数据进行横向分割,发送到大规模服务器集群上进行处理和存储,来获得很高的操作性能。但当对按照 Key-Value 模型存储的数据按照范围查找时,需要对所有的数据集进行扫描,在海量的数据存储条件下,造成时间极大的浪费。同时 Key-Value 存储模型中 Value 的值是无结构的二进制码或纯文字字符串,只有通过应用层的应用区解析相应的数据结构,加大了程序员程序设计时的工作量。

2. 基于列分组的数据存储方式分析

基于列分组的数据存储方式和基于 Key-Value 存储模型类似。但数据值(Value)的结构较为复杂,数据(Value)中可以包含多个列,即数据的字段也可以包含子字段,甚至列还可以继续细分、分组,是一个多层嵌套的结构。由于每列数据是带有时间戳的,可以在分组里维护多个 Key-Value 映射版本。基于列分组的数据存储模型能够有力地支持在需要了解历史数据的基础上进行的分析活动。HBase 是根据 Big Table 开发的基于列分组存储开源数据库,利用 HBase 可以在廉价的服务器上搭建起大规模结构化的存储集群。HBase 同时支持 SQL 查询接口,可以方便地对数据进行增删查改和简单的汇总。Facebook 对 HBase 进行了持续的改进,极大地提高了 HBase 处理数据的能力。HBase 凭借其强大的扩展能力,广泛应用与日志处理等领域,可以达到每天完成 200 亿个写操作的性能。

基于列分组存储模型主要是围绕"列"(Column)进行存储,而不像关系数据库那样围绕"行"(Row)进行存储。这样属于同一列的数据会尽可能地存储在硬盘的同一页(Page)中,而不是将属于同一行的数据存放在一起,能够很好地适应类似数据仓库这样的应用。在数据仓库中每次需要查询的数据很多,但每次涉及的列并没有很多,这样可以节省大量的通信资源,查找速度快,可扩展性强,容易进行分布式扩展。但是基于列分组数据存储模型功能相对局限,在处理简单查询时能够达到很高的性能,在处理复杂查询尤其是跨行操作时速度较慢,而大数据时代对数据的集成需要很多不同类型的数据进行复杂查询和操作才能满足用户的需求,所以基于列分组数据存储不能很好地适应数据集成的需求。

3. 基于文档的数据存储方式分析

基于文档的数据存储也是以 Key-Value 存储模型作为基础模型。每个文档等于关系数据库中一条数据记录,又可以是一个 Key-Value 的列表,形成循环嵌套结构,文档一般采用 JSON 或者类似于 JSON 的格式。同时其数据结构也可以随系统的扩展相应改变,不同于传统关系型数据库需要预先定义好表的结构。支持文档格式的数据库一般可以对 Value 建立二次索引(Secondary Index)来方便上层的应用。文档存储给予数据库设计者极大的灵活性,但对于数据的操作更多的需要应用软件来完成。基于文档模型的产品包括 CouchDB、MongoDB 和 Riak 等。

基于文档的数据存储模型以封包键值对的方式存储文档,应用对要检索的文档采取一些约定,或者是利用存储引擎将不同的文档划分为不同的集合。同时文档型数据模型其 Value 值支持复杂的数据结构定义,可以是数组、列键值,也可以是嵌套存储其他的文档。文档数据库可以提供灵活可变的数据模式以及自动索引,从而可以对任意字段进行高效的查询。基于文档型数据存储可以根据 Value 的值来创建二次索引来方便上层的应用,这点是其他基于 Key-Value 存储模型数据库所无法提供的。基于以上的所有特点,本书选取文档模型作为数据集成数据层数据存储的方案。

二、MongoDB

MongoDB 是一个基于分布式文件存储的数据库,由 C++语言编写,旨在为 WEB 应用提供可扩展的高性能数据存储解决方案。

MongoDB 是一个介于关系数据库和非关系数据库之间的产品，是非关系数据库中功能最丰富、最像关系数据库的产品。它支持的数据结构非常松散，是类似 json 的 BSON (Binary Serialized Document Format)格式，因此可以存储比较复杂的数据类型。MongoDB 最大的特点是它支持的查询语言非常强大，其语法有点类似于面向对象的查询语言，几乎可以实现类似关系数据库单表查询的绝大部分功能，而且还支持对数据建立索引。

MongoDB 的设计目标是高性能、可扩展、易部署、易使用，存储数据非常方便。其主要功能特性如下：

(1) 面向集合存储，容易存储对象类型的数据。在 MongoDB 数据被分组存储在集合中，集合类似 RDBMS 中的表，一个集合中可以存储无限多的文档。

(2) 模式自由，采用无模式结构存储。在 MongoDB 集合存储的数据是无模式的文档，采用无模式存储数据是集合区别于 RDBMS 中的表的一个重要特征。

(3) 支持完全索引，可以在任意属性上建立索引，包含内部对象。MongoDB 的索引和 RDBMS 的索引基本一样，可以在指定属性、内部对象上创建索引以提高查询的速度。除此之外，MongoDB 还提供创建基于地理空间索引的能力。

(4) 支持查询。MongoDB 支持丰富的查询操作，MongoDB 几乎支持 SQL 中的大部分查询。

(5) 强大的聚合工具。MongoDB 除了提供丰富的查询功能外，还提供强大的聚合工具，如 count、group 等，支持使用 MapReduce 完成复杂的聚合任务。

(6) 支持复制和数据恢复。MongoDB 支持主从复制机制，可以实现数据备份、故障恢复、读扩展等功能。而基于副本集的复制机制提供了自动故障恢复功能，确保了集群数据不会丢失。

(7) 使用高效的二进制数据存储，包括大型对象(如视频)。使用二进制格式存储，可以保存任何类型的数据对象。

(8) 自动处理分片，以支持云计算层次的扩展。MongoDB 支持集群自动切分数据，对数据进行分片可以使集群存储更多的数据，实现更大的负载，也能保证存储的负载均衡。

(9) 支持 Perl、PHP、Java、C#、JavaScript、Ruby、C 和 C++语言的驱动程序，MongoDB 提供了当前所有主流开发语言的数据库驱动包，开发人员使用任何一种主流开发语言都可以轻松编程，实现访问 MongoDB 数据库。

(10) 文件存储格式为 BSON(JSON 的一种扩展)。BSON 是对二进制格式的 JSON 的简称，BSON 支持文档和数组的嵌套。

(11) 可以通过网络访问。可以通过网络远程访问 MongoDB 数据库。

基于非关系数据库 MongoDB 的系统包含多个数据库，数据库又是由集合(Collection)组成，集合相当于关系数据库中的数据库，每个集合由任意个文档(Document)组成，文档相当于关系数据库中的表，而文档由多个字段(Filed)组成，字段相当于关系数据库中数据行，每个字段又是一个键值对，其中键(Key)对应的是字段名称，值(Value)对应属性值。MongoDB 数据模型图如图 5-2 所示。

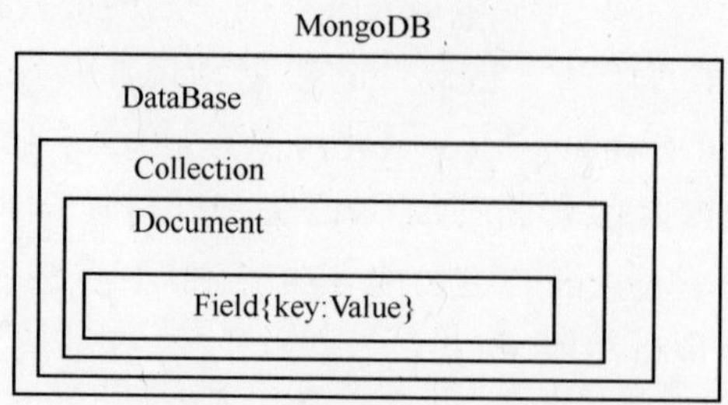

图 5-2 MongoDB 数据模型

MongoDB 中的集合是由一系列文档组成的,一般这些文档通常都具有部分相同的字段。MongoDB 对字段结构没有强制要求,是模式自由的数据库。在设计数据库之初没有必要预先设计好一个集合的数据结构,结构不同的文档也可以存储在同一个集合里。同时系统可以在运行时动态增加或删除字段,而在关系型数据库中需要对数据表进行锁定后再进行字段的增加或修改。

MongoDB 存储数据的基本单元是文档。多个键和其关联的值有序的放置在一起便是文档。MongoDB 中的文档不是无结构的,而是以键-值(key-value)对的形式表示数据。MongoDB 使用 BSON 语言表示,一个 BSON 对象就是一个文档,可以是一个键值对,也可以是包含嵌套键值对的数据。BSON 以二进制字节的形式存储键值对,是一种二进制序列化的类 JSON 数据交换语言,键位字符串格式,值可以为任意的数据类型,除了基本的浮点数、整数、字符串等还可以是键值对或数组。

例如,一次刷卡消费交易信息表用 BSON 描述文本视图如图 5-3 所示。

```
/* 1 */
{
  "_id":{
    "$oid":"52b414ae1cd4e41b18b9e61d"
  },
  "本地流水号":"00000001",
  "卡内号":"00000001",
  "交易日期":"2013-12-19 15:48:25",
  "城市代码":"XIAN",
  "消费计数器":"  ",
  "清算设备编号":"  ",
  "交易金额":"RMB9.00",
  "交易类型":"小额消费",
  "交易前卡余额":"RMB80.00",
  "行业应用类型":"放心早餐",
  "消费种类":["豆浆","油条","包子"],
  "消费详情":[{
     "种类":"豆浆",
     "数量":"1",
     "单价":"RMB2.00"
    },{
     "种类":"油条",
```

```
      "数量" : "2",
      "单价" : "RMB2.00"
    },{
      "种类" : "包子",
      "数量" : "2",
      "单价" : "RMB1.50"
    }]
}
/* 2 */
{
  "_id":{
    "$oid" : "52b415ff1cd4e41b18b9e61e"
  },
  "本地流水号" : "00000002",
  "卡内号" : "00000001",
  "交易日期" : "2013-12-19 15:48:25",
  "城市代码" : "XIAN",
  "消费计数器" : "  ",
  "清算设备编号" : "  ",
  "交易金额" : "RMB1.40",
  "交易类型" : "小额消费",
  "交易前卡余额" : "RMB70.00",
  "行业应用类型" : "地铁",
  "上车车站" : "体育场站",
  "下车车站" : "北大街站",
  "应收费用" : "RMB2.00",
  "折扣率" : "0.7",
  "实收费用" : "RMB1.40"
}
```


图 5-3 用 BSON 描述的刷卡消费交易信息表

消费交易信息表树形视图如图 5-4 所示。

在消费交易信息表树形视图中消费种类对应的值类型为数组,数组元素的类型是字符串,消费详情树形对应的类型为键值对,其他属性对应的值类型为字符串。同时一条放心早餐的消费记录和一条地铁出行消费记录,所描述的字段不相同,但却都能存储在同一个集合中,可见非关系数据库 MongoDB 能够存储各种结构不同的数据。

二进制格式化的 BSON 能够节省存储空间,在某些特定情况下 BSON 会压缩多余的空间提高传输速度。在数据传输过程中,MongoDB 不是在字符串的结尾处加上结束的标记,而是在字符串传输的前缀标识字符串长度。这样有利于修改传输的数据。从上述的 BSON 描述视图中可以看出,BSON 支持数组、键值对等复杂数据结构,即文档里可以由多个子文档构成,形成嵌套结构,子文档也可以是数组或文档类型的数据。在关系型数据库的系统,如果要实现嵌套的功能,需要使用几张表来表示数据关系,通过非关系数据库中的一个文档来解决,减少集合与集合之间的关联,提高数据库的性能。

Name	Value	Type
⊟ 消费交易信息表[1]		
_id	52b414ae1cd4e41b18b9e61d	ObjectId
本地流水号	00000001	String
卡内号	00000001	String
交易日期	2013-12-19 15:48:25	String
城市代码	XIAN	String
消费计数器		String
清算设备编号		String
交易金额	RMB9.00	String
交易类型	小额消费	String
交易前卡余额	RMB80.00	String
行业应用类型	放心早餐	String
⊟ 消费种类		
"豆浆"		
"油条"		
"包子"		
⊟ 消费详情		
⊟ [DOCUMENT]		
种类	豆浆	String
数量	1	String
单价	RMB2.00	String
⊟ [DOCUMENT]		
种类	油条	String
数量	2	String
单价	RMB2.00	String
⊟ [DOCUMENT]		
种类	包子	String
数量	2	String
单价	RMB1.50	String
⊟ 消费交易信息表[2]		
_id	52b415ff1cd4e41b18b9e61e	ObjectId
本地流水号	00000001	String
卡内号	00000001	String
交易日期	2013-12-19 15:48:25	String
城市代码	XIAN	String

图 5-4　消费交易信息表树形视图

在上面的消费交易信息表中,MongoDB 只要创建一个集合消费交易信息表就可以存储所有的交易信息。而在关系数据库中消费详情中的种类、数量、单价都需要创建消费交易信息表之外的消费详情表,其中消费交易信息表的外键指向消费详情表。

总之,MongoDB 的主要目标是在键-值存储方式(提供了高性能和高度伸缩性)和传统的 RDBMS 系统(具有丰富的功能)之间架起一座桥梁,它集两者的优势于一身。根据官方网站的描述,MongoDB 适用于以下场景。

网站数据:MongoDB 非常适合实时的插入,更新与查询,并具备网站实时数据存储所需的复制及高度伸缩性。

缓存:由于性能很高,MongoDB 也适合作为信息基础设施的缓存层。在系统重启之后,由 Mongo 搭建的持久化缓存层可以避免下层的数据源过载。

大尺寸、低价值的数据:使用传统的关系型数据库存储一些数据时可能会比较昂贵,在此之前,很多时候程序员往往会选择传统的文件进行存储。

高伸缩性的场景:MongoDB 非常适合由数十或数百台服务器组成的数据库,MongoDB 的路线图中已经包含对 MapReduce 引擎的内置支持。

对象及 JSON 数据的存储:MongoDB 的 BSON 数据格式非常适合文档化格式的存储及查询。

MongoDB 的使用也会有一些限制,例如:高度事务性的系统(银行或会计系统)。传统的关系型数据库目前还是更适用于需要大量原子性复杂事务的应用程序;传统的商业智能应用:针对特定问题的 BI 数据库会产生高度优化的查询方式。对于此类应用,数据仓库可能是更合适的选择。

第四节 大数据技术与应用

一、大数据技术概述

大数据(Big Data)指无法在一定时间范围内用常规软件工具进行捕捉、管理和处理的数据集合,需要新处理模式,才能具有更强的决策力、洞察发现力、流程优化能力的海量、高增长率、多样化的信息资产。

继物联网、云计算、移动互联网之后,“大数据”主题引起了不少企业及学者的关注。2011年5月,以倡导云计算而著称的EMC公司在其“云计算相遇大数据”的年会上抛出了大数据的概念。2011年6月底,IBM、IDC、麦肯锡等众多咨询机构发布了大数据相关研究报告,拉开了针对大数据研究和应用的序幕。

根据IDC的研究发现,全球数据量大约每两年翻一番,2010年起全球数据量跨入ZB时代,未来全球数据增速将会维持,预计到2020年全球数据量将达到惊人的35ZB,被称为“大数据摩尔定律”。

大数据的产生和发展与数据的成本降低和数据的复杂性提高这两个重要趋势分不开。首先,数据产生成本下降推动了数据体量的膨胀。随着摩尔定律的持续作用,企业或机构的计算能力不断提高、成本不断下降,使得获取大量数据的成本快速降低;其次,大规模存储的成本也在直线下降,随着网络和集群技术的普及应用,数据整合越来越简单。IDC的数据库管理分析师Carl Olofson认为,这些因素的结合便催生了大数据技术。

新的数据源增加了数据类型的种类,提高了数据处理的复杂度。如果说数据成本的下降只是助推了数据量的增长,那么新的数据源和数据采集技术的出现则大大增加了数据的类型,增加了数据空间维度,进而极大地增加了数据处理的复杂度。

随着大量新数据源(如互联网娱乐、社交媒体、电子商务和各种物联网传感器等)的出现,一方面打破了企业数据的边界,改变了以往数据大量由企业内部产生的情况,增加数据采集难度;另一方面就是出现了大量文本、图片、图像和音频/视频信息等非结构化数据。根据IDC的判断,目前非结构化数据占全球数据总量的80%以上,且仍在保持高增长态势。随着非结构化数据总量的急剧膨胀,采集、储存、管理、加工、加密和处理这些数据都将变得更为复杂。图5-5给出了数据量的增长与数据复杂度的提高的趋势。

根据大数据发展的趋势,全球知名咨询公司麦肯锡于2011年发布报告*Big data:The next frontier for innovation,competition,and productivity*,提出“大数据时代”已经到来。麦肯锡在研究报告中指出,数据已经渗透到每一个行业和业务职能领域,逐渐成为重要的生产因素,而人们对于海量数据的运用将预示着新一波生产率增长和消费者盈余浪潮的到来。麦肯锡的报告发布后,大数据迅速成为计算机行业争相传诵的热门概念,也引起了金融界的高度关注。随着互联网技术的不断发展,数据本身是资产,这一点在业界已经形成共识。如果说云计算为数据资产提供了保管、访问的场所和渠道,那么盘活数据资产,使其为国家治理、企业决策乃至个人生活提供支持,则是大数据的核心议题。

随着对大数据研究的深化,业界对大数据的特征有了较为全面和统一的认识。大数据典型的特征可以概括为四个“V”,即体量大(Volume)、多样性(Variety)、速度快

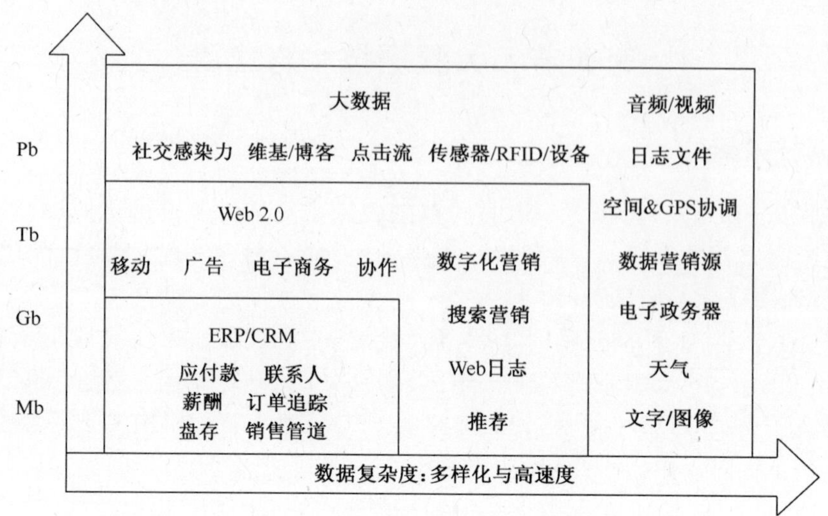

图 5-5 数据量的增长与数据复杂度的提高的趋势

(Velocity)和价值密度低(Value)。

(1)体量大:通过各种设备产生的海量数据,其数据规模极为庞大,远大于传统组织产生的信息流量,PB 级别将是常态。

(2)多样性:大数据的种类繁多,包含结构化和非结构化的数据,并在编码方式、数据格式、应用特征等多个方面存在差异,多信息源并发形成了大量的异构数据。

(3)速度快:指处理数据的速度必须很快,设计到感知、传输、决策、控制开放式循环的大数据,对数据实时处理有着极高的要求,通过传统数据库查询方式得到的"当前结果"很可能已经没有价值。

(4)价值密度低:价值密度的高低与数据总量的大小成反比。以视频为例,一部 1h 的视频,在连续不间断监控过程中,可能有用的数据仅仅只有一两秒。

在此基础上,近年来更多的大数据特征被总结出来,其中包括:准确性(Veracity)指捕获数据的数据质量可能会有很大的变数,会影响到分析的结果;动态性(Vitality)强调整个数据体系的变化;可视性(Visualization)强调数据的显性化展现;合法性(Validity)强调数据采集和应用的法律基础,特别是对于个人隐私数据的合理使用。

二、分布式文件系统——HDFS

虽然大数据相关的技术非常多,但 Hadoop 可以说是其中最典型的代表。下文将通过对 Hadoop 核心组件 HDFS、Hive 等的简要介绍来说明大数据技术的应用方式。

HDFS(Hadoop Distributed File System)是一个服务于海量分布式数据的框架文件系统。可以在 HDFS 中存储达到 100TB 大小的单个文件,这是绝大多数其他文件系统无法办到的。HDFS 遵循了传统的 Master/Slave 的主从架构。NameNode 作为 Master 指导 Slave DataNode 后台线程去执行底层的 IO 任务。其整体存储架构如图 5-6 所示。

1. NameNode

NameNode 的功能相当于 HDFS 的一个记事本,它追踪用户文件如何被切分为多个块状文件,哪些节点存储了这些块状文件,以及整个文件系统的健康状况。因此,NameNode

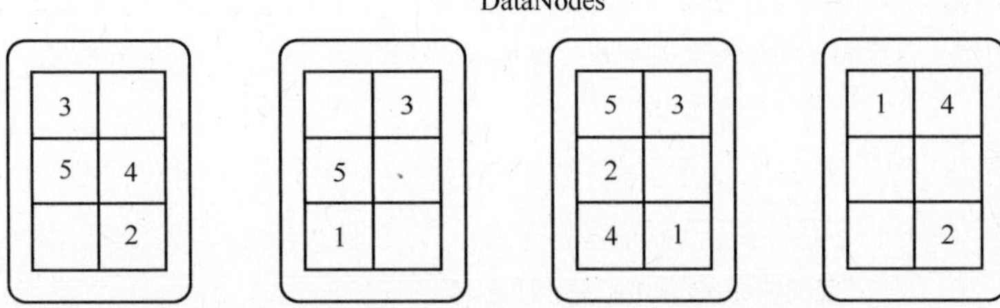

图 5-6 Hadoop 中 NameNode 和 DataNode 的分布情况

起到了集群存储和 IO 集中管理的作用。为了减轻负载和存储压力，承担 NameNode 任务的节点通常不会同时承担 MapReduce 任务以及 DataNode 的角色。为了解决集群 NameNode 单点失效问题，通常会存在一个副本节点，以便在紧急时可以替换 NameNode 继续工作。

2. DataNode

作为 Slave 节点，DataNode 承担了集群具体沟通文件系统读写任务——读写 HDFS 文件块到本地文件系统上的文件。当用户想读写 HDFS 文件的时候，文件会被划分为多个块，由 NameNode 告知客户端具体的块文件分布。客户端程序直接和 DataNode 交互进行具体的读写任务。进一步，一个 DataNode 会和其他 DataNode 进行通信备份其所存储的文件块，以达到容错的目的。

图 5-6 给出了 NameNode 和 DataNode 的角色划分。在这个图中有两个数据文件，分别存储在/user/chuck/data1 和/user/james/data2 目录下。data1 文件被划分成三块，分别是 1、2、3，data2 被划分为文件块 4 和 5。文件的内容被分散在了 DataNode 之中。图中，每个块文件有三份拷贝。这样如果某个 DataNode 崩溃或无法访问，客户程序仍然可以从其他节点进行读取。DataNode 不断地向 NameNode 发送汇报信息，报告自己的文件系统使用情况，同时不断投票获取文件系统指令进行本地文件系统文件的创建、移动、删除等。

三、数据存储与检索技术——Hive

Apache Hive 是一个基于 Apache Hadoop 构建的数据仓库软件项目，用于数据查询和分析，Hive 提供了一个类似 SQL 的接口，用于查询存储在与 Hadoop 集成的各种数据库和文件系统中的数据。传统的 SQL 查询必须在 MapReduce Java API 中实现，以便通过分布式数据执行 SQL 应用程序和查询。

Apache Hive 能够分析存储在 Hadoop 的 HDFS 和兼容的文件系统（如 Amazon S3 文件系统）中的大型数据集。它提供了一种类似 SQL 的查询语言，称为 HiveQL，并将查询转换为 MapReduce、Apache Tez 和 Spark 作业。这三个执行引擎都可以在 Hadoop YARN 中运行。为了加速查询，它提供了索引功能。

Hive 提供必要的 SQL 抽象,将类似 SQL 的查询(HiveQL)集成到底层 Java 中,而无须在低级 Java API 中实现查询。由于大多数数据仓库应用程序使用基于 SQL 的查询语言,Hive 可以帮助基于 SQL 的应用程序移植到 Hadoop。

Hive 架构的主要组件有:

(1) Metastore:存储每个表的元数据,例如其架构和位置。它还包括分区元数据,以帮助驱动程序跟踪在群集中分布的各种数据集的进度,数据以传统的 RDBMS 格式存储。元数据可帮助驱动程序跟踪数据。因此,备份服务器会定期复制在数据丢失时可以检索的数据。

(2) 驱动程序:与接收 HiveQL 语句的控制器类似,它通过创建会话、监视生命周期和执行进度来执行语句。它存储 HiveQL 语句执行期间生成的必要元数据。驱动程序还充当 Reduce 操作后获得的数据或查询结果的收集点。

(3) 编译器:编译将查询转换为执行计划的 HiveQL 查询。此计划包含 Hadoop MapReduce 为获取查询转换的输出而需要执行的任务和步骤。编译器将查询转换为抽象语法树(AST)。在检查兼容性和编译错误时,它将 AST 转换为有向非循环图(DAG)。DAG 根据输入查询和数据将运算符划分为 MapReduce 阶段和任务。

(4) 优化程序:对执行计划执行各种转换以获得优化的 DAG。可以将转换聚合在一起,例如将连接管道转换为单个连接以获得更好的性能。它还可以拆分任务,例如在 Reduce 操作之前对数据进行转换,以提供更好的性能和可伸缩性。但是,可以使用其他优化器修改或流水线化用于优化的转换逻辑。

(5) 执行程序:编译和优化后,执行程序执行任务。它与 Hadoop 的作业跟踪器交互以安排要运行的任务。它通过确保仅在运行所有其他先决条件时执行具有依赖性的任务来处理任务管道。

(6) CLI UI 和 Thrift 服务器:命令行界面(CLI)通过提交查询,指令和监视进程状态,为外部用户提供了与 Hive 交互的用户界面。Thrift 服务器允许外部客户端通过网络与 Hive 交互,类似于 JDBC 或 ODBC 协议。

四、大数据应用

随着大数据分析越来越广泛,其现实应用也越来越普遍地出现在人类生产、生活的方方面面,以下列举出大数据应用的几个关键领域。

1. 政府

在政府工作流程中使用大数据相关技术,可以提高成本、生产率和创新等方面的效率。例如,在城市管理方面的应用,利用大数据实现智能交通、环保监测、城市规划和智能安防等。但大数据技术在这一领域的应用并非完全没有缺陷,因为数据分析往往需要政府的多个部门(中央和地方)协同工作,创建具有创新性的过程,以满足预期需求。

2. 制造业

大数据为制造业的发展提供了技术基础,提高了制造过程的可控性和可预测性。预测制造的概念框架从数据采集开始,在数据采集中,需要获取不同类型的生产现场数据,如声学、力学、电学等大量数据,这些数据加上历史数据构成了制造业的大数据。生成的大数据则可以作为产品的设计、制造、营销、服务与回收的产品全生命周期提供技术支持。

3. 医疗保健

大数据分析有助于为医疗保健提供个性化医疗和处方分析,临床风险干预和预测分析,减少医疗垃圾的产生,降低护理过程的不确定性,帮助医疗过程的数据共享和科学决策,以便帮助改善医疗保健效果。

4. 媒体

该行业正在摆脱传统的特定媒体环境,如报纸、杂志或电视节目,转而利用在最佳时间、最佳地点、面向目标人群的新技术来挖掘出潜在消费者。从统计学上讲,其最终目的是传达符合消费者心态的信息或内容。例如,“今日头条”等系统通过获取用户的使用习惯以及大量历史数据作为依据,为用户推荐其最有可能感兴趣的内容。

5. 保险

保险公司正在通过各种渠道收集有关食品选择、消费习惯、运动习惯、婚姻状况等“健康决定因素”的数据,据此来预测医疗成本,并精准推荐相关的保险产品。

6. 物联网

大数据与物联网协同工作,从物联网设备中提取的数据映射了设备的互连性。传媒业、公司和政府已利用这种映射更准确地找到其应用对象,以此来提高媒体效率。此外,物联网也越来越多地被用作收集感官数据的一种手段,而这种感官数据也已经被用于医疗、制造和运输等领域。

7. 信息技术

大数据作为一种帮助员工提高工作效率、简化信息收集和分发的工具,在企业运营中日益突出。通过将大数据原理应用到机器智能和深度计算的系统中,IT 部门可以预测潜在的问题,并在问题发生之前提供解决方案。

本章小结

数据库作为存储电子文件的处所,是最典型的信息组织方式。本章系统全面地介绍了数据库信息组织方法,包括关系数据库、面向对象数据库、非结构化数据库、数据仓库、分布式数据库等主流数据库技术,并对比分析了 NoSQL 数据库与关系型数据库的关系。大数据的出现,对传统的数据库技术提出了新的挑战。

作业题

一、填空题

1. 信息管理中首先的一步是________。由于信息系统开发水平的优劣直接影响到信息管理的效率,因此采用________是提高信息系统设计水平的关键。

2. 数据库系统的主要特点包括:____。

3. 常用的数据模型有________、________和________三种。

4. 数据库系统主要由________、________、________、________和________五部分组成。

5. DBMS 必须提供________、________、________和________的数据控制功能。

6. ________结构,简称 C/S 架构,是一种网络架构,它把________与________区分开来。每一个客户端软件的实例都可以向一个服务器或应用程序服务器发出请求。

7. 分布式数据库系统基本特点包括________、________、________和________。

8. NoSQL 对比关系型数据库有两个主要的改变:________和________。

9. ________指无法在一定时间范围内用常规软件工具进行捕捉、管理和处理的数据集合,是需要新处理模式才能具有更强的决策力、洞察发现力和流程优化能力的海量、高增长率和多样化的信息资产。

10. ________是一个服务于需要海量分布式数据的框架文件系统。

二、选择题

(一)单项选择题

1. 以下不属于数据库系统(DBS)组成的是(　　)。

A. 硬件系统　　　　B. 数据库管理系统

C. 文件系统　　　　D. 使用和管理数据库的各类人员

2. DBMS 对数据库的检索、插入、修改和删除操作的功能称为(　　)。

A. 数据操纵　　　　B. 数据控制

C. 数据管理数据定义　　　　D. 数据管理

3. DB(数据库)、DBS(数据库系统)、DBMS(数据库管理系统)三者之间的关系是(　　)。

A. DBS 包括 DB 和 DBMS　　　　B. DBMS 包括 DB 和 DBS

C. DB 包括 DBS 和 DBMS　　　　D. DBS 等于 DB 等于 DBMS

4. DBMS 是(　　)。

A. OS 的一部分　　　　B. OS 支持下的系统文件

C. 一种编译程序　　　　D. 以上混合

5. Web 应用程序是在(　　)中,通过浏览器访问、在 Web 服务器端运行的应用程序。

A. B/S 结构

B. C/S 结构

C. B/S 结构和 C/S 结构中

D. 以上都不对

6. 数据存储与检索技术是(　　)。

A. Hive　　B. HDFS　　C. HBASE　　D. KAFKA

(二)多项选择题

1. 以下对 NoSQL(非关系型数据库)描述正确的是(　　)。

A. 能够水平伸缩,为跨多节点数据分布模型而设计

B. 能够用可扩展的松耦合类型数据模式对数据逻辑建模

C. 支持多种“Non-SQL”接口来访问数据

D. 拥有对数据持久化的能力

2. 大数据典型的特征可以概括为四个“V”,即(　　)。

A. 体量大(Volume)　　　　B. 多样性(Variety)

C. 速度快(Velocity) D. 价值密度低(Value)

E. 可见性(Visibility)

三、简答题

1. 简述数据库、数据库系统和数据库管理系统的概念。
2. 简述数据库系统的特点。
3. 列举信息资源数据库的分类。
4. 简述关系数据库的信息存储方式。
5. 简述非结构化数据库的信息存储方式。
6. 简述数据仓库的概念和主要功能模块。
7. 简述分布式数据库的分类和特点。
8. 简述 B/S 结构与传统 C/S 结构的不同之处。
9. 简述非关系型数据库与关系型数据库的主要不同点。
10. 简述大数据的概念和特征。
11. 简述大数据的主要应用领域。

第六章　基于 P2P 的信息组织方法

互联网的增速发展,带来了 Web2.0 框架的广泛使用,信息的共享交换达到了前所未有的高度。P2P 作为支撑信息资源共享共用的关键技术,也日益凸显出其应用的重要价值。信息组织的目的就是让信息有序化,从而被高效利用。本章介绍了 P2P 常用的框架协议,包括集中式 P2P、分布式 P2P、混合式 P2P 等。区块链作为时下最热门技术之一,本质上也是 P2P 信息组织方式,本章最后介绍了区块链相关知识,并以虚拟币举例说明其应用。

第一节　P2P 网络模式

一、P2P 的概念及特点

P2P 即是 Peer to Peer 的缩写,称为对等连接或对等网络,是指由物理上分散的主机之间不经过服务器等中继设备而直接完成数据交换或服务交换的信息控制技术。它不仅能用服务器的资源,同时能够合理地使用用户计算机的空闲资源。用户在享受流媒体节目的同时,也在利用自身计算机所空闲的资源为其他用户提供服务。而且整个流媒体服务系统的资源不仅仅是服务器资源,同时还包括用户的空闲计算机资源。用户数量增多,消耗的资源也随之增多,但是新增加的用户又可以提供新的资源。所以,使用 P2P 技术使提高质量和大容量的流媒体服务系统成为可能,而且 P2P 模式的流媒体服务系统并不改变现有的流媒体传输协议。

P2P 技术创造了一种全新的信息组织模式,它打破了传统的 C/S 模式,对等网络中每个节点的地位都是平等的,每个节点既充当服务器,为其他节点提供服务,同时也享用其他节点提供的服务。或许有关"P2P 将成为下一代互联网的组织形式"的预言太过乐观,但 P2P 正在影响着互联网技术的走向,这却是不争的事实。传统的 C/S 模式控制了信息流动,使服务器端充斥着过时信息,阻碍了真正的交流。P2P 技术把控制权重新归还到用户手中去。人们通过 P2P 可以共享硬盘上的文件、目录甚至整个硬盘。所有人都共享了他们认为最有价值的最新的东西,这将使互联网信息的价值得到极大的提升。

P2P 的特点在于每个对等体(Peer)不再只是单纯地接受计算任务,它还可以根据情况在网络中进行搜索并将一个较大的任务分包给其他空闲的对等体,并将中间结果上传到发出任务的对等体。相对于 C/S 或 B/S 结构,P2P 具有明显的特点和优点。例如,P2P 模式可以使得同时下载同一数据的客户越多,下载速度就越快,这一特点是 C/S 或 B/S 结构无法实现的。P2P 模式可显著地增加网络的利用率,降低信息服务成本,提高服务质量。

二、Web2.0模式

Web2.0是相对Web1.0(2003年以前的互联网模式)的新的一类互联网应用的统称,是一次从核心内容到外部应用的革命。由Web1.0单纯通过网络浏览器浏览html网页模式向内容更丰富、联系性更强、工具性更强的Web2.0互联网模式的发展,已经成为互联网新的发展趋势。Web2.0是信息技术发展引发网络革命所带来的面向未来、以人为本的创新模式在互联网领域的典型体现,是由专业人员织网到所有用户参与织网的创新民主化进程的生动注释。

“Web2.0”的概念始于2004年出版社经营者O'Reilly和MediaLive International之间的一场头脑风暴论坛。身为互联网先驱和O'Reilly副总裁,Dale Dougherty指出,伴随着令人激动的新程序和新网站间惊人的规律性,互联网不仅远没有“崩溃”,甚至比以往更重要。更进一步说,那些得以活过泡沫破裂的公司之间似乎拥有某种相同点。难道是互联网泡沫破裂标志着互联网的一个转折点,因而导致了诸如“Web2.0”这种运动?我们同意这种说法,“Web2.0”的概念由此诞生了。Web2.0则更注重用户的交互作用,用户既是网站内容的浏览者,也是网站内容的制造者。所谓网站内容的制造者是说互联网上的每一个用户不再仅仅是互联网的读者,同时也成为互联网的作者;不再仅仅是在互联网上冲浪,同时也成为波浪制造者;在模式上由单纯的“读”向“写”以及“共同建设”发展;由被动地接收互联网信息向主动创造互联网信息发展,从而更加人性化。表6-1给出了Web1.0相对于Web2.0在产品和理念方面的区别。

表6-1 Web1.0与Web2.0的区别

Web1.0	Web2.0
DoubleClick	Google AdSense
Ofoto	Flickr
Akamai	BitTorrent
	Napster
大英百科全书在线(Britannica Online)	维基百科全书(Wikipedia)
个人网站	博客(blogging)
evite	EVDB
域名投机	搜索引擎优化
屏幕抓取(screen scraping)	网络服务(web services)
发布	参与
内容管理系统	维基
目录(分类)	标签(“分众分类”,folksonomy)
黏性	聚合

Web2.0模式下的互联网应用具有以下显著特点:

(1)用户参与网站内容制造。与web1.0网站单向信息发布的模式不同,web2.0网站的内容通常是用户发布的,使得用户既是网站内容的浏览者也是网站内容的制造者,这也就意味着 web2.0 网站为用户提供了更多参与的机会,例如 P2P 网站和 wiki 就是典型的用户创造内容的指导思想,而 tag 技术(用户设置标签)将传统网站中的信息分类工作直接交给用户来完成。

(2) Web2.0 更加注重交互性。不仅用户在发布内容过程中实现与网络服务器之间交互,而且,也实现了同一网站不同用户之间的交互,以及不同网站之间信息的交互。

(3) 符合 Web 标准的网站设计。Web 标准是国际上正在推广的网站标准,通常所说的 Web 标准一般是指网站建设采用基于 XHTML 语言的网站设计语言。实际上,Web 标准并不是某一标准,而是一系列标准的集合。Web 标准中典型的应用模式是"CSS+XHTML",摒弃了 HTML4.0 中的表格定位方式,其优点之一是网站设计代码规范,并且减少了大量代码,减少网络带宽资源浪费,加快了网站访问速度。更重要的一点是,符合 Web 标准的网站对于用户和搜索引擎更加友好。

(4) Web2.0 网站与 Web1.0 没有绝对的界限。Web2.0 技术可以成为 Web1.0 网站的工具,一些在 Web2.0 概念之前诞生的网站本身也具有 Web2.0 特性,例如 B2B 电子商务网站的免费信息发布和网络社区类网站的内容也来源于用户。

(5) Web2.0 的核心不是技术而在于指导思想。Web2.0 有一些典型的技术,但技术是为了达到某种目的所采取的手段。Web2.0 技术本身不是 Web2.0 网站的核心,重要的在于典型的 Web2.0 技术体现了具有 Web2.0 特征的应用模式。因此,与其说 Web2.0 是互联网技术的创新,不如说是互联网应用指导思想的革命。

(6) Web2.0 是互联网的一次理念和思想体系的升级换代,由原来的自上而下的由少数资源控制者集中控制主导的互联网体系,转变为自下而上的由广大用户集体智慧和力量主导的互联网体系。

(7) Web2.0 体现交互,可读可写,如各种微博、相册,用户参与性更强。

第二节　P2P 框架协议

一、P2P 网络的典型分类

拓扑结构是指分布式系统中各个计算单元之间的物理或逻辑的互联关系,节点之间的拓扑结构一直是确定系统类型的重要依据。目前互联网中广泛使用集中式、层次式等拓扑结构,互联网本身是世界上最大的非集中式的互联网络,但是 20 世纪 90 年代所建立的一些网络应用系统却是完全的集中式的系统,很多 Web 应用都是运行在集中式的服务器系统上。集中式拓扑结构系统目前面临着过量存储负载、Dos 攻击等一些难以解决的问题。

P2P 系统一般要构造一个非集中式的拓扑结构,在构造过程中需要解决系统中所包含的大量结点如何命名、组织以及确定节点的加入/离开方式、出错恢复等问题。

根据拓扑结构的关系可以将 P2P 研究分为 4 种形式:集中式拓扑(Centralized Topology)、分布式非结构化拓扑(Decentralized Unstructured Topology)、分布式结构化拓扑(Decentralized Structured Topology,DHT)和混合式拓扑(Partially Decentralized Topology)。

二、集中式 P2P 的信息组织

集中式模型因为中心化特点也被称为非纯粹的 P2P 结构,此模型中由一个中心服务器来负责记录共享信息以及反馈信息查询结果,每一个对等实体对它所需共享的信息负责。当某节点希望搜索一个不知道位置的资源时,该节点向目录服务器发送请求,目录服务器在数据库中查询到匹配的资源后将其定位信息返回给该节点,然后在两个节点之间执行交互。

在这种结构中,使用专门的中央索引节点,这些节点保留了在 P2P 系统中可得到的活动节点信息和其上的共享资源的目录信息。当一个节点加入 P2P 系统时,该节点就发送一份其上存储的所有文件的名单给中央索引节点,中央索引节点将保存每个用户加入系统时提供的文件列表名单并进行动态更新。当中央索引节点收到查询请求时,就在它保存的索引文件列表中判别是否含有感兴趣内容的节点,如果有的话,就将这些节点的 IP 地址名单返回给用户。同时,中央索引节点会查找与查询匹配最佳的对等节点(最佳对等者可能是速度最快的、代价最低的、用户最容易得到的对等者,最佳是由用户的需求来决定的)。之后,用户与最佳对等者之间直接传送文件,而不再通过中央索引节点。集中式的工作原理如图 6-1 所示。

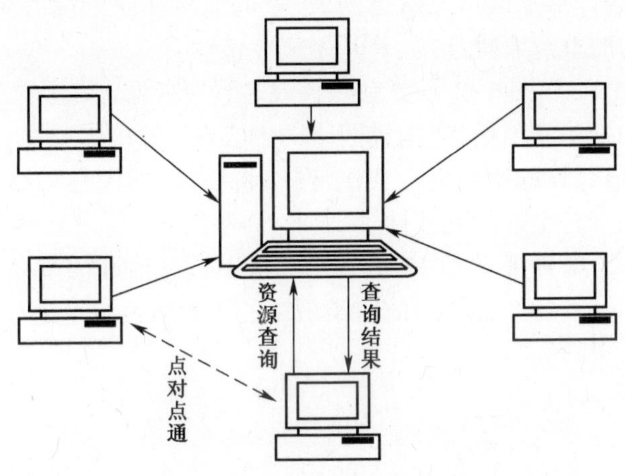

图 6-1 集中式的工作原理

集中式拓扑最大的优点是维护简单发现效率高。由于资源的发现依赖中心化的目录系统,发现算法灵活高效并能够实现复杂查询。最大的问题与传统客户机/服务器结构类似,容易造成单点故障,访问的“热点”现象和法律等相关问题,这是第一代 P2P 网络采用的结构模式,经典案例就是著名的 MP3 共享软件 Napster。

Napster 是最早出现的 P2P 系统之一,并在短期内迅速成长起来。Napster 实质上并非是纯粹的 P2P 系统,它通过一个中央服务器保存所有 Napster 用户上传的音乐文件索引和存放位置的信息。当某个用户需要某个音乐文件时,首先连接到 Napster 服务器,在服务器进行检索,并由服务器返回存有该文件的用户信息;再由请求者直接连到文件的所有者传输文件。

Napster 首先实现了文件查询与文件传输的分离,有效地节省了中央服务器的带宽消耗,减少了系统的文件传输延时。这种方式最大的隐患在中央服务器上,如果该服务器失效,整个系统都会瘫痪。当用户数量增加到 105 或者更高时,Napster 的系统性能会大大下降。另一个问题在于安全性上,Napster 并没有提供有效的安全机制。

在 Napster 模型中,一群高性能的中央服务器保存着网络中所有活动对等计算机共享资源的目录信息。当需要查询某个文件时,对等机会向一台中央服务器发出文件查询请求。中央服务器进行相应的检索和查询后,会返回符合查询要求的对等机地址信息列表。查询发起对等机接收到应答后,会根据网络流量和延迟等信息进行选择,和合适的对等机建立连接,并开始文件传输。

集中式 P2P 可提供中心服务器目录检索,管理服务和标准的点到点通信,具有高效的检索和低效的交换服务特点,但是集中式 P2P 模型还存在以下一些问题:中央服务器的瘫痪容易导致整个网络的崩溃,可靠性和安全性较低;中央目录服务器维护和更新的费用将急剧增加,所需成本过高;缺乏有效的强制共享机制,资源可用性差等。因此,集中式 P2P 对小型网络而言在管理和控制方面占有一定的优势,但对大型网络并不适合。

集中式 P2P 搜索基于集中式目录模型,该方法比较简单、直观,要求网络有一个中心节点,该中心节点存储所有节点的地址信息及网络共享资源的索引信息。当一个对等点需要查询某个资源时,就会向中心节点发出查询请求,中心节点进行相应的检查和查询后,将返回存放符合查询要求的节点信息列表,查询节点在收到应答后,根据网络流量和延迟等信息选择合适的节点直接连接,并开始文件传输。

在这类 P2P 网络中,如图 6-2 需要有一台或多台服务器(又称中央服务器)存放网络中所有节点的地址和资源索引信息,构成网络的中心点。中心节点的存在,形成了单崩溃点,即一旦中心节点出故障或遭到攻击,整个网络将崩溃,因而它可靠性较差。但中心节点的存在使得这类网络有很好的完整性,因为整个网络的主要信息集中存放在中心节点,非常容易维护和更新。这种搜索方法效率高,时延小具有很好的可用性。但当网络规模扩大,将会增加中央服务器的负荷,因此这类网络的可扩展性以及适应性直接受到中央服务器的性能和网络带宽的影响。

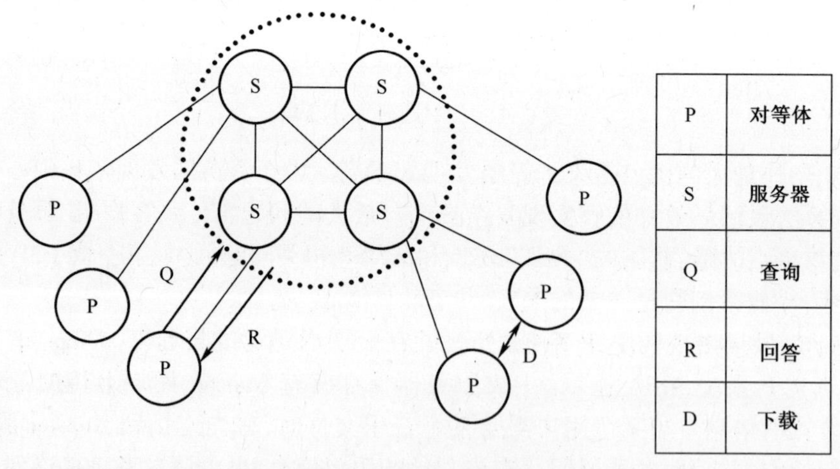

图 6-2 集中式模型的工作模式

Napster 由一个索引服务器和数以百万计的用户节点通过互联网连接而成。服务器主要用于建立当前所有在线 Napster 节点所存 MP3 文件的目录索引,不存储 MP3 文件,整个系统 MP3 数据库由每一个用户节点的本地存储组成,呈离散状态。任一节点既是 MP3 的提供者也是 MP3 的下载者。节点每次连接到 Napster 网络后,将自己当前的地址及 MP3 路径等信息提交索引服务器，当一个节点需要下载 MP3 时，在访问索引服务器得到相应定位信息后，就脱离服务器直接从 MP3 提供者处下载文件。图 6-3 给出了对等体 C 下载 01. MP3 的三个步骤。

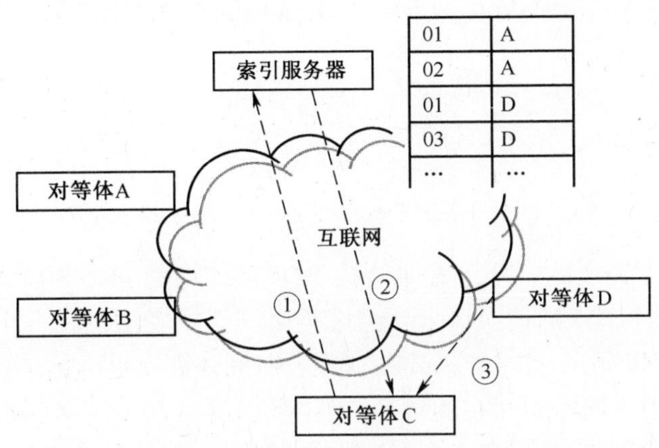

图 6-3　Napster 下载 MP3 的步骤

从严格意义上来说 Napster 是 C/S 模式和 P2P 模式的混合体。其资源发现和查找过程采用 C/S 模式，节点间的文件传输则采用 P2P 模式。Napster 优势在于：查询速度快、使用服务器保存用户的注册信息，只有注册用户的信息才能在 Napster 网络上传输，用户比较有安全感。Napster 的不足在于：它仍然带有集中式的特征，依赖于中央服务器，仍然存在“单点失效”的问题；服务器很容易成为系统的瓶颈，服务器可承受的负载限制了系统的扩展；只能共享音乐文件。

三、分布式 P2P 的信息组织

以 Gnutella 为代表，将 Napster 的理念推进一步。当用户 PC 安装这些软件后，就会立即变成一台能够提供完整目录和文件服务的服务器，并会自动搜寻其他同类服务器，从而联成一台由无数 PC 组成的网络超级服务器。与 Napster 网络不同，它不存在中枢目录服务器，或者说把所有机器都变成了服务器，这就是第二代 P2P——分布式 P2P。在分布式 P2P 中，对等机通过与相邻对等机之间的连接遍历整个网络体系。每个对等机在功能上都是相似的，并没有专门的服务器，而对等机必须依靠它们所在的分布网络来查找文件和定位其他对等机。

分布式结构模型（图 6-4）中整个网络是由无数节点组成的，这些节点在功能上非常相似，没有一个节点知道整个网络结构或者组成网络的每一个节点的身份。在进行网络资源搜索时，节点首先把包含搜索条件的请求信令发送给其邻居节点，再由邻居节点向其自身的邻居节点转发。依此类推，直到得到满足搜索条件的资源或请求信令的 TTL 为 0，如果网络找到满足条件的资源，请求响应信令将沿着请求信令经过的路由的反向路由向回发送。此后，请求节点将建立到提供资源的节点的直接数据路由，在分布式非结构 P2P 模型允许用户设定他们自己的规则和建立自己的网络环境，完全消除了利用互联网服务器或 ISP 的麻烦。

分布式非结构 P2P 模型没有服务器的概念，所有的参与者都是对等者，存储、交换、

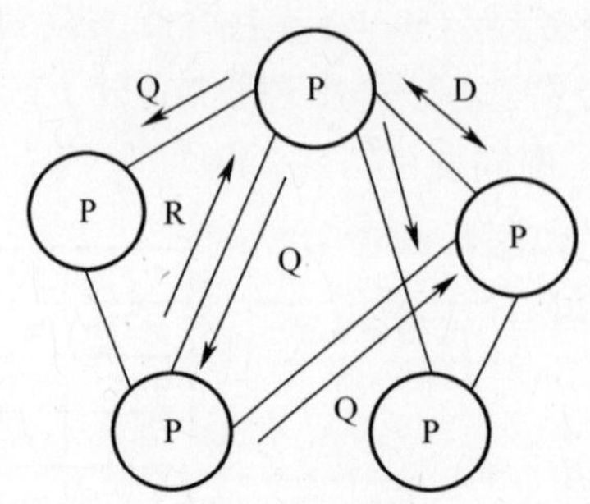

图 6-4 分布式结构模型的工作原理

搜索都是在对等者上完成的。分布式非结构 P2P 系统克服了 C/S 模式服务器单点失效和瓶颈等问题,但一个节点的搜索请求要经过整个网络或者至少是一个很大的范围才能得到结果,占用很多带宽,而且可能需要花费很长时间才能有返回结果。它通过基于 P2P 协议的客户端软件搜索网络中存在的对等节点,采用的是基于完全随机图的洪泛发现和随机转发机制;同时可以支持复杂查询,如带有规则表达式的多关键词查询、模糊查询等。

但是随着联网节点的不断增多,网络规模不断扩大,通过这种洪泛方式定位对等点的方法将造成网络流量急剧增加,这种机制将造成网络通信负担较大;另外,由于搜索消息转发范围是采用 TTL 机制控制,因此一个查询访问只能在网络的很小一部分进行,从而导致可扩展性较差。

Gnutella 是一种 P2P 文件共享系统,它分布在 Gnutella 组群中的各个对等设备上。它允许在组内的其他成员搜索并下载文件。尽管组可以跨越世界各地,但是组中的每台个人计算机只知道它所直接连接到的个人计算机。发现每个成员是可能的,但是组的构成对所有用户都是不可见的。Gnutella 在进行搜索的过程中采用 TTL-Flooding 算法,具有分布式搜索结构,消息数量呈指数级增长。

Gnutella 网络通过各个对等节点与相邻的对等节点之间的连接遍历整个网络。Gnutella 协议定义了对等节点之间工作于 TCP 协议之上的应用层通信协议,包括了在对等节点之间通信描述符集(服务原语集)和相应的通信规则集,如表 6-2 所列。

表 6-2 指令代表的意义

指令	表示意思
Ping	用于在网络上积极地发现主机,一个对等体接收到 Ping 是被期望回复一个或多个 Pong
Pong	Ping 的回复,包括被连接的 Gnutella 对等体住址和关于一些在网络上可利用的数据的信息
Query	用来寻找被分配的网络间主要的机制,一个对等体接收到 query 命令,如果有与他配对的本地数据它将返回 queryhit
Queryhit	Query 的回复,这个命令提供充足给接受者获得数据相配对应 query 的数据
Push	一种允许防火墙的对等体有助于以文件为基础数据服务网络的机制

一台对等机要加入 Gnutella 网络,它首先与 Gnutella 网络中的一台活动的对等机建立连接。初始状态下,一台活动对等机地址通常通过访问某特殊站点提供的“主机缓存服务”(Host cache services)机制获得。新对等机通过 HCS 找到一台活动对等节点并与之

建立一个 TCP/IP 连接,连接到网络后,向与其相连的对等机发出 Ping 描述符,每个活动对等机使用"扩散"方式将该 Ping 描述符转发到所有与之相连的对等机。接收到 Ping 的对等机在响应一个 Pong 的同时,用同样的方法继续转发该描述符直到 TTL 值减到 0。类似地,查询描述符 Query 根据路由规则 2,按 Query 的发送路径返回一个查询响应描述符 QueryHit 并向其他对等点转发直到 TTL 值减为 0,一旦定位了响应它查询共享文件的对等机之后,将与响应对等机建立 TCP 连接,通过 HTTP 协议从响应对等机中下载文件,文件传输不再经过 Gnutella 网络。

分布式结构化拓扑网络使用基于分布式哈希表 DHT(Distributed Hash Table)的文档路由模型搜索算法。在这种模型下,每个对等体都有一个 ID 号,每个文件有一个关键字 Key,当宣告一个关键字为 K1 的文件时,先通过哈希映射得到对应的$KD_1 \rightarrow ID_1$,然后将该文件信息(可以是文件本身的内容,或者是文件的位置)存到 ID 号为ID_1的节点,文件信息的存放过程需要将文件信息从当前节点路由到目标节点ID_1。反过来,当查找一个关键字为的文件信息时,先进行哈希映射得到$KD_1 \rightarrow ID_1$,然后将查找消息路由到ID_1节点,再将该文件信息从 ID 号为ID_1的节点上取到。分布式哈希表类结构最大的问题是分布式哈希表的维护机制较为复杂,尤其是节点频繁加入退出造成的网络波动会极大增加分布式哈希表维护代价;这种机制所面临的另外一个问题是分布式哈希表仅支持精确关键词匹配查询,无法支持内容/语义等复杂查询。

这种模型的特点是在每个对等节点上都保存有部分索引信息,这些分布式索引表一般要求很小,这些索引信息给出了文件所在的方向,而一般不是文件所在的真实位置,因而与传统的目的地索引不同。而且,用户除了提交查询条件之外,还提交停止条件(例如所期望的结果数目,或所经过的节点数等)。收到查询请求的对等节点首先对照它自身存放的信息评估节点,并将结果返回给用户。如果没有达到停止条件,该节点就根据自身的索引表选择一个或更多它的邻居,把查询请求(还有一些状态信息)传给它们。每个邻居依次以类似的方式进行查询,把结果返回给用户,并把查询请求传给其邻居节点。如此继续,直到达到停止条件,或者确知不可能达到停止条件,此时停止传递查询,得到查询结果。

以图 6-5 为例,节点 A 最初收到一个查询,A 检查本地结果并且把结果发送给请求节点。然后,假设停止条件还没有被满足,节点 A 选择节点 D 作为解决查询的最佳邻居并把查询传递给它(箭头)。一般来讲,为了让节点能够证实是否达到了停止条件,可把目前为止发现的结果数目作为状态信息包括进入每条发送查询的消息。然后 D 处理查询,并选择 I 为继续解决查询的最佳邻居。现在假设:I 已经处理了查询,但是没有发现足够达到停止条件的结果,在此情况下,I 将查询转给 D,D 再转给下一个最佳邻居(此情况为 J)。假设 I 发现了足够的结果,则停止继续查询。

四、混合式 P2P 的信息组织

在混合式结构模型(图 6-6)中,模型在分布式模式的基础上,将用户节点按能力进行分类。这些节点分为用户节点、搜索节点和索引节点三种。用户节点一般不具有任何特殊的功能,搜索节点处理搜索请求,索引节点用于保持可以利用的搜索节点信息,并收集状态信息,维护网络的拓扑结构,参与服务的部分性能较好的节点可以作为超级节点,

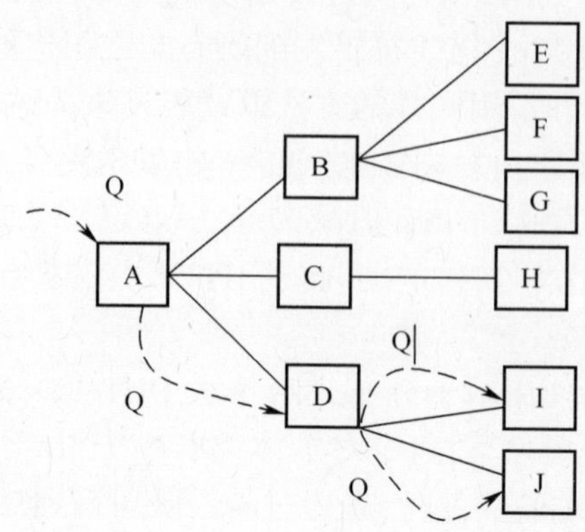

图 6-5 结构化 P2P 模型的工作原理

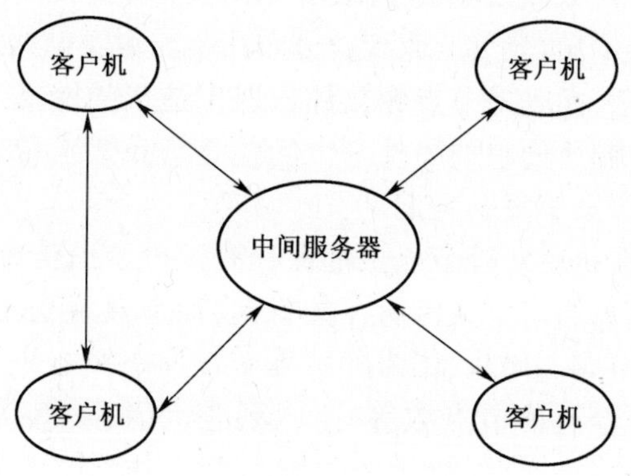

图 6-6 混合式结构模型

由超级节点管理普通节点，超级节点再由更高级一级的超级节点管理，构成这种所谓层次化的结构。超级节点保存子节点的文件索引信息。

混合模型结合了集中式和分布式的优点，网络中存在着中间服务器，但文件目录是分布的。它在分布式模式的基础上，将用户节点按能力进行分类，用户节点一般不具有任何特殊的功能，索引节点用于保持可以利用的搜索节点信息，并收集状态信息，维护网络的拓扑结构。在搜索网络资源时，用户节点通过索引节点获得所有可用的搜索节点信息，之后用户节点就和获得的搜索节点相连。如果和用户节点直接连接的搜索节点查询结果达到用户确定个数的搜索结果则停止，否则就向另外可用的搜索节点发出请求；如果查询结果还不够，就继续向外快速发散，直到所有的搜索节点被搜索到为止。混合模型的构想是把整个网络建成一个二层结构，由普通节点和超级节点组成，其中一个超级节点管理多个普通节点，超级节点之间构成完全的分布式模型。混合式结构模型既可以利用分布式结构模型在节点数不多时实现的高分散性和高覆盖率，也利用层次模型对大规模网络提供可扩展性，从而构建高效的混合拓扑结构。但同时这种模型由于选取算法的原因也同时影响了 P2P 网络的服务质量。

混合式模型的主要设计思想是，对结构化对等网络模型进行进一步的扩展，在其中引入分层的概念并融入多种的网络模型。新型网络模型中的关键值查询算法通过结合杂凑函数散列表查询算法和文字模糊匹配算法在提高查询效率的基础上为用户提供了更好的服务。

新型的网络体系结构融合了现存主流P2P网络,增强了Gnutella和Napster的可扩展性。针对Chord所存在的绕路(Detouring)问题和互联网主干网超荷负载的问题提出了一套在互联网网络上切实可行的P2P网络方案。在网络体系结构中加入相应的管理机制,增强了网络的可管理性,避免了P2P网络一直存在的管理混乱和商业价值不高的缺点。在网络体系结构中加入的新型关键值匹配方案保证了网络的透明性,为用户提供了更好的服务。

五、混合式P2P模型的算法

混合式P2P网络中存在两类节点:目录节点(Directory Node)和叶节点(Leaf Node)。相对于叶节点,目录节点具有更高的可信度,在网络中担负更大的责任。叶节点以"星型"方式连接到目录节点上,叶节点发起的查询首先被路由到目录节点,由目录节点依据一定的策略路由查询,最后由目录节点收集查询结果并返还给叶节点,叶节点在结果中选择并通过点击连接直接下载文档。

混合式P2P模型的搜寻方法,是介于中央索引模型和洪泛请求模型之间的新搜索方法。在使用这类搜索方法的系统中,存在一些特殊节点,这些节点各自作为一部分节点的中央服务器,称作超级节点(Super-peer),并且各个超级节点也相互连接构成一个P2P网络,如图6-7所示。这类系统不再依赖唯一的中央服务器,从而解决了中央索引模型中可伸缩性不强和容错性不够的问题;另外,由超级节点各自负责一部分节点资源的搜索和索引的维护,从而避免了洪泛请求模型中消息泛滥的情形,使得搜索效率明显增强。

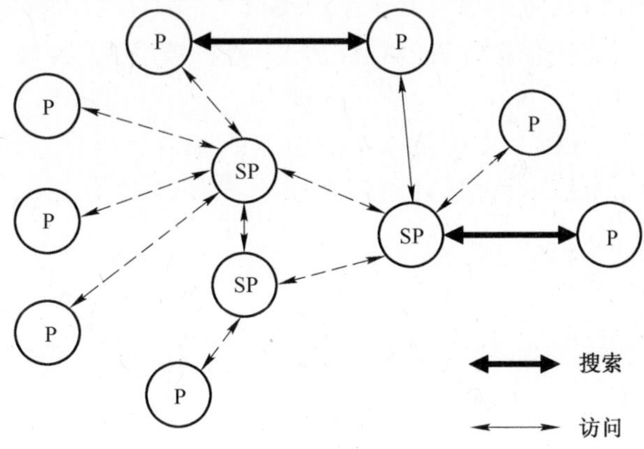

图6-7 结构化模型的搜索方法

如图6-8所示,叶节点C发出查询请求,图中的箭头表明查询结果的返回路径,目录节点D负责对叶节点F,G及目录节点E返回的查询结果进行合并,并将合并后的结果返回给C,C依据自己的判断点击连接直接下载文档。

比特洪流(BitTorrent,BT)是一个基于混合式P2P模型的文件分发协议,它通过URL

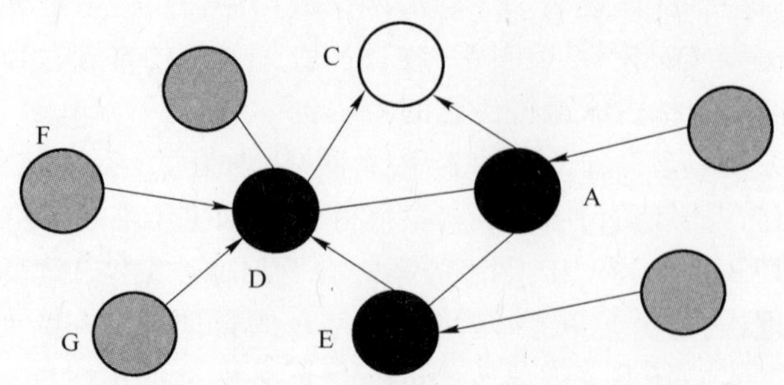

图 6-8 混合式模型的搜索方法

识别内容并且和网络无缝结合。它在 HTTP 平台上的优势在于,同时下载一个文件的下载者在下载的同时不断互相上传数据,使文件源可以在很有限的负载增加的情况下支持大量下载者同时下载。

第三节 基于区块链的信息组织

一、区块链相关基础知识

虚拟币一词最早由中本聪(一个美籍日本人或者一个组织)在 2009 年提出。根据中本聪的思路设计发布的开源软件建构一种点到点的 P2P 网络形式的数字货币。与大多数货币不同,虚拟币不依赖于特定的货币机构发行,使用遍布整个 P2P 网络节点的分布式数据库来记录货币的交易,并使用密码学的设计来确保货币流通各个环节安全性。例如,虚拟币的主人有唯一的使用权,但是当其发生支付步骤后将会失去其使用权。

区块链从广义上讲是一种分布式的账本存储技术,因为其通过非中心化的网络节点存储数据,决定了区块链数据的信息共享。区块链上的所有数据经过全网节点认证后方可上链,区块链保存所有操作记录,任何篡改行为都将被发现,从而保证了数据的可靠性和可追溯。

要了解包括虚拟币在内的虚拟货币的信息组织和运行机理,需要先了解 P2P 网络、非对称加密算法、哈希算法和区块链的相关知识。其中,P2P 网络的知识在前面章节中已有介绍。

1. 非对称加密算法

非对称加密算法也是虚拟币中重要的技术,在现实中也有很多的应用,被称为“公开密钥加密算法”。在这种密码学方法中,我们有两个与数学相关的一对密钥,一是个私人密钥,另一个则是公开密钥。如果用户得到的是用密钥加密后的信息,则该用户只能用相应的密钥解密之后才能获得信息。如果我们只知道其中的一个密钥,而却完全不知道另外一个,就算我们得到了加密信息也无法破解其语义,也不会危害到另外一个的秘密性质。公开密钥与私有密钥是一对,如果用公开密钥对数据进行加密,只有用对应的私有密钥才能解密;如果用私有密钥对数据进行加密,那么只有用对应的公开密钥才能解密。因为加密和解密使用的是两个不同的密钥,所以这种算法称为非对称加密算法。

非对称加密算法实现机密信息交换的基本过程是:我们以甲方和乙方共享信息为例,

例如甲方和乙方都需要进行信息的交换,则需要他们同时产生相应的公钥和私钥用于相应的加密和解密工作。假如甲方要向乙方发送消息,则甲方的私钥保密,并将自己的公钥告诉乙方,乙方将自己的私钥保密将自己的公钥告诉甲方,甲方用乙方所给的公钥加密后将信息发送给乙方,而乙方得到甲方的消息后,用自己保存的私钥进行解密以获得明码,在此过程中即使信息丢失被人截获也不会有任何信息泄露;反之,乙方给甲方也是相同。

PKC(公共密钥密码)的基本思想与散列函数类似——单向计算。给定一些数据 m(m 表示消息),任何人都可以计算加密值 Enc(m)。但是,只有知道与此加密相关的特殊密钥的人才能以相反的方式计算,即从 Enc(m)中找到 m。后一个过程称为解密。要实现 PKC,首先必须创建一对所谓的密钥:公立和私立。公钥用于加密数据,并可让任何人知道。私钥用于解密,并且必须保密。图 6-9 示意了 PKC 的工作方式。

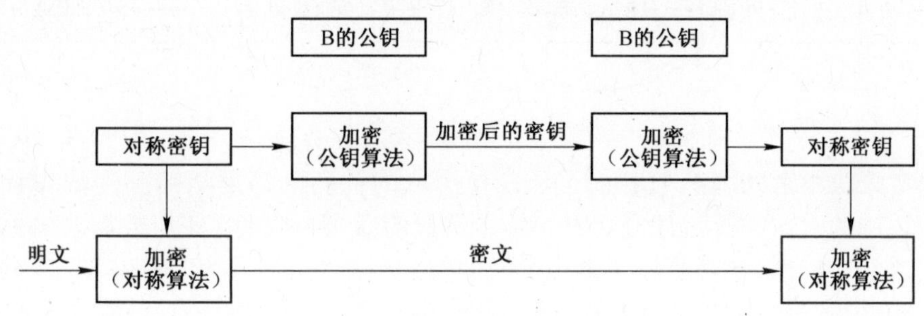

图 6-9 PKC 的工作方式

PKC 的工作主要有两种情况:第一种情况是当一方想要发送安全信息给另一方时。在这种情况下,第一方通过第二方的公钥对消息进行加密。加密的消息可以公开,因为只有第二方能够读取用他们的密钥加密的消息。这种方法的唯一弱点(除了通过破解数学的理论之外)是知道并相信公钥。为了解决这个问题,存在一个完整的分层公共证书系统,例如,在互联网 https 协议中。

第二种情况与第一种情况完全相反。给定一些数据,比如某人使用其私钥对其进行加密(或仅对来自原始数据的散列进行加密),然后公布这两种数据:原始数据和加密数据。知道公钥的任何人都可以验证使用解密的公钥计算加密数据。该过程称为数字签名,加密部分称为签名数字。

2. 哈希算法

哈希函数是一种将任意大小的数据转换为预定义的固定长度的数字字符串的方法,称为哈希。最简单的散列函数之一是模运算。任何数字字符串都可以转换成数字(可能非常大);这个数字可以除以一个常数;并且该部分的其余部分是结果哈希。显然,结果小于常数,因为它的大小不大于常数的大小。这个散列函数很简单,但同时又不太经常使用,因为人们希望拥有另一个属性——单向计算。计算散列应该很容易,但是发现散列函数的任何输入都很困难,或者实际上不可能更好。

具有这种属性的哈希函数有时称为加密哈希函数,如果需要与其他函数区分开来。这些函数以非常复杂的方式消化输入数据的位,使可逆计算变得不可能。最有名的加密散列函数是 MD5、SHA1、SHA2。

一个 MD5 的例子：MD5（“abc”）= 900150983cd24fb0d6963f7d28e17f72，结果是以十六进制格式显示的 128 位字符串。

3. 区块链

如果以某种形式表示的散列值再次被馈送到散列函数中，则获得新的散列。如果重复此过程并将结果组合为一系列哈希值，则可获得哈希链。哈希链是一个序列同质数据块，或者简单的块，通过哈希函数链接在一起。图 6-10 示意性地显示了一个简单的哈希链。

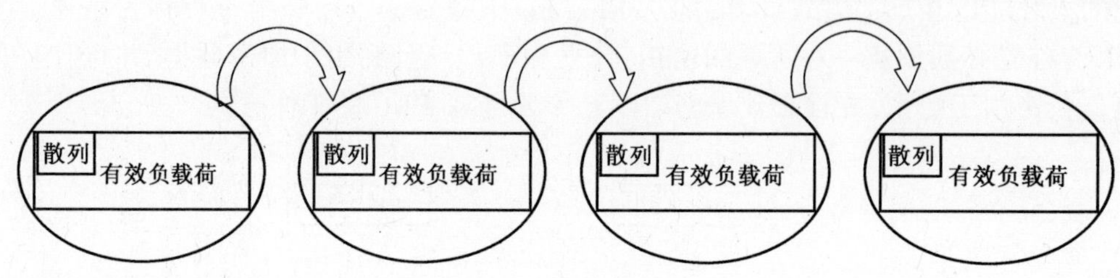

图 6-10　哈希链示意图

每个数据块由散列和有效载荷组成。每个块的散列值都是从前一个块中计算出来的。每个块中的有效载荷是任意数据。哈希链具有重要的特性：任何数据块的修改都不影响后续块的完整性。例如，如果第一个块的有效载荷发生了变化，那么第二个块的散列也必须改变，因此第三个块的散列也必须改变。

由于不同区块链平台选择了不同的交易记录模型，但是其对于区块链数据包含区块和交易两种类型数据（有些区块链平台还会包含交易回执），这一块的存储都采取了区块链式的存储模型，区块链数据主要通过区块的形式进行串联。所有区块都是根据打包的时间有序地链接在一个链表的结构里，每一个区块存储其父区块的根哈希。区块中包含了一批交易，由共识模块负责统一打包并定序。区块链节点在接收到一个区块之后，在原有的状态集基础上，依次执行交易，在此期间读、写相关状态集。一笔交易执行结束，也就意味着区块链状态进行了一次变迁。

图 6-11 显示了一个应用哈希链构建的区块链，其中块数据由内部哈希链块组成。总之，区块链具有存储去中心化、节点可扩展、数据安全可靠等特点。

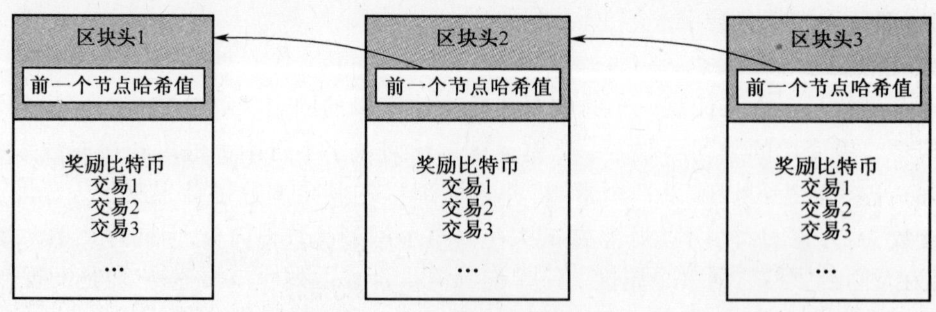

图 6-11　应用哈希链构建的区块链

（1）去中心化：由分布式的网络节点存储区块链数据，区块链数据管理由全网节点共同参与完成，无中心化管理机构。网络节点之间通过共识机制保证数据的始终一致性，区块链的共识机制和加密机制保证数据同步过程中数据传递的真实性。

(2) 可扩展性:作为区块链数据的存储载体,所有网络节点共同维护区块链状态,网络节点通过共识机制同步数据,网络数据节点可动态扩展。

(3) 匿名化:区块链数据交换是通过交易处理的,交易双方可通过同态加密和换签名的方式,在保证数据交易可追溯、不可篡改的情况下保证交易隐私和交易匿名化。

(4) 安全可靠:由于数据分布式存储,单独的节点作恶不会影响整个区块链网络的运行。对于任意共识节点的攻击,并不会影响整个区块链网络其他节点的数据,节点网络共识数据可及时检测到异常数据,恶意节点会被排除且不被允许参与数据共识。因此,黑客无法依靠攻击数据节点控制区块链数据,进而从根本上确保了区块链数据的安全可靠。

二、虚拟币的信息组织实例

在虚拟币网络中,全局哈希链是分布在许多计算机中的数据库。这个全局哈希链由许多内部哈希链组成,这些哈希链表示一些称为虚拟币的有价值的令牌。在这些内部哈希链上创建的新块被称为交易,因为它们代表了虚拟币所有权的变化。特定虚拟币的所有者在相应的内部哈希链上创建一个新块,并将该块作为新事务发布,以包含到外部哈希链的下一个块中。发布意味着发送给 P2P 虚拟币网络的所有其他已知参与者。当创建外部哈希链的新块时,它以相同的方式发布。

任何参与者都可以为外部哈希链创建一个新块,包括发布到块中的事务,但这并不容易。为了避免混乱,所有参与者都遵循一套特定的规则协议。不遵守这些规则的人将被忽略。该协议基于三个原则:

(1) 创建一个新块需要很大的计算量。

(2) 创建一个新区块是有益的,所以很多人会努力成功创建一个新区块。

(3) 分支发生时,最长分支获胜。

这些文件简单地要求从块加上一些随机数据开始,以零位开始。所以这个随机数据被修改并且被计算,直到达到零位的条件。这个要求使块的创建变得困难。另外,创建块的人会收到一些新创建的代表某些值的内部哈希链,虚拟币。这也是协议的一部分。此外,由于虚拟币代表一种货币,内部哈希链表示与该货币的交易,因此交易所有者可以提供一小部分交易价值(费用)给全球哈希链新区块的创建者。因此,新区块的创建者会收到新创建的虚拟币以及从投入该区块的交易中收取的所有费用。第三条规则确保在多台计算机中只有一个当前有效的数据库副本。很显然,由于许多方试图创建块,因此独立创建了一些不同的块。由于传播不是即时的,因此可以在这些独立创建的块之上创建新块。这使得全局哈希链分支。确保只有一个最长的分支被认为是有效的。这个规则很有效,因为块创建很困难,因此两个或更多分支幸存的可能性很快消失。

虚拟币的运行采用了账簿、账簿链、交易单等一系列信息组织方式来实现。

1. 账簿

在我们所理解的虚拟币体系中,单独的货币是不存在的,在这个体系中不管多少人进行交易,交易过程中有多少的钱财流动,都会以交易单的形式记录在全世界的账簿之中,在这个账簿中每个参与者都有自己的账户 ID,并且在这个体系中只存在账簿与交易单。账簿上面有很多的交易单,每次交易都将以交易单的形式存于账簿,此过程就相当于银行系统之间的操作,这样就可以不用单独的货币也能进行交易。如图 6-12 所述为一个简单的账簿。

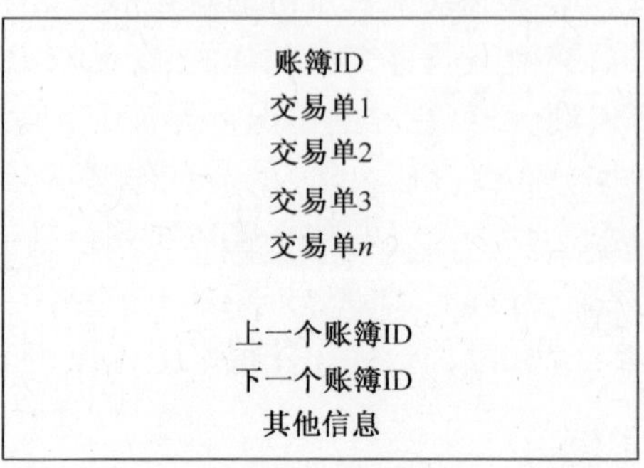

图 6-12　简单的账簿

在虚拟币体系中,前文所提到的账簿有很多本,并且其中的每本账簿只记载在全世界 10min 之内的交易信息。正因为如此,新的账簿将会在每 10min 创建,全世界每个人产生一笔交易都会被记录在账簿之中,因此随着时间的流逝,账簿的数量就会不断地增多,而这个过程虚拟币软件通过网络自动完成的,没有任何的主观色彩,且别人也无法仿造。

2. 账簿链

由于全世界所发生的任何一笔交易都是全局唯一的,每笔交易的记录是全局唯一的,因此账簿也是全局唯一的。我们可以用一个链子(双向账簿链)将每一个账簿连接起来,如图 6-13 所示,在账簿链中每一个单独的账簿中都会存在前一个账簿的 ID,这样的话我们就可以在知道该账簿的情况下,找到前一个账簿的任何信息,依此类推,知其一便知全部。这也就决定了每笔交易的前后关系。

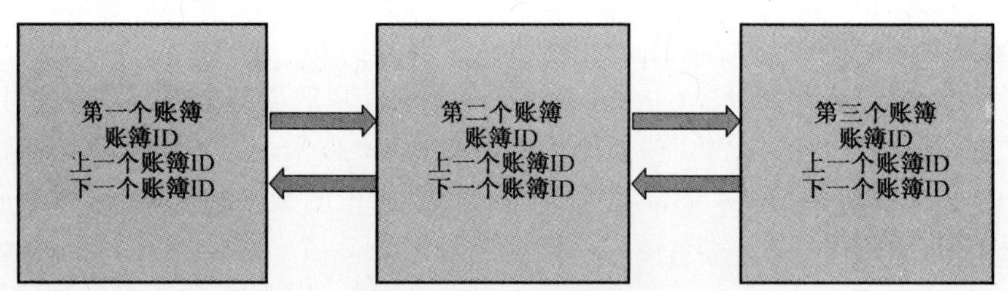

图 6-13　简单的账簿链

账簿链在虚拟币是唯一存在的,也就是说所有的交易都在账簿中,并且每一个参与交易的人的 PC 端口都会有一备份,这个备份也是全世界唯一的,自有虚拟币起每一份的交易都记录在其中,每一个用户都备份了所有的交易,这也就是去中心化的原因。

3. 交易单

交易单会记录每一笔交易的具体信息,在这具体信息中包含收付款人的 ID 信息、付款额、付款人签名、收款人公钥等。这些交易单存储在账簿中,供每个人参考。

正如前文所说的,在虚拟币体系中,每隔 10min 就会产生一个新的账簿,而在这 10min 之内产生的所有交易信息都会被记录在交易单中存在账簿中,并且链接到上一个账簿后面,如果反过来我们想查看账簿,我们就可以去这里:http//blockexplorer. com,输入账簿的序号，这样就可以查找我们所需要的账簿了，如果看到序号靠前的账簿里没有交易单，我们就能确定在这个 10min 内没有产生交易，我们可以把这 10min 内产生的交易做成临时交易单，存储在账簿中作为底单，只提供查询作用，因此每个账户有多少钱都可以查询。

4. 账簿的创建

账簿的创建是客观的，是记录所有客观真实发生的事，在虚拟币的世界中，我们可以用每 10min 发生的所有交易记录与交易单，接着用这些交易单创建一个账簿（这些账簿中包含了所有的交易信息），并且账簿创建后所有的信息都会作为永久的记录保存。并且所创建的这个账簿不是属于那一个人，而是被所有用户所共享，但是账簿中的钱却归创建者所有。

这个账簿的创建并非易事，不能随意地创建，要决定谁来创造这个账簿是有很多的条件的，例如，我们都玩过骰子，那么就以扔骰子为例，这个过程及耗计算机时间，就相当于扔几亿个骰子的计算差不多，且要等到所扔的这几亿个骰子的数字加起来刚刚符合条件，如果有人所仍符合了结果，那还要比较谁扔的比较多，而有此人才能创建此账簿。在还要买很多的显卡来计算，这个过程很费时间，因此账簿中的钱奖励给账簿的创建者。在现实世界中，可能很多人会被假币所干扰，正因为有假币的出现，是因为造假的成本低于收获，而在虚拟币中却很难造假，因为成本高于收益。

由于账簿创建的规则所致，不管有多少用户在这 10min 进行操作，也不会改变 10min 创建一个账簿的速度。而每过 10min 就会有一个新的账簿创建出来，也会有一个幸运的人在此发一笔小财。和现实世界一样，在现实世界中需要购买矿机来挖掘矿产，变卖来获得利益，与此相同，在虚拟币的世界中同样也需要购买一些强力的 PC 和显卡等来创建账簿，通过创建账簿来赚钱，长此以往人们通过这样工作的人叫做矿工，而把此过程叫做挖矿。总的来讲，我们所述的虚拟币是虚拟的，是通过算出来的，但是它却是的人们愿意用自己现实世界的真金白银去购买，这就与我们所了解的股票、债券一样，它有自生的交易系统，可以相互转让。

除此，虚拟币的总体数量是一定的，那么到将来虚拟币挖完了将怎样继续确保交易进行了，可以这样理解，账簿本身没有虚拟币产生，但是由于人们频繁的交易，此过程烦琐复杂，因此就会产生一些交易费用，而这些交易费用就可以作为奖励，给予那些创建账簿的人，这样就可以一直维护交易过程中有人来创建账簿。

5. 交易过程

将电子硬币定义为数字签名链。每个所有者通过数字签名前一个交易的散列和下一个所有者的公钥将硬币转移到下一个所有者的公钥并将其添加到硬币的末端。收款人可以验证签名以验证所有权链。问题当然是收款人无法验证其中一个所有者没有双倍使用硬币。一个常见的解决方案是引入一个值得信赖的中央权威机构，或者说薄荷，来检查每笔交易的双重支出。每次交易后，必须将硬币退还给铸币厂以发放新的硬币，并且只有从铸币厂直接发放的硬币才被信任而不会被双倍使用。这种解决方案的问题在于整个货币体系的命运取决于运营薄荷的公司，每笔交易都必须经过它们，就像银行一样。

接下来借助图 6-14 进行说明虚拟币的交易过程，在交易单 1~交易单 3 中前一个所有者试图向后一个所有者进行支付，前者将会为后者提供以下东西：

（1）支付资金。

（2）用于付款的地址的资金来源，也就是上一次交易单中的 ID 值。

（3）收款地址，及后者所有的公钥（若所有者 1 向所有者 2 进行支付则为所有者 2 的公钥，而所有者 2 向所有者 3 支付则为所有者 3 的公钥）。

（4）将前者交易单的内容与后者的公钥相连后通过 SHA 算法得到的哈希值，再用前者自己的私钥加密，得到的密文作为数字签名放在交易单中。

当前者向后者提供了以上东西后就可以完成交易了，取其中的一个进行举例，例如图 6-14 中所有者 2 向所有者 2 进行支付，则他提供了上述内容后交易单 3 的内容制作完成后，所有者 2 计算其哈希值作为交易单 3 的 ID，将 ID 和内容向全网广播。

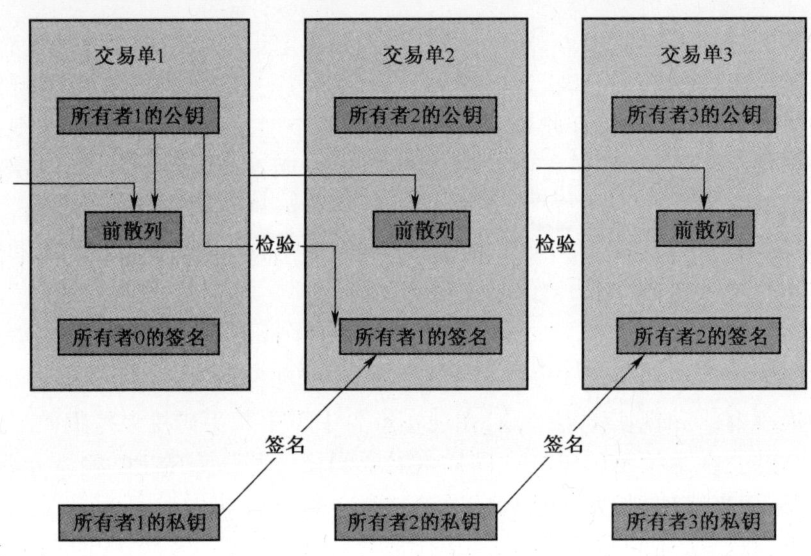

图 6-14　虚拟币交易示意图

在交易结束后，当其他的用户接收到交易单 3 后，他们就可以通过以下的步骤进行验证：

（1）通过虚拟币网络的认证，存储于区块链之中的 ID 找到交易单 2，在交易单 1 中，所有者 1 是收款方，因此可以从中 取得他的公钥（地址）。

（2）可以用所有者 2 自身的公钥进行对交易单 3 中的数字签名进行解密。

（3）接下来我们可以将交易单 2 的内容与所有者 3 的公钥相连后，用 SHA 算法计算出哈希值。

以上步骤后如果得出的结论相同，就可以确认，图中所有者 2 进行交易的资金来源属实，因为交易单 2 已经由虚拟币网络全网认证过；此次交易单 3 的确是所有者 2 发起的，这样的结果是如果没有所有者 2 的私钥，就无法制作交易单 3 中的数字签名。

前面我们所讲的例子中将会存在这样一个假设，可以这样的去理解，在上述交易中用于支付的资金全部来自于交易单 2。但是事实上，每次交易过程完全可以有多个付款地址，每个地址的资金也可以来自多笔交易，我们仅仅需要在交易单 3 中列出参与交易资金的所有来源交易单即可。同样地，收款地址也可以有多个，只需要将需要支付的金额分别列出即可。以上就是虚拟币的交易过程，和其他的货币一样，在交易结束后我们还要有后续的保障过程。

本章小结

P2P 信息组织方法,强调主体对等、信息共享,相比 C/S 或 B/S 结构,P2P 具有显著优势。本章介绍了 P2P 常用的框架协议,包括集中式 P2P、分布式 P2P、混合式 P2P 等。区块链作为时下最热门技术之一,本质上也是 P2P 信息组织方式,本章最后介绍了区块链相关知识,并以虚拟币举例说明其应用。

作业题

一、填空题

1. P2P 的特点在于每个________不再只是单纯地接受计算任务,它还可以根据情况在网络中进行________并将一个较大的任务________,并将中间结果上传到发出任务的对等体。

2. ________是相对 Web 1.0(2003 年以前的互联网模式)的新的一类互联网应用的统称,是一次从核心内容到外部应用的革命。

3. 根据拓扑结构的关系可以将 P2P 研究分为 4 种形式:________、________、________和________。

4. 区块链从广义上讲是________,因为其通过非中心化的网络节点存储数据,决定了区块链数据的________。

二、选择题

(一)单项选择题

1. 关于混合式 P2P 网络,描述不正确的是(　　)。

A. 存在两类节点

B. 目录节点的可信度更高

C. 叶节点担负更大的责任

D. 由目录节点依据一定的策略路由查询

2. 区块链的特点不包含(　　)。

A. 存储去中心化　　B. 节点可扩展

C. 数据安全可靠　　D. 完整可靠

(二)多项选择题

1. 在混合式结构模型中,模型在分布式模式的基础上,将用户节点按能力进行分类。这些节点分为(　　)。

A. 用户节点

B. 搜索节点

C. 索引节点

D. 查看节点

2. 关于P2P系统拓扑结构,以下描述正确的是( )。

A. P2P系统一般要构造一个非集中式的拓扑结构

B. P2P系统一般要构造一个集中式的拓扑结构

C. 构造过程中需要解决系统中所包含的大量结点如何命名、组织以及确定结点的加入/离开方式、出错恢复等问题

D. 以上都不对

三、简答题

1. 简述P2P的特点。

2. 简述Web 2.0的概念和主要特点。

3. 简述P2P的主要形式。

4. 简述区块链的概念。

第七章　搜 索 引 擎

搜索引擎作为互联网信息快速组织的重要手段被广泛使用。其涉及大量关键技术，如全文数据库、全文检索技术以及分词技术，是理解搜索引擎工作原理，更加合理、高效使用搜索引擎所必须要了解的。本章从搜索引擎关键技术入手，对搜索引擎的发展、工作原理、使用方法等进行了详细的描述，并简要介绍了元搜索引擎的相关概念。

第一节　全文数据库与全文检索技术

随着科学技术的不断进步和革新，以及互联网技术的发展，电子数据库以其大容量和低成本使得电子资源在各行各业中得到了日益广泛的使用。有统计数据表明，越来越多的用户认为互联网是人们获取日常信息的主要渠道。但是，互联网中的信息数据库大、结构复杂，需要专门的技术为用户提供支持。其中，全文数据库、全文检索技术以及中文全文检索需要的分词技术是特别重要的支撑技术。

一、全文数据库

全文数据库(Full-text Database)是一种存储文献全文或其主要部分并提供全文检索的源数据库，是对非结构化信息处理而发展起来的数据库技术。它将任意文本作为存储对象。这对于文科学者们来说尤其重要，因为很多历史文献不一定具有结构化的特征，例如，未断句的古文、还在研究中的未确定含义的篇章等。

全文数据库的开发步骤包括数据准备、文本预处理、数据加载、数据检索和数据维护几个环节。

(1) 数据准备是指对计划加载到全文数据库中的数据进行收集、整理、归类等预先处理的过程。加载到全文数据库中的数据可以从多种途径获得，常见的数据来源有计算机打字产生的文件、电子印刷产生的文稿、计算机网上传送的文件、电子出版物、图文处理产生的文件、专门组织人力录入建库等。数据收集起来之后，要进行一些简单的分类。一般是按照数据内容进行分类，同一类内容加载到同一库中，这样便于查找。分类对于数据量大的情况，效果比较明显。

(2) 文本预处理包括规范格式和进行标引。当文献格式多种多样时，应加以整理，使文献的格式规范化。在预处理阶段完成的标引，不受全文数据库结构的限制，效率较高。这是在建立全文数据库之前，利用文字处理软件和专用自动标引软件对数据进行的标引。建立标引词表有几种途径可由系统建立者在浏览文本后编制，也可以由编者在计算机对文本中的词加上特殊符号后，由专用软件对其进行搜集、合并、排序、去重而成，还可以在前面基础上增加属性标引。

(3) 数据准备好以后,便可以加载(录入、输入)到数据库文件中。加载数据可有单篇方式或批量方式。单篇方式一次加载一篇,适于平时文献随时加载的情况;批量方式一次加载多篇,适于集中大量加载的情况。

(4) 数据库建立之后,便可根据全文检索系统提供的检索功能对数据库进行检索。

(5) 全文数据库建立以后,需要经常对数据库的内容进行索引、更新、追加和整理,以保证数据库的实用性、有效性和完整性。对全文数据库的维护通常包括全文数据库的结构定义、全文数据库的数据内容、全文系统中所用词表、存储空间的利用统计及调整。

与其他数据库相比,全文数据库有许多特点,主要表现如下:

(1) 包含信息的原始性。库中信息基本上是未加工的原始文献,因而具有客观性。

(2) 信息检索的彻底性。任何词、句、字皆可检索,还有可能看到某些边缘性信息。

(3) 检索语言的自然性。可使用自然语言检索,并可使用布尔检索和位置检索,因而要涉及自然语言的理解。

(4) 数据结构基本上是非结构化的,除了某些可规范的数据外,大量文本属于非结构化的,不便于关系数据库的处理。

(5) 专业的全文数据库系统一般都采用"自动切词"技术。

(6) 好的全文数据库还备有知识库,可具有推理能力和联想式检索。

(7) 基本上是封闭性的,数据不需更新,具有较大的稳定性。

(8) 全文数据库一般占用的存储空间非常庞大,系统开销大,如何提高检索速度是一大难题。

二、全文检索技术

数据可以分为结构化数据和非结构化数据,所谓结构化数据是指具有固定格式和有限长度的数据,如数据库、元数据等;所谓非结构化数据是指不定长或无固定格式的数据,如邮件、word 文档等。全文检索的过程其实就是首先将非结构化数据转化为结构化数据。

首先通过计算机处理可检索的所有文档,通过特定的分词器对文档进行词法分析和语言分析,提取出所有的检索意义的单词并对其建立索引,当用户输入查询语句进行查询时,检索程序用对所检索文档用同样的分词器对查询语句进行词法分析和语言分析,提取出可检索的关键词并通过语言分析构建合适的检索语句(Query),然后根据该检索语句在之前构建的索引文件利用索引文件特定的格式,采用一定的算法进行查找,并将结果进行打分后按照某种顺序反馈给用户。

全文检索系统是按照全文检索理论建立起来的用于提供全文检索服务的软件系统。全文检索应该具备建立索引和提供检索的基本功能,此外,现代的全文检索系统还需要具有方便的用户接口、面向二次开发的开发接口、应用程序开发接口以及 Web 程序接口等。功能上,全文检索系统核心具有建立索引、处理检索请求、返回结果集、索引结构维护等功能。结构上,全文检索系统核心具有索引引擎、检索引擎、文本分析引擎、对外接口等,加上各种外围应用系统等共同构成了全文检索系统。图 7-1 给出了上述全文检索系统的结构与功能。

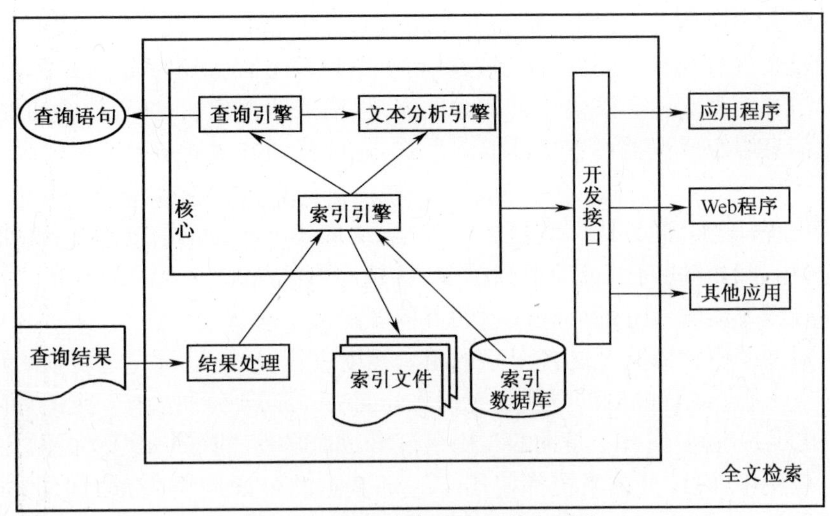

图 7-1 全文检索系统结构与功能

三、中文分词技术

分词是搜索引擎的关键技术之一。信息检索的基础是对文本的分析,而对文本的分析在很大程度上是一种对语言的处理。目前在自然语言处理技术中,中文处理技术比西文处理技术要落后很大一段距离。而且由于东西方语言上的差异,对汉语处理方式和对英语的处理方式有很大的不同,大家都知道,英文是以词为单位的,词和词之间是靠空格隔开,而中文文本是字符集上的连续字串,并且在词与词之间并没有明显的分隔标记,故而存在一个对中文的词加以识别的问题。

例如,英文句子"She is a student",用中文则为"她是一个学生"。计算机可以很简单通过空格知道是一个单词,但是不能很容易明白"学""生"两个字合起来才表示一个词。把中文的汉字序列切分成有意义的词,就是中文分词。再如"和服装",是应该把"和""服"两个字组合起来,还是应该把"服"和"装"两个字组合起来,就涉及计算机对汉语语义的理解。对汉语语义的分析也是中文分词的难点所在。

目前常用的分词算法总结起来可以分为三大类:基于字符串匹配的分词方法、基于理解的分词方法和基于统计的分词方法。

(1) 基于字符串匹配的分词方法。这种方法又称为机械分词方法,它是按照一定的策略将待分词的汉字字符串与一个"充分大的"机器词典中的词条进行配,若在词典中找到某个字符串,则匹配成功,该字串为词语。

常用的分词方法有:正向最大匹配法、逆向最大匹配法、最少切分;还可以将上述方法互相组合或者利用各种其他的语言信息来进一步提高分词的准确率;该方法按照扫描的方向不同,基于字符串匹配的分词方法可分为正向匹配分词方法和逆向匹配分词方法;按照优先匹配的长度不同,又可分为最大匹配分词方法和最小匹配分词方法。

总的来说,机械分词方法中共有三种基本的分词方法:分别是最大正向匹配法、最大逆向匹配法和逐词遍历法;基于词典分词法的优点是算法简单、易于实现、维护更新。

(2) 基于理解的分词方法。这种分词方法是通过让计算机模拟人对句子的理解,达到识别词的效果。其基本思想就是在分词的同时进行句法、语义分析,利用句法信息和语义信息来处理歧义现象。它通常包括三个部分:分词子系统、句法语义子系统、总控部分。

在总控部分的协调下,分词子系统可以获得有关词、句子等的句法和语义信息,并据此来对分词歧义进行判断,即它模拟了人对句子的理解过程。这种分词方法需要使用大量的语言知识和信息。由于汉语语言知识的笼统、复杂性,缺乏一种有效的知识表示手段将各种语言信息组织成机器可直接读取的形式,这种分词方法复杂程度比较高,实现上比较困难。

(3) 基于统计的分词方法。其基本原理是:从形式上看,词是稳定的字的组合,因此在上下文中,相邻的字同时出现的次数越多,就越有可能构成一个词。因此,字与字相邻共现的频率或概率能够较好地反映成词的可信度。

该方法对文档中相邻共现的各个字的组合频度进行统计,进行一定规则的筛选,从而得到所需词条。基于统计的分词方法是无词典分词法,无词典分词法有一定的局限性,会经常抽出一些出现频度高,但并不是词的常用字符串,如"这一""有的"以及"提供了"等。

在实际应用中,统计分词系统都使用了一部基本的分词词典(常用词词典),进行串匹配分词,同时也用统计方法识别一些新词,即将基于统计的分词与基于字符串匹配的分词方法结合起来,既发挥匹配分词切分速度快、效率高的特点,又利用了基于统计分词结合上下文识别生词、自动消除歧义的优点,使分词更加快速准确。

第二节 搜索引擎的诞生与发展

一、搜索引擎的诞生

互联网发展早期,以雅虎为代表的网站分类目录查询非常流行。网站分类目录由人工整理维护,精选互联网上的优秀网站,并简要描述,分类放置到不同目录下。用户查询时,通过一层层的点击来查找自己想找的网站。也有人把这种基于目录的检索服务网站称为搜索引擎,但从严格意义上讲,它并不是搜索引擎。

1990 年,加拿大麦吉尔大学(University of McGill)计算机学院的师生开发出 Archie。当时,万维网(World Wide Web)还没有出现,人们通过 FTP 来共享交流资源。Archie 能定期搜集并分析 FTP 服务器上的文件名信息,提供查找分别在各个 FTP 主机中的文件。用户必须输入精确的文件名进行搜索,Archie 告诉用户哪个 FTP 服务器能下载该文件。虽然 Archie 搜集的信息资源不是网页(HTML 文件),但和搜索引擎的基本工作方式是一样的:自动搜集信息资源、建立索引、提供检索服务。所以,Archie 被公认为现代搜索引擎的鼻祖。

1993 年,Matthew Gray 开发了 World Wide Web Wanderer,这是第一个利用 HTML 网页之间的链接关系来检测万维网规模的"机器人"(Robot)程序。开始,它仅仅用来统计互联网上的服务器数量,后来也能够捕获网址(URL)。

1994 年 4 月,斯坦福大学(Stanford University)的两名博士生,美籍华人 Jerry Yang(杨致远)和 David Filo 共同创办了雅虎。随着访问量和收录链接数的增长,雅虎目录开始支持简单的数据库搜索。因为雅虎的数据是手工输入的,所以不能真正被归为搜索引擎,事实上只是一个可搜索的目录。雅虎于 2002 年 12 月 23 日收购 inktomi,2003 年 7 月 14 日收购包括 Fast 和 Altavista 在内的 Overture,2003 年 11 月,雅虎全资收购 3721 公司。

1994 年初,华盛顿大学(University of Washington)的学生 Brian Pinkerton 开始了他的小项目 WebCrawler。1994 年 4 月 20 日,WebCrawler 正式亮相时仅包含来自 6000 个服务器的内容。WebCrawler 是互联网上第一个支持搜索文件全部文字的全文搜索引擎,在它之前,用户只能通过 URL 和摘要搜索,摘要一般来自人工评论或程序自动取正文的前 100 个字。

1994 年 7 月,卡内基 · 梅隆大学(Carnegie Mellon University)的 Michael Mauldin 将 John Leavitt 的 spider 程序接入到其索引程序中,创建了 Lycos。除了相关性排序外,Lycos 还提供了前缀匹配和字符相近限制,Lycos 第一个在搜索结果中使用了网页自动摘要,而最大的优势还是它远胜过其他搜索引擎的数据量。

1994 年底,Infoseek 正式亮相。其友善的界面,大量的附加功能,使之和 Lycos 一样成为搜索引擎的重要代表。

1995 年,一种新的搜索引擎形式出现了——元搜索引擎(A Meta Search Engine Roundup)。用户只需提交一次搜索请求,由元搜索引擎负责转换处理,提交给多个预先选定的独立搜索引擎,并将从各独立搜索引擎返回的所有查询结果,集中起来处理后再返回给用户。第一个元搜索引擎,是华盛顿大学硕士生 Eric Selberg 和 Oren Etzioni 的 Metacrawler 研制的。

1995 年 9 月 26 日,加州伯克利分校助教 Eric Brewer、博士生 Paul Gauthier 创立了 Inktomi,1996 年 5 月 20 日,Inktomi 公司成立,强大的 HotBot 出现在世人面前。声称每天能抓取索引 1000 万页以上,所以有远超过其他搜索引擎的新内容。HotBot 也大量运用 cookie 存储用户的个人搜索喜好设置。

1995 年 12 月,DEC 的正式发布 AltaVista。AltaVista 是第一个支持自然语言搜索的搜索引擎,第一个实现高级搜索语法的搜索引擎(如 AND、OR、NOT 等)。用户可以用 AltaVista 搜索新闻组(Newsgroups)的内容并从互联网上获得文章,还可以搜索图片名称中的文字、搜索 Titles、搜索 Java applets、搜索 ActiveX objects。AltaVista 也声称是第一个支持用户自己向网页索引库提交或删除 URL 的搜索引擎,并能在 24 小时内上线。AltaVista 最有趣的新功能之一,是搜索有链接指向某个 URL 的所有网站。在面向用户的界面上,AltaVista 也作了大量革新。它在搜索框区域下放了"tips"以帮助用户更好地表达搜索式,这些小 tip 经常更新,这样,在搜索过几次以后,用户会看到很多他们可能从来不知道的有趣功能。这系列功能,逐渐被其他搜索引擎广泛采用。1997 年,AltaVista 发布了一个图形演示系统 LiveTopics,帮助用户从成千上万的搜索结果中找到想要的。

1997 年 8 月,Northernlight 搜索引擎正式现身。它曾是拥有最大数据库的搜索引擎之一,它没有 Stop Words,它有出色的 Current News、7100 多出版物组成的 Special Collection、良好的高级搜索语法,第一个支持对搜索结果进行简单的自动分类。

1998 年 10 月之前,谷歌只是斯坦福大学(Stanford University)的一个小项目 BackRub。1995 年博士生 Larry Page 开始学习搜索引擎设计,于 1997 年 9 月 15 日注册了域名,1997 年底,在 Sergey Brin、Scott Hassan 和 Alan Steremberg 的共同参与下,BachRub 开始提供 Demo。1999 年 2 月,谷歌完成了从 Alpha 版到 Beta 版的蜕变。谷歌公司则把 1998 年 9 月 27 日认作自己的生日。谷歌以网页级别(Pagerank)为基础,判断网页的重要性,使得搜索结果的相关性大大增强。谷歌公司的奇客(Geek)文化氛围、不作恶(Don' t be evil)的理念,为谷歌赢得了极高的口碑和品牌美誉。2006 年 4 月,谷歌宣布其中文名称"谷歌",这是谷歌第一个在非英语国家起的名字。

Fast(Alltheweb)公司创立于 1997 年,是挪威科技大学(NTNU)学术研究的副产品。1999 年 5 月,发布了自己的搜索引擎 AllTheWeb。Fast 创立的目标是做世界上最大和最快的搜索引擎,几年来庶几近之。Fast(Alltheweb)的网页搜索可利用 ODP 自动分类,支持 Flash 和 pdf 搜索,支持多语言搜索,还提供新闻搜索、图像搜索、视频、MP3 和 FTP 搜索,拥有极其强大的高级搜索功能(2003 年 2 月 25 日,Fast 的互联网搜索部门被 Overture 收购)。

1996 年 8 月,搜狐公司成立,制作中文网站分类目录,曾有"出门找地图,上网找搜狐"的美誉。随着互联网网站的急剧增加,这种人工编辑的分类目录已经不适应。搜狐于 2004 年 8 月创建独立域名的搜索网站"搜狗",自称"第三代搜索引擎"。

2000 年 1 月,两位北大校友,超链分析专利发明人、前 Infoseek 资深工程师李彦宏与好友徐勇(加州伯克利分校博士后)在北京中关村创立了百度公司。2001 年 8 月发布百度搜索引擎百度版,2001 年 10 月 22 日正式发布百度搜索引擎,专注于中文搜索。

二、搜索引擎的分类

搜索引擎(Search Engine)是根据站点的内容提取各网站的信息分门别类地建立自己的数据库并向用户提供查询服务。每个引擎的工作原理是不同的,有的是根据页面内容,有的按页面标题,有的是按 Meta 制来分,还有的是将这些方法综合起来运用。

搜索引擎的工作包括如下三个过程:一是在互联网中发现、搜集网页信息;二是对所搜集的信息进行提取和组织,并建立索引库;三是由检索程序根据用户输入的查询关键词,在索引库中快速检出相关文档,进行文档与查询内容的相关度比较,对检出的结果进行排序,并将查询结果返回给用户。

在目前数量众多的搜索引擎中,根据它们的技术原理,可以分成三大主要类型:基于 robot 的搜索引擎、基于目录索引型(directory,也称为 catalog)和元(Meta)搜索引擎。

1. 基于 robot 的搜索引擎

这种搜索引擎是利用一个称为 robot(也称为 spider、web crawler 或 web wanderer)的程序自动访问 web 站点,提取站点上的网页,robot 收集的网页被加入到搜索引擎的数据库中,供用户查询使用。它由三个主要部分构成:robot、index 和检索软件。robot 作为一个程序,会定期访问互联网对一定范围内的网站进行检索,一旦发现更新或新的网站,它会自动提取网站的信息和网址加入到自己的数据库中。index 是一个庞大的数据库,robot 提取的网页将被放入到 index 中建立索引库。robot 的搜索引擎一般要定期访问以前搜集的网页,刷新 index,以反映出网页的更新情况,去除一些死链接,网页的部分内容和变化情况将会反映到用户查询的结果中,这是基于 robot 的搜索引擎的一个重要特征。

2. 目录索引型搜索引擎

目录索引型与基于 robot 搜索引擎所不同的是,目录索引型的索引数据库是依靠编辑人员建立起来的,这些编辑人员在访问了某个 web 站点后根据一套自定的评判标准及主观印象撰写出对该站点的描述,并根据站点的内容和性质将其归为一个预先分好的类别,分门别类地存放在相应的目录中。

由于目录索引型的索引数据库是依靠人工来评价一个网站的内容,因此用户从目录搜索得到的结果往往比从基于 robot 的搜索引擎得到的结果更具参考价值。事实上,现在很多搜索站点都同时提供有目录和基于 robot 的搜索服务,以便尽可能地为用户提供全面的查询结果。

3. 基于 Meta 搜索引擎

元搜索引擎(Meta Search Engine)是将用户提交的检索请求送到多个独立的搜索引擎上去搜索,并将检索结果集中统一处理,以统一的格式提供给用户,因此有搜索引擎之上的搜索引擎之称。它的主要精力放在提高搜索速度、智能化处理搜索结果、个性搜索功能的设置和用户检索界面的友好性上,查全率和查准率都比较高。它的特点是本身并没有存放网页信息的数据库,当用户查询一个关键词时,它把用户的查询请求转换成其他搜索引擎能够接受的命令格式,并行地访问数个搜索引擎来查询这个关键词,并把这些搜索引擎的返回结果处理后再返回给用户。

三、搜索引擎的发展趋势

自从 1994 年第一批搜索引擎出现以来,经过多年的发展,现在的搜索引擎功能越来越强大,为用户提供的服务也越来越全面,查询结果更精确,其发展的趋势是更加人性化、个性化和智能化。中文搜索引擎提供的主要服务和发展趋势包括以下几个方面:

1. 自然语言搜索技术

以自然语言理解技术为基础的新一代搜索引擎,我们称为智能搜索引擎。由于它将信息检索从目前基于关键词层面提高到基于知识(或概念)层面,对知识有一定的理解与处理能力,能够实现分词技术、同义词技术、概念搜索、短语识别以及机器翻译技术等。因而这种搜索引擎具有信息服务的智能化、人性化特征,允许检索人员采用自然语言进行信息的检索,为他们提供更方便、更确切的搜索服务。

2. 目录与关键词搜索相结合

由于目录和基于 robot 的搜索引擎有各自的特点,目前它们谁也无法完全取代谁,于是很多搜索站点都同时提供这两种类型的服务。国内著名的中文网站引擎搜狐和新浪都是这种模式。谷歌则主要是一个基于 robot 的搜索引擎,但它同时也建立了一个由人工编辑的小型目录。

3. 智能化搜索

传统的搜索引擎使用方法是被动搜索,未来的搜索引擎可利用智能代理技术进行主动信息检索。能够通过对用户的查询计划、意图、兴趣方向进行推理、预测并为用户提供有效的检索结果是这种系统的支柱技术。它使用自动获得的知识进行信息搜集过滤,并自动地将用户感兴趣的信息通过电子邮件或其他方式提交给用户。研究智能检索系统已是形势所迫并成为众所关注的焦点。

4. 多媒体搜索

随着互联网宽带技术的发展,未来的互联网是多媒体数据的时代。开发出可查寻图像、声音、图片和电影的搜索引擎是一个新的方向。它包括基于描述的多媒体检索和基于内容的多媒体检索。基于描述的多媒体检索就是用一个关键词来描述所要查找的图片或是音乐。基于内容的多媒体检索就是用一些视觉特征来查找多媒体信息,这些视觉特征包括颜色、形状、纹理等。目前,瑞典一家公司已经研制推出被称作"第五代搜索引擎"的动态的和有声的多媒体搜索引擎。图像、视频将很快取代文本成为互联网上主要的信息。

5. 本地化搜索

本地化是一个比较明显的发展趋势。世界上许多著名的搜索引擎都在美国,他们以英语为基础,完全按他们的思维方式和观点搜集和检索资料,这对于全球不同国家的用户来说显然是不适合的。各国的文化传统、思维方式和生活习惯不同,在对网站内容的搜索要求上也就存在差异。随着互联网在全球的迅速普及,综合性的搜索引擎已经不能满足很多非美国网民的信息需求。搜索结果要符合当地用户的要求,搜索引擎就必须本地化。近来,雅虎、谷歌、Lycos 等公司不断推出各国、各地区的本地搜索网站,搜索的本地化已经是势不可挡。

第三节 搜索引擎的工作原理

搜索引擎是通过从互联网上提取的各个网站的信息而建立在数据库中,检索与用户查询条件匹配的相关记录,然后按一定的排列顺序将结果反馈给用户。从搜索结果来源的角度分析,搜索引擎又可细分为两种:一种是拥有自己的检索程序,俗称"蜘蛛"程序或"机器人"程序,并自建网页数据库,搜索结果直接从自身的数据库中调用;另一种则是租用其他引擎的数据库,并按自定的格式排列搜索结果。

搜索引擎的实现过程包括四个部分:网页的抓取、索引的建立、搜索和处理排序,各个部分相互交错、相互依赖,其处理流程如图 7-2 所示。

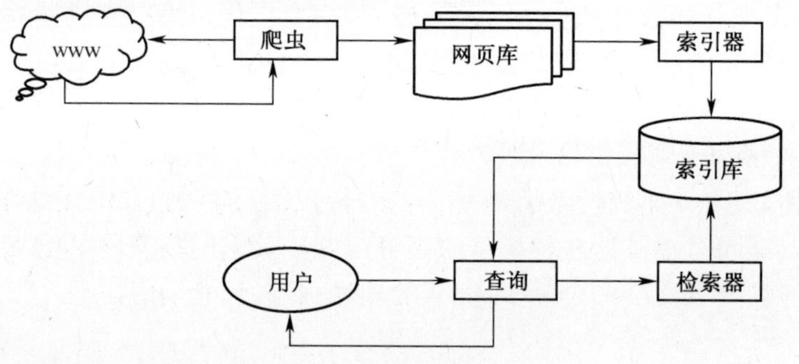

图 7-2 搜索引擎的处理流程

1. 从互联网上抓取网页

利用网络蜘蛛程序自动访问互联网,并沿着任何网页中的所有 URL 爬到其他网页,重复这一过程,并把爬过的所有网页收集到服务器中。

2. 建立索引数据库

由索引系统程序对收集回来的网页进行分析,提取相关网页信息,根据一定的相关度算法进行计算,得到每一个网页,针对页面内容中及超链接中每一个关键词的相关度,然后用这些相关信息建立网页索引数据库。

3. 在索引数据库中搜索

当用户输入关键词搜索后,分解搜索请求,由搜索系统程序从网页索引数据库中找到符合该关键词的所有相关网页。

4. 对搜索结果进行处理排序

所有相关网页针对该关键词的相关信息在索引库中都有记录，只需综合相关信息和网页级别形成相关度数值，然后进行排序。相关度越高，排名越靠前。最后，由页面生成系统将搜索结果的链接地址和页面内容摘要等内容组织起来反馈给用户。

目前，互联网上存在很多搜索引擎。所以，若对一个搜索引擎的优劣进行评价十分具有意义。兰卡斯特和费恩于 1973 年提出了六项评价指标来衡量信息检索系统的性能，它们分别是查准率、覆盖范围、查全率、用户负担、响应时间和检索结果输出格式。这些评价指标对于衡量一个搜索引擎的性能具有很大的指导作用。此外还可以从下述几方面进行评价：死链比率、索引数据库更新频率、数据库的规模和内容、用户界面等。目前，查准率、查全率、死链比率、响应时间、索引数据库更新频率是评价一个搜索引擎优劣的最通用的五个性能指标是。

（1）查准率：查准率是搜索结果中与关键字有关的信息量与检索结果的全部信息量的比值。实际应用中，查准率不太容易确定。原因是可能用户为了查找某一特定信息或类似信息而输入一个关键词，所以一般情况下只要检索到的关键词的意义与用户输入相近，就认为查准率满足精度要求。

（2）查全率：查全率的定义是搜索引擎查询到的结果中的有关信息数量和搜索引擎数据库中有关信息数量的比值。如果一个搜索引擎的查全率很低，由于用户通过这种搜索引擎查询到的信息量太少，导致其没有太大的使用价值，即用户很难得到真正有用的信息。

（3）死链比率：使用搜索引擎搜索时，永远无法获取的结果我们称为死链接，搜索引擎没有及时更新索引数据库是造成死链接的主要原因。

（4）响应时间：响应时间指用户输入检索请求到搜索引擎返回检索结果的时间间隔。在用户选择搜索引擎时，首先考虑的是搜索引擎本身的响应速度。响应时间在很大程度上也受到外界因素的影响，如网络状况等。

（5）索引数据库更新频率：索引数据库更新频率指的是搜索引擎索引数据库更新周期的长短。用户能否及时获得较新的信息直接受到搜索引擎索引数据库更新频率的影响，所以这项指标尤为重要。

第四节 搜索引擎的使用方法

一、布尔逻辑检索

布尔逻辑检索也称作“布尔逻辑搜索”，布尔逻辑检索技术就是利用布尔逻辑算符进行检索项的逻辑组配，用以表达检索者的提问概念。严格意义上的布尔检索法是指利用布尔逻辑运算符连接各个检索词，然后由计算机进行相应逻辑运算，以找出所需信息的方法。它使用面最广、使用频率最高。布尔逻辑运算符的作用是把检索词连接起来，构成一个逻辑检索式。

1. 逻辑与

用“AND”或“ * ”表示。可用来表示其所连接的两个检索项的交叉部分，也即交集部分。如果用 AND 连接检索词 A 和检索词 B，则检索式为：A AND B（或 A * B）表示让系统检索同时包含检索词 A 和检索词 B 的信息集合 C。

例如，查找“胰岛素治疗糖尿病”的检索式为：insulin（胰岛素）And diabetes（糖尿病）。

2. 逻辑或

用“OR”或“+”表示。用于连接并列关系的检索词。用 OR 连接检索词 A 和检索词 B，则检索式为：A OR B（或 A+B）。表示让系统查找含有检索词 A、B 之一，或同时包括检索词 A 和检索词 B 的信息。

例如，查找“肿瘤”的检索式为：cancer（癌） OR tumor（瘤）OR carcinoma（癌） OR neoplasm（新生物）。

3. 逻辑非

用“NOT”或“—”号表示。用于连接排除关系的检索词，即排除不需要的和影响检索结果的概念。用 NOT 连接检索词 A 和检索词 B。

例如，查找“动物的乙肝病毒（不要人的）”的文献的检索式为：hepatitis B virus（乙肝病毒） NOT human（人类）。

许多搜索引擎都允许在搜索中使用布逻辑运算符：用 AND 进行连接，表示它所连接的两个词必须同时出现在查询结果中，例如，输入“电子商务 AND 网络营销”，它要求查询结果中必须同时包含“电子商务”和“网络营销”。输入“电子商务 OR 网络营销”，就要求查询结果中可以只有电子商务，或只有网络营销，或同时包含电子商务和网络营销。输入“电子商务 NOT 网络营销”，就要求查询的结果中包含“电子商务”，但同时不能包含“网络营销”。

很多搜索引擎都支持在搜索词前冠以加号“+”限定搜索结果中必须包含的词汇，用减号“-”限定搜索结果不能包含的词汇。注意：加减号前面要加空格。

二、截词检索

截词检索也是一般数据库检索中常用的方法。但在一般的数据库检索中，截词法常有左截、右截、中间截断和中间屏蔽 4 种形式。而在搜索引擎中，目前多只提供右截法。而且搜索引擎中的截词符则通常采用星号 *，如 educat *。相当于 education+educational+educator。

截词检索是预防漏检提高查全率的一种常用检索技术，大多数系统都提供截词检索的功能。截词是指在检索词的合适位置进行截断，然后使用截词符进行处理，这样既可节省输入的字符数目，又可达到较高的查全率。尤其在西文检索系统中，使用截词符处理自由词，对提高查全率的效果非常显著。截词检索一般是指右截词，部分支持中间截词。截词检索能够帮助提高检索的查全率。

在截词检索技术中，较常用的是后截词和中截词两种方法。如果按所截断的字符数目来分，有无限截词和有限截词两种。截词算符在不同的系统中有不同的表达形式，需要说明的是并不是所有的搜索引擎都支持这种技术。

截词检索就是用截断的词的一个局部进行的检索，并认为凡满足这个词局部中的所有字符（串）的文献，都为命中的文献。按截断的位置来分，截词可有后截断、前截断、中截断三种类型。

不同的系统所用的截词符也不同,常用的有?、$、* 等。分为有限截词(即一个截词符只代表一个字符)和无限截词(一个截词符可代表多个字符)。下面以无限截词举例说明:

(1) 后截断,前方一致。如 comput? 表示 computer、computers、computing 等。

(2) 前截断,后方一致。如? computer 表示 minicomputer、microcomputer 等。

(3) 中截断,中间一致。如? comput? 表示 minicomputer、microcomputers 等。

截断技术可以作为扩大检索范围的手段,具有方便用户、增强检索效果的特点,但一定要合理使用,否则会造成误检。

三、词组检索

词组检索是将一个词组(通常用双引号括起)当作一个独立运算单元,进行严格匹配,以提高检索的精度和准确度,它也是一般数据库检索中常用的方法。词组检索实际上体现了临近位置运算(Near 运算)的功能,即它不仅规定了检索式中各个具体的检索词及其相互间的逻辑关系,而且规定了检索词之间的临近位置关系。几乎所有的搜索引擎都支持词组检索,并且都采用双引号来代表词组,如"信息教育"。但在 Infoseek 中,除了用双引号外,还使用了短横线"-"来代表词组,如 digital-library-definition,区别在于以"-"表示的词组不区分大小写。

四、范畴检索

通过范畴检索可以把查询内容范围限定在网页标题中,有时能获得良好的效果。使用的方式是把查询内容中,特别关键的部分用"intitle:"领起来。例如,找"信息管理"就可以这样查询:管理 intitle:信息,注意:intitle:和后面的关键词之间,不要有空格。

把搜索范围限定在特定站点中——site 有时候,您如果知道某个站点中有自己需要找的东西,就可以把搜索范围限定在这个站点中,提高查询效率。使用的方式,是在查询内容的后面,加上"site:站点域名"。例如,天空网下载软件不错,就可以这样查询:msn site:skycn com 注意,"site:"后面跟的站点域名,不要带"http://";另外,"site:"和站点名之间,不要带空格。

把搜索范围限定在 url 链接中——inurl 网页 url 中的某些信息,常常有某种有价值的含义。于是,您如果对搜索结果的 url 做某种限定,就可以获得良好的效果。实现的方式,是用"inurl:",后跟需要在 url 中出现的关键词。例如,找关于 photoshop 的使用技巧,可以这样查询:photoshop inurl:jiqiao 上面这个查询串中的"photoshop",是可以出现在网页的任何位置,而"jiqiao"则必须出现在网页 url 中。注意,inurl:语法和后面所跟的关键词,不要有空格。

第五节　元搜索引擎

一、元搜索网站

搜索引擎分为全文搜索引擎、目录索引、元搜索引擎,元搜索引擎就是通过一个统一的用户界面帮助用户在多个搜索引擎中选择和利用合适的(甚至是同时利用若干个)搜索引擎来实现检索操作,是对分布于网络的多种检索工具的全局控制机制。

一个元搜索引擎由三部分组成,即检索请求提交机制、检索接口代理机制、检索结果显示机制。“请求提交”负责实现用户“个性化”的检索设置要求,包括调用哪些搜索引擎、检索时间限制、结果数量限制等。“接口代理”负责将用户的检索请求“翻译”成满足不同搜索引擎“本地化”要求的格式。“结果显示”负责所有元搜索引擎检索结果的去重、合并、输出处理等。

元搜索引擎的出现,对于那些需要连续地使用不同的搜索引擎重复相同的检索的人来说,是一个福音。使用元搜索引擎同时对几个搜索引擎进行检索,获得分级编排的检索。

在可以检索的目标搜索引擎、检索提问的处理方式以及如何编译和显示结果方面,元搜索引擎有着很大的差异。有些元搜索引擎一个接一个地搜索目标搜索引擎,另一些则同时进行搜索,有些搜索引擎将检索提问转变成目标搜索引擎的提问语言,而有一些则原封不动地发送给目标引擎。

按功能划分,元搜索引擎包括多线索式搜索引擎和 All-in-One 式搜索引擎;按运行方式的差异可分为在线搜索引擎和桌面搜索引擎。

元搜索引擎是为弥补传统搜索引擎的不足而出现的一种辅助检索工具,有着传统搜索引擎所不具备的许多优势。但是,元搜索引擎依赖于数据库选择技术、文本选择技术、查询分派技术和结果综合技术等。用户界面的改进、调用策略的完善、返回信息的整合以及最终检索结果的排序,仍然是未来元搜索引擎研究的重点。

1. 国内元搜索引擎

(1) 360 综合搜索:360 综合搜索,属于元搜索引擎,是搜索引擎的一种,是通过一个统一的用户界面帮助用户在多个搜索引擎中选择和利用合适的(甚至是同时利用若干个)搜索引擎来实现检索操作,是对分布于网络的多种检索工具的全局控制机制。

(2) MEZW 搜索:一家聚合搜索引擎网站,致力于为用户提供准确、干净的网页内容搜索服务,其搜索结果来自海内外不同内容渠道的聚合,登录账号后用户可以设置屏蔽掉任何不希望看到的网站。

(3) 搜魅网:集合了百度、谷歌、搜狗、雅虎多家主流搜索引擎的结果,提供网页、资讯、网址导航等聚合查询。另外,搜魅网突破了元搜索引擎没有自己的技术的瓶颈,提供了网站查询的功能。

(4) 佐意综合搜索:佐意网提供的综合搜索,结合了谷歌、百度、雅虎等知名搜索引擎,更细分了不同的搜索类别,如软件搜索、游戏搜索、视频搜索、新闻搜索、网页搜索、地图搜索、音乐搜索、企业搜索等。看似页面简单,却搜索功能却很强大。佐意综合搜索可以说是元搜索中的一个典范。该搜索引擎还可直接查询手机号码归属地、IP 查询等。

2. 国外搜索引擎

(1) MetaCrawler:提供涵盖近 20 个主题的目录检索服务,包括常规检索、高级检索、定制检索、国家或地区的资源检索等。其中,高级检索模式可实现搜索引擎的选择调用,基于域名、地区或国家的检索结果过滤,最长检索时间设置,每页可显示的和允许每个搜索引擎返回的检索结果数量的设定,检索结果排序依据(包括相关度、域名、源搜索引擎)设定等 Dogpile:它首先并行地调用谷歌、雅虎、MSN、Ask Jeeves4 个源搜索引擎,如果没有得到 10 个以上的结果,再调用另外的搜索引擎。但 Dogpile 不提供可调用的源搜索引擎列表,不支持对各个源搜索引擎的自行指定和选择。

(2) Mamma:并行式元搜索引擎,可同时调用 7 个最常用的独立搜索引擎,并且可查询网上商店、新闻、股票指数、图像和声音文件等资源。其特点是检索界面友好,检索选项丰富,主要包括可控制调用的独立搜索引擎、选择使用短语检索功能、设定检索时间、设定每页可显示记录数等。

(3) Ixquick:最大优点是支持中文检索。支持各种基本的和高级的检索功能,包括关键词检索、短语检索、截词检索、布尔逻辑检索、概念检索、自然语言检索、指定字段检索、包含(+)或排除(-)检索等。

(4) Clusty:将用户搜索的关键词到各大搜索引擎查询,然后比较返回的结果,根据比较排名生成一个列表。这样的“元搜索”方式可以帮助将最好的搜索结果提升到页面上部而将搜索引擎的垃圾搜索结果调整到底部去。Clusty 不但能够根据搜索的关键字进行 Tag 匹配,按搜索引擎索引,按域名分类等等功能,同时还在搜索结果列表中可以选择页面内预览的功能。

(5) Kartoo:一个可视化搜索引擎,利用 FlashPlayer 展示搜索结果间的关系,也实现了信息的可视化表达,具有传统搜索引擎无法比拟的优势。搜索时,输入相应关键词,它会找出与这些关键词相符合的网站,然后以 flash 的形式显示这些网站及站点间的关系,你可以用擦除键添加键来擦除或添加某些搜索的结果,也可以保存自己的搜索结果及 E-mail给自己的好友,分享你的搜索。

二、客户元搜索程序

为了方便用户,提供个性化的特色服务,可以利用“智能代理”的方法,来替代元搜索引擎网站的作用。就目前市面上流行的客户元搜索程序而言 Interlliseek 公司研制的 BullesEye 和 Copernic 公司推出的 Copernic 就是其中的代表。

1. BullesEye

具有标准版和高级版两个版本,其中标准版具有下列功能:可检索 800 种以上的资源;分类进行专业化检索,可分别检索网站、新闻、购物、多媒体等专业领域;布尔逻辑检索与近词检索;可以对网站类型、网址、规模、国家等进行过滤;删除重复和死链;提供相关性排序和报告生成能力,并可将检索结果输送给其他用户或者保存检索策略。

2. Copernic

Copernic Desktop Search(简称 CDS)是由集成搜索公司 Copernic 开发的桌面搜索工具。CDS 采用最新的用户界面技术,使得程序使用起来更为简单和高效。

CDS 有三个版本,一个免费版本和两个收费版本。其免费版本有以下功能:可检索 80 种资源、提供 9 个类别的查询、简化的布尔逻辑检索、可选择 6 中语言(英语、法语、德语、意大利语、葡萄牙语、西班牙语)、保存检索策略、检索跟踪。

本章小结

搜索引擎的出现,极大地加速了互联网信息共享和信息发现。本章全面介绍了搜索引擎的发展历史,并简要介绍了搜索引擎的工作原理。在使用搜索引擎时,巧妙使用如布尔检索、截词检索、词组检索、范畴检索等方法,可以极大地提升检索效率。章节最后,简单介绍了元搜索引擎的概念及实际应用情况。

作业题

一、填空题

1. ________是一种存储文献全文或其主要部分并提供全文检索的源数据库,是对非接过话信息处理而发展起来的数据库技术。

2. 搜索引擎是根据站点的内容提取各网站的信息分门别类地建立自己的数据库并向用户提供________。

3. 搜索引擎的实现过程包括 4 个部分:________、________、________和________,各个部分相互交错、相互依赖。

4. 搜索引擎的使用方法有________、________、________和________等。

二、选择题

(一) 单项选择题

1. 以下哪项不属于搜索引擎的主要类型(　　)。

A. 基于 robot 的搜索引擎

B. 基于目录索引型

C. 节点搜索引擎

D. 元(Meta)搜索引擎

2. 关于搜索引擎的使用方法,说法不正确的是(　　)。

A. 布尔逻辑检索也称作“布尔逻辑搜索”

B. 截词检索也是一般数据库检索中常用的方法。但在一般的数据库检索中,截词法常有左截、右截、中间截断和中间拦截 4 种形式

C. 词组检索是将一个词组当作一个独立运算单元,进行严格匹配,以提高检索的精度和准确度

D. 通过范畴检索可以把查询内容范围限定在网页标题中,有时能获得良好的效果

(二) 多项选择题

1. 评价一个搜索引擎优劣的最通用的性能指标包含(　　)。

A. 查准率

B. 查全率

C. 死链比率

D. 响应时间

E. 索引库更新频率

2. 一个元搜索引擎由(　　)组成。

A. 检索请求提交机制

B. 检索接口代理机制

C. 检索结果显示机制

D. 检索代理用户机制

三、简答题

1. 简述全文数据库的概念和特点。
2. 简述全文检索系统的概念。
3. 简述搜索引擎的概念。
4. 简述搜索引擎的工作原理。
5. 简述布尔逻辑检索、截词检索和词组检索的概念。
6. 简述元搜索引擎的概念和组成。

第八章　信息组织的典型应用

信息组织,从信息获取到信息的高效利用,离不开各类方法和工具手段。随着技术的发展,各行各业针对信息资源开发利用,都总结了一整套解决方案。本章针对目前较为成熟的数字图书馆、电子商务系统和社交媒体进行了深入剖析,介绍了完整的信息组织过程,有助于更好地理解信息组织活动。

第一节　数字图书馆的信息组织

一、数字图书馆概述

1945 年,Vannevar Bush 便发表了关于“memex”的设想,人们至今还将之称为最早将计算机用于情报检索的设想,memex 是一个以缩微制品为基础的机械设备,并提出超文本(Hypertext)的设想。

20 世纪 50 年代,传统图书馆开始了其自动化的漫长历程,首先是将穿孔卡片用来自动处理图书馆业务操作流程,之后又随计算机技术的发展而逐步建成计算机化图书馆集成系统。1965 年,Licklider 将其对全计算机化的图书馆命名为“未来的图书馆”(Library of the future)。10 年以后,1978 年,兰卡斯特(Lancaster)发表了轰动一时的“无纸的图书馆”的预言。同样在 20 世纪 70 年代,Ted Nelson 在 1974 年发明并命名了“超文本”(Hypertext)和“超空间”(Hyperspace)概念。1993 年由美国国家科学基金会(NSF)、美国国防部尖端研究项目机构(DARPA)、国家航空与太空总署(NASA)联合发起的数字图书馆起步工程(Digital Library Initiative,代号 DLI),其中 1994—1998 阶段被称为 DLI 第一期工程,或 DLI-1,第二期工程 1999 年正式开始,被称为 DLI-2。“数字图书馆”由此被计算机科学界、图书馆界等领域所采纳。

数字图书馆(Digital Library)是用数字技术处理和存储各种图文并茂文献的图书馆,实质上是一种多媒体制作的分布式信息系统。它把各种不同载体、不同地理位置的信息资源用数字技术存储,以便于跨越区域、面向对象的网络查询和传播。它涉及信息资源加工、存储、检索、传输和利用的全过程。通俗地说,数字图书馆就是虚拟的、没有围墙的图书馆,是基于网络环境下共建共享的可扩展的知识网络系统,是超大规模的、分布式的、便于使用的、没有时空限制的、可以实现跨库无缝链接与智能检索的知识中心。

“数字图书馆”作为知识经济时代的必然产物,拥有覆盖范围最广的公共信息中心和信息资源数据库,其重要的功能将更多地在人们的数字化生活中得以全方位的体现。

图书馆不断提升服务理念的基础,以满足读者提出更高的需求,走向数字图书馆服务模式。移动阅读作为数字阅读的深化应用阅读形式,克服了需要计算机、网络以及固定位置才能进行数字阅读的限制,极大地满足了人们数字阅读时的随意性,不受设备、场地的限制,所以数字图书馆将会因为引入移动数字阅读而带来大量的读者,引起一场图书馆阅读模式的大革命。

图书馆服务的理想目标,本质就是信息服务无处不在,无时不在。任何读者可以在任何地点、任何时间获取图书馆的任何图书资源。而图书馆的服务从过去的印刷本的借阅到数字图书馆的建设属于上了一个台阶,而数字图书馆进入移动图书馆服务则会使图书馆的服务达到一个新的台阶,真正实现图书馆的理想目标。移动设备使用量在目前已超过计算机,成为主流信息获取设备,而顺应历史潮流也是图书馆发展的必然方向。

二、数字图书馆的目标与功能

建设数字图书馆没有完全相似的模式可借鉴,但通常有以下建设思想:

(1) 以服务为导向,把满足教育、教学和科学研究需要,作为确定数字图书馆定位、资源建设、实施原则、创新的重要依据。

(2) 以资源建设整合为核心,在不改变资源所有权、管理隶属关系的前提下,把分散在教育、科技和文化等各大领域的信息资源有机地整合起来,统一对外服务,提高查全查准率,并实现一站式检索的高效服务性能。

(3) 以高水平的技术、服务为保障,支撑数字图书馆安全平稳运行。

数字图书馆建设总体目标为利用信息技术,建成大规模、高质量的数字资源集群,通过互联网、移动通信手段,采用人工智能、海量存取、多媒体传输技术,向读者提供跨时空的信息服务,培养读者由喜爱用到习惯用,帮助读者随时随地获取有用信息。

数字图书馆系统从逻辑结构来看主要由对象数据库、元数据库、数据加工子系统、查询服务子系统、调度子系统等组成,如图 8-1 所示。

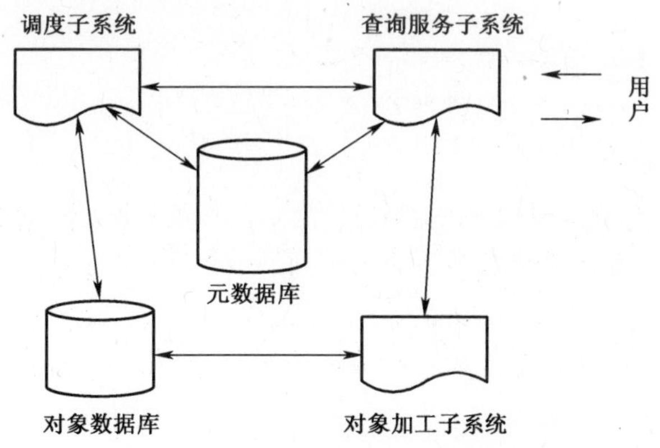

图 8-1 数字图书馆系统的逻辑结构

其中,元数据库和对象数据库是数字图书馆的资源库,存储和管理数字对象的数据体、元数据及其他信息。资源库常常分布于不同地点。数据加工子系统负责对数字信息(数字化的文本、图片、声音、影像等)进行加工整理,并将描述数字信息的元数据(即数字对象的元数据)归入元数据库,查询服务子系统负责为用户提供查询服务。调度子系统是一个为数字图书馆资源提供分布式目录服务的计算机系统。

数字图书馆的核心功能为统一检索及文献传递。以云存储的海量中外文元数据库为基础,以元数据整合技术、知识挖掘与知识聚类技术、网络信息传递技术等先进技术,解决本馆资源的全面整合,实现一站式检索和资源导航与调度,建立与外界各类图书馆资源平台的联合服务通道。具体如下:

1. 元数据搜索

推荐的主要搜索方式,通过搜索元数据仓储中已经收割预处理好的元数据,搜索结果无重复,对于同一篇文章同时多个数据商都有的情况,可以列出文章出自多个数据商列表,检索结果清晰统一。

2. 全文检索

支持对文章内容的全文检索。

3. 快速检索

快速检索功能帮助读者像利用搜索引擎一样检索学术资源。图书馆可自定义多个快速检索集并自由排序,供初级读者选择检索。

4. 多面搜索

检索任何一种资源时,同时显示其他相关资源信息;检索一个面时同时获得其他各方面对信息的揭示内容,如图 8-2 所示。

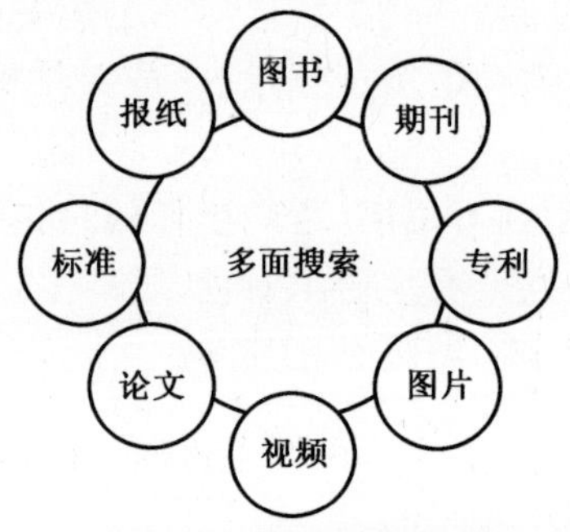

图 8-2 整合搜索结果

5. 检索结果整合

支持对检索结果的统一格式显示,支持排序、合并和去重。可分别查看中间及最终检索状态、各库检索结果或者合并检索结果,并且能够对合并检索结果进行聚类和分组。

6. 资源导航

可通过字顺列表、主题分类及其他查找方式,对各种电子资源进行导航。

7. 资源调度

资源调度系统对文献之间错综复杂的关系进行了有序地动态管理和链接。遵循就近最快原则。对不同资源设立权重,根据客户端来源情况判断优先调度最快资源。权重依次为:通过对元数据查重合并,检索结果不显示重复记录,但可以同时查看到一篇文章所有资源提供商全文链接,用户可识别选择使用任意一个链接;体现自动传递优先于人工传递原则。对于常用资源实现自动传递,自动传递无法判断的需求自动转到人工传递队列,如图 8-3 所示。

8. 文献传递功能

(1) 文献传递服务:文献传递系统嵌入在资源检索系统中,根据检索结果可直接发请

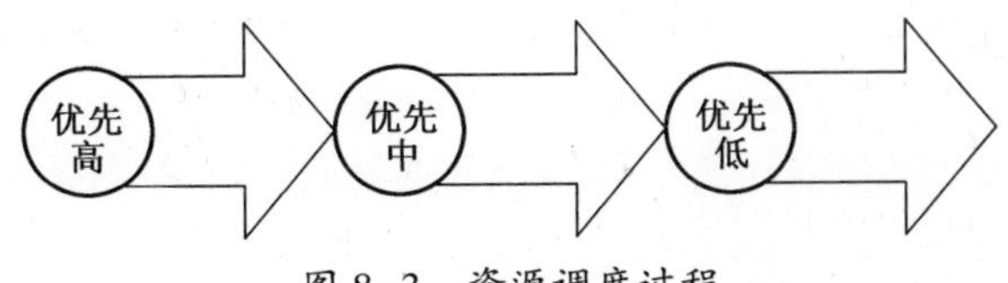

图 8-3 资源调度过程

求到文献传递系统,由系统自动分发到所有系统成员馆,任一成员馆"抢答"请求时,传递均可实现。

(2) 传递管理:具有用户管理、账户管理、事务管理、统计报表、系统管理等基本功能。

文献服务统计集成:文献传递系统和元数据仓储的统一检索系统集成,用户检索出所需的结果后,可直接请求文献。系统和文献服务统计系统无缝集成,可实现单位和单位间的服务统计功能。

(3) 文献服务统计管理:本馆借阅传递申请;外馆借阅传递申请;馆际文献传递事务处理;提供馆际咨询员工作量统计、用户申请统计报表功能。

另外,移动数字图书馆是数字图书馆的一个分支,它具备数字图书馆的一般特征,同时还具备"可移动"的特征。这种"可移动"的特征表现在,普通用户和读者可以不必依赖于 PC 来实现数字资源的浏览、下载和阅读,用户和读者可以通过手中的便携数字图书阅读设备(如手机、MP3/MP4、PDA 等手持阅读器以及笔记本计算机等)来浏览、下载、阅读和欣赏数字资源的一整套系统。

移动阅读作为数字阅读的深化应用阅读形式,克服了需要计算机、网络以及固定位置才能进行数字阅读的限制,极大地满足了人们数字阅读时的随意性,不受设备、场地的限制。图书馆将因为引入移动数字阅读会扩大读者的使用范围,发挥更加巨大的作用。

目前,我国图书馆基本上是以传统图书馆为主,数字图书馆为辅助的局面。随着计算机网络技术和电子技术的快速发展,数字图书馆的发展将会有更广阔的前景。在不久的将来,图书馆发展成以数字图书馆为主、传统图书馆为辅的局面。

三、数字图书馆的实例

1992 年美国在制定"高性能计算机与通信"(HPCC)国家攻关项目中,将发展数字图书馆列入"国家级挑战"。除了美国,英国、法国、日本、德国、加拿大等国也都非常重视数字图书馆的研制与开发,纷纷制定了本国的信息社会发展计划,展开了对数字图书馆的研究。以下列举国内外多个数字图书馆项目的实例。

20 世纪 80 年代后期,美国就率先开始了数字图书馆的研究和建设,"美国记忆"(American Memory)是美国国会图书馆的数字图书馆试验计划,从 1989—1994 年,它选择并复制了一部分收藏,以数字化的形式在美国国内发布,向用户提供取自 100 多个历史收藏的 700 多万份数字化资料,这些资料包括数字化的历史文本、照片、地图、视频、音频等各种媒体形式。

美国国家数字图书馆计划建立在"美国记忆"成功的基础上,将上百万收藏品转换为数字形式并通过因特网访问。

"美国记忆"采用的文件格式包括:

(1) 对文本采用通用标记语言标准(Standard for General Markup Language,SGML)编码或采用可移植文档格式(Portable Document Format,PDF)。

(2) 对图像照片采用标签图像文件格式(Tag Image File Format,TIFF)存储或采用联合图像专家组(Joint Photo-graphic Experts' Group,JPEG)编码压缩存储。

(3) 对于没有行业标准的地图数字文件,则采用新开发的高清晰图像库(Multiresolution seamless image database,Mrsid)格式技术。

(4) 对声音文件,采用供下载后使用的微软公司声音格式 WAVE 和供在线实时传输的 RealAudio 两种格式存储。

(5) 对于高清晰度视频动画资源采用运动图像专家组(Motion Pictures Experts Group,MPEG)格式存储,对于清晰度低的动画则采用动态影像的 QuickTime 格式。

目前,"美国记忆"的主要内容已整合到美国国会数字图书馆中,并采用了多种信息组织方法,提供多种检索、浏览方式,如图 8-4 所示。

图 8-4 美国国会数字图书馆

California Digital Library(加利福尼亚数字化图书馆):由加利福尼亚州政府支持的一个数字化图书馆项目,建立于 1997 年,被称为没有围墙的图书馆,加州大学各分校、加州州立大学、加州科学院、加州历史学会等多家学术机构参与了这个项目。

DESIRE 项目(欧洲研究与教育信息服务之发展):DESIRE 项目由来自欧洲的 4 个国家(荷兰、挪威、瑞士、英国)的 10 个协会联合工作,主要目的是通过增强现有的欧洲信息网络,提高对资源的存储、发现、组织等服务。

Digital library initiative(数字图书馆先导研究计划)分为两个阶段:第一阶段主要侧重于数字化图书馆的技术研究;第二阶段主要侧重于数字化图书馆的收藏。它由美国国家科学基金会(NSF)、美国国防部高等研究计划机构(DARPA),及美国航空既太空总署(NASN)合资赞助。为提供资迅系统与服务给各界的使用者,使其能取得分散不同地区且具一致性的资迅,此研究目标在于透过通信网络,大幅提升收集、储存、组织数字资迅的方法,使其便于搜寻、存取及处理。

美国伯克利大学 SUNSITE 数字化图书馆:该站点建立了数字式的收藏,并提供全球开发者有关数字化图书馆方面的信息和支持。由加州大学伯克利分校图书馆和 SUN 公司支持。

电子文化地图先导研究计划(Electronic Cultural Atlas Initiative,ECAI):该项目采用 GIS(Geographic Information Systems)系统,将电子地图与当地各种电子资源(不同的资源可以采用不同 Metadata)相结合,使其便于收集、查询。该项目的主要参与机构:California Digital Library,Griffith University ACASIAN,Ohio State University - The Huntington Archive of Buddhist Art,University of California Berkeley,University of Sydney。

Digital Library Federation(DLF)是一个图书馆和相关机构的联盟,主要倡导利用电子信息技术扩展图书馆的馆藏和服务。

Reference Model for an Open Archival Information System(OAIS):美国空间数据系统咨询委员会于 1999 年提出开放档案信息系统参考模型(Reference Model for an Open Archive Information System),已日益被接受为数字信息长期保存系统基本构架,并已作为 ISO 标准草案。

The Collaborative Digital Reference Service(CDRS)是由美国国会图书馆牵头开展的 CDRS 计划,借助所有的学术、公共、政府图书馆的网络和信息资源,提供网上专业参考服务。

ARL Statistics & Measurement Program:Statistics & Measurement Program 是 Association of Research Libraries(ARL)牵头进行的统计项目,收集并整理关于图书馆馆藏、人员、服务等方面的描述性和量化数据。

中国数字图书馆工程是运用现代高新技术所支持的国家级数字资源系统工程,按照国际上数字图书馆的主流技术方案,采取自主开发与引进相结合的方式,建设分布式、可扩充的、具有自主版权的中国数字图书馆系统。目前,中国国家数字图书馆与中国国家图书馆合并,并采用了多种信息组织方法,提供多种检索、浏览方式,如图 8-5 所示。

清华大学建筑数字图书馆是从中国建筑史中一个重要片断——中国营造学社与梁思成生平为主线构建的。是由清华大学图书馆,计算机科学与技术系,清华大学建筑学院三方合作共同研制开发的。

清华大学数字图书馆研究:清华大学图书馆整理的一些关于数字图书馆的相关资源的站点和相关名词的解释。

上海数字图书馆:按文献特征分成九大系列:上海图典、上海文典、点曲台、古籍善本、科技会议录、中国报刊、民国图书、西文期刊目次、科技百花园。该站点包括上海图书馆研究报告、翻译资料、国内外关于数字图书馆的论文资源以及一些研究元数据的站点。

中国高等教育文献保障系统:中国高等教育文献保障系统(China Academic Library & Information System,CALIS),它是经国务院批准的我国高等教育“211 工程”总体建设规划中两个公共服务体系之一。

国家科技图书文献中心是一个虚拟式的科技信息资源机构,由中国科学院图书馆、工程技术图书馆(中国科学技术信息研究所、机械工业信息研究院、冶金工业信息标准研究院、中国化工信息中心)、中国农业科学院图书馆、中国医学科学院图书馆组成。国家科

图 8-5　中国国家数字图书馆

技图书文献中心目前收藏有中外文期刊、图书、会议文献、科技报告、学位论文等各种类型、各种载体的科技文献信息资源，面向全国提供馆藏文献的阅览、复印、查询、检索、网络文献全文提供和各项电子信息服务。

中国科学院国家科学数字图书馆（Chinese National Science Digital Library，CSDL），国家科学数字图书馆是中国科学院知识创新工程的重要组成部分和科技现代化的支撑体系，其目标是为科研人员服务，在数字图书馆机制上有效地支持科学研究和知识服务。

《我国数字图书馆标准与规范建设》项目（CDLS）是科技基础性工作专项资金重点项目。主要针对数字图书馆系统的数字资源建设与服务，制定我国数字图书馆标准规范发展战略与标准规范框架，制定数字图书馆核心标准规范体系，建立数字图书馆标准规范开放建设与开放应用机制，促进我国数字图书馆的快速、经济和可持续发展。

第二节　电子商务系统的信息组织

一、电子商务概述

近些年，随着互联网的兴起而兴盛起来的电子商务吸引了各新闻媒体、企业和政府的广泛关注。报道、评述、研究和探讨电子商务的文章充斥着各类报刊的大小版面；各大 IT 厂商纷纷推出自己的全面的解决方案，在电子商务上大做文章；各国政府及众多国际组织讨论推出的政策性文件也一个接一个；电子商务似乎一时间成为信息技术这条河流中一个最大的浪头。

电子商务（Electronic Commerce）是以信息网络技术为手段，以商品交换为中心的商务活动（BusinessActivity）；也可理解为在互联网、企业内部网和增值网（Value Added

Network,VAN)上以电子交易方式进行交易活动和相关服务的活动,是传统商业活动各环节的电子化、网络化、信息化;以互联网为媒介的商业行为均属于电子商务的范畴。

电子商务起源于网络计算机,网络计算是电子商务的基础,因而没有网络计算,就没有电子商务。电子商务是以信息技术为基础的商务活动,必须通过计算机网络系统来实现信息交换和传输。计算机网络系统是融合数字化技术、网络技术和软件技术为一体的综合系统,因此电子商务的实施和发展与信息技术发展密切相关,也正是信息技术的发展推动了电子商务的发展。可以说,电子商务发展的前提是网络环境的完善及网络技术的发展。由此可将电子商务的发展大致分为三个阶段:

(1) 早期阶段:早在1839年,当电报刚出现的时候,人们就开始了对运用电子手段进行商务活动的讨论。当贸易开始以莫尔斯的点和线的形式在电线中传输的时候,这标志着运用电子手段进行商务活动的新纪元。

(2) 应用互联网的阶段:1994年以后,人们开始利用互联网进行商品促销,同时利用多媒体技术开展商品的图像广告,介绍产品,达到形象化的促销活动,并直接进行商业交易活动。

(3) 实现电子商务的互联网应用阶段:1997年以来,人们逐渐实现了网上购物(包括顾客任意选购所需商品,同时实现付款结算等交易过程)以及企业之间的网上交易。这就是学界和商业机构通常讨论的B2B、B2C和C2C。

现代电子商务是随着互联网技术的不断发展和基于全球多媒体信息交流技术万维网的运用及Java语言的兴起的。不断的技术发展和技术更新是推动电子商务不断发展的技术动力。随着互联网规模以及技术的不断发展,处理器的速度会越来越快以及存储介质价格的不断下降使得个人和企业的计算机能力不在受时间和容量的限制,这为电子商务提供了越来越优良的技术应用平台,也必然促进电子商务向更高级的形式发展。

在传统的经济与商业模式中,公司作为一个将若干人、物、资金及信息协调地集合在一起的组织,存在的理由通常在于信息管理的成本。一方面,将生产过程中的每个环节都变成独立的买方和卖方的做法是低效的,没有利润的;另一方面,企业的规模和所涉足的领域无限扩大,虽然可以减少交易环节,节约交易成本,但由此增加的管理成本代价更大。因此传统的企业都有一个明确的专业分工,生产厂商和最终的消费者之间需要中介公司专门从事供需协调方面的调节活动,以使整个社会能获得较合理的总成本。但这种传统模式带来的问题也不少:首先,消费者可以得到的一部分效用将会被中介公司抽走;其次,供需环节的分离会影响消费者的选择权利,甚至会造成经济虚假繁荣。

电子商务的兴起正可以改变这种尴尬的状况。电子商务会给企业带来多大影响,没有人能确切知道,但可以肯定地说电子商务开展的好坏,动作的快慢将关系到未来企业的生存和发展。

在今天,成本、效率和客户关系已经成为构成企业核心竞争力的关键因素,而电子商务与企业的传统商务活动方式相比,正好能帮助企业降低有形资产的包袱,提高运作效率和管理速度,同时与客户建立更紧密的关系。

实施电子商务对于企业未来发展的意义不仅仅是一种新的销售渠道、新的广告传播及加快交易进程的工具,实际上它带给企业的是一种新的商业模式。与传统经济模式相比,电子商务具有无可比拟的优势。

(1) 交易虚拟化:通过以互联网为代表的计算机互联网络进行的贸易,贸易双方从贸易磋商、签订合同到支付等,无须当面进行,均通过计算机互联网络完成,整个交易完全虚拟化。

(2) 交易成本低:电子商务使得买卖双方的交易成本大大降低,具体表现在:距离越远,网络上进行信息传递的成本从而降低了信息成本。买卖双方通过网络进行商务活动,无须中介者参与,减少了交易的有关环节。卖方通过互联网络进行产品介绍、宣传、避免了在传统方式下做广告、发印刷品等大量费用。电子商务实行"无纸贸易",可减少90%的文件处理费用。互联网有利买卖双方即时沟通供需信息,使无库存生产和无库存销售成为可能,从而使库成本降为零。

(3) 交易效率高:由于互联网络将贸易中的商业报文标准化,使商业报文能够在世界各地瞬间完成传递与计算机自动处理,将原料采购、产品生产、需求与销售、银行汇兑、保险、货物托运及申报等过程无须人员干预并能在最短的时间内完成。电子商务克服了传统贸易方式费用高、易出错、处理速度慢等缺点,极大地缩短了交易时间,使整个交易过程快捷、方便。

(4) 交易透明化:买卖双方从交易的洽谈、签约以及货款的支付、交货通知等整个交易过程都在网络上进行。通畅、快捷的信息传输可以保证各种信息之间互相核对,可以防止伪造信息的流通。

正是以上这些特点和优势决定了电子商务在以后市场竞争中不可或缺的地位,可以毫不夸张地说错过电子商务,其实就等于错过了一个时代。

随着计算机技术的发展和网络人口的增加,相信要不了太长时间,顾客就可以在网络世界上获得他们在现实世界上可以获得的所有商品和一切服务。而对于企业而言,放弃网络世界,忽视这些日益膨胀的网络人民就意味着放弃一个新兴的、迅速增长的无限大的市场。这是任何一个有远见的企业家所不能承受的。

根据美国国际数据服务公司的统计数据表明,到1999年,全球的电子商务市场是由1.2亿多拥有计算机、电话和Modem的互联网用户组成,并以每年70%的速度在增长,互联网上的信息流通量更是每100天就翻一翻。2005年,全球的上网的用户达到10亿,电子商务的交易量也从1998年的800亿美元上升到2002年的4260亿美元甚至更多。显而易见,这是一个令人振奋的,正以爆炸般的速度扩张和发展的、全新的市场,各公司都纷纷采取行动扩展自己的电子商务事业。这样的观念将深入人心:电子商务的出现既是机遇也是挑战,抓住机遇,迎接挑战,谁就能赢得了未来。

二、电子商务系统的元数据组织

电子数据交换(EDI)是电子商务的先驱和早期形式,它产生于20世纪60年代。这种早期的电子数据交换方式,要求商业伙伴之间建立相同的信息管理系统,它优化了企业之间的采购过程,几乎消除了纸面作业和人工干预。国际标准化组织(ISO)对EDI的定义是:根据商定的交易或电文数据的结构实施商业或行政交易从计算机到计算机的电子传输。而通俗地讲,EDI是将业务文件以标准化、规范化的电子文件格式,通过网络系统直接进行信息业务的交换与处理。

但是,早期的或者说是传统的EDI存在着明显的弱点:初期投资成本较高,专网连接使得大多数中小企业难以承受。随着互联网的发展与普及,互联网将 EDI 从专用网扩大到了互联网,为 EDI 提供了一个较为廉价的服务环境,较好地满足了大量中小企业使用 EDI 的需求,也给 EDI 带来了新一轮的发展机遇。

XML 解决了创建 EDI 所要解决的主要问题:可以构建 Web 服务来跨越多个应用程序和供应商进行通信。基于 XML 的电子商务系统元数据标准 ebXML 现在为公司提供了一种更方便地集成其过程的方法。ebXML 是基于 XML 的,它为企业提供了确定应该交换什么信息和如何交换的方法,还提供了一组允许该过程自动化的规范。

ebXML(Electronic Business using eXtensible Markup Language),是一个开放性的电子商务建构标准,它是 OASIS 组织(Organization for the Advancement of Structured Information Standards)和联合国 UN/CEFACT 小组(United Nations Centre for the Facilitation of Procedures and Practices for Administration,Commerce and Transport)共同发起的一项计划,旨在建立基于 XML 的全球电子商务数据交换的标准。

ebXML. org 主页提供了以下简短定义:ebXML 是一个规范集,这些规范共同实现了模块化电子商务框架。ebXML 的构想是实现一个全球电子市场,其中,不同规模和不同地区的企业可以通过交换基于 XML 的消息来合作和进行商业活动。

ebXML 架构由不同的模块构成,因此每个模块均有专司其职的工作小组,负责研发该模块的技术与规格。ebXML 计划涵盖面相当的广泛,主要包括以下的内容:

(1) 提供定义业务流程与相关信息内容所需的方法。

(2) 提供定义商业对象与流程注册所需的方法。

(3) 提供定义企业商业与技术信息所需的方法。

(4) 提供定义交易伙伴协议所需的方法。

(5) 建构商务数据的传输方法。

作为一种电子商务标准,ebXML 提供了企业间相互发现并达成商业合同的业务流程,图 8-6 给出了企业之间基于 ebXML 的交互过程。“企业 A”将首先查询“商务信息数

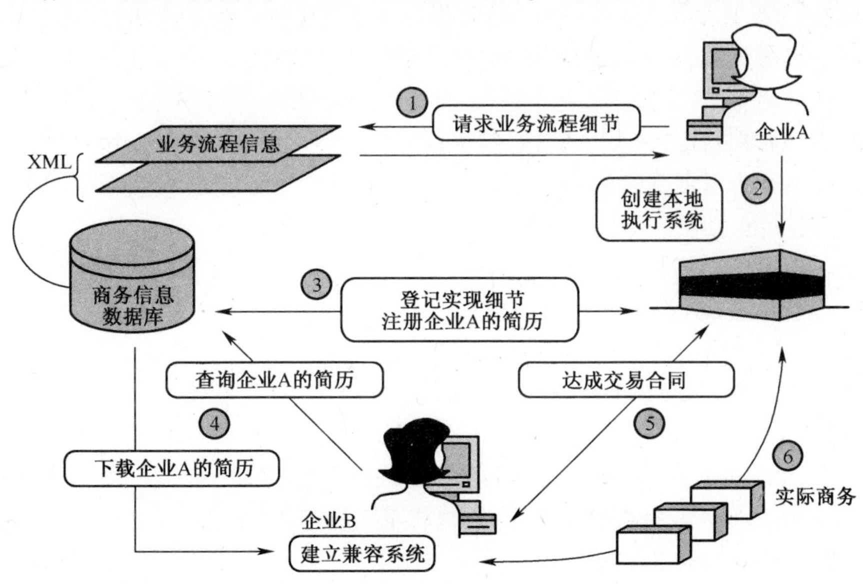

图 8-6 企业之间基于 ebXML 的交互过程

据库”中的内容,特别是可以下载或就地查看的以注册的“业务流程信息”。这些信息将帮助“企业A”构建(或购买)基于ebXML的商务执行系统。

接着,“企业A”创建了企业简历,并向“商务信息数据库”注册它。“企业A”也可以向数据库中添加新的业务流程,或只是引用已有的业务流程。注册信息中包含了“企业A”可以扮演的商业角色,以及为扮演这些角色,“企业A”愿意使用哪种协议。

“企业A”注册之后,“企业B”就可以查看“企业A”的商务简历,以确定它与“企业B”的要求是否兼容。如果“企业B”认可“企业A”的简历,便可建立与之兼容的系统,并与“企业A”的执行系统进行自动协商,以达成的交易合同。

最后,这两家公司开始处理实际商务(例如,从一地向另一地发货,或提供服务)。实际商务涉及符合未来ebXML标准,ebXML也将有助于监控和验证这些现实世界的活动。

接下来,我们来讨论ebXML系统中的一些关键环节:

1. 协同作业协议

协同作业协议简历(Collaboration Protocol Profile,CPP)用以说明交易伙伴所具备的技术能力,以及进行交易时各项服务接口所必须遵循的规则。CPP是一种XML文档,它的基本数据包括联络信息、行业类别、支持的业务流程(Business Process)、接口的要求以及交换信息的要求等。此外,CPP中也可用以指明对于安全性的要求。各公司的CPP必须在注册机制中登录,以供其他交易伙伴查询并取得相关内容,据以建立双方电子化交易的协议。

协同作业协议合同(Collaboration Protocol Agreement,CPA)则是交易双方根据彼此的CPP所达成的协议,协议中说明双方CPP中的交集部分或是双方同意共同遵守的规则。一旦交易双方生成并同意了CPA,就可以使用这个文档配置各自得应用程序或业务服务接口(Business Service Interface),以便进行各项电子文件的交换。

2. 注册机制

注册机制(Registry & Repository)提供参与电子交易公司之间数据共享的机制。一个注册系统必须提供存取接口以便查询数据库中的数据项,允许查询的内容包含元数据(Metadata)与数据本身。数据库中的数据项必须拥有唯一的识别码供查询时识别之用。

在ebXML的整体架构中,注册数据库可以存放行业共享的核心组件(Core Component)、公司的业务流程文件(Business Process Document)、公司的CPP等文件,供其他交易伙伴查询,进而建立电子商务交易所需的各种消息或文件。

3. 消息服务

ebXML消息服务提供交易双方信息交换的机制,提供一个基于SOAP标准的技术和解决方案。一个ebXML消息分为Header及Payload两部分,其中Header包含了传输路由(Routing)方面的信息,而Payload则包含了真正要交换的商业信息。

4. 业务流程

业务流程(Business Process)文件规定了双方进行交易时必须遵循的流程,以及交易双方扮演的角色。ebXML并提供了一份业务流程与信息模型规范(Business Process and Information Meta Model)作为电子商务交易双方构建业务流程的指导纲要。一个业务流程是由一个或多个商业交易单元(Business Transaction)所组成,而每个交易单元都包含一项交换的商业文件(Business Document),商业文件本身则是由商业信息单元(Business Information Component)所组成。

业务流程可以由业务库或其他注册中心中记载的现有核心过程(Core Process)组成的。业务文档通常由注册中心中的核心组件(Core Component)组成。二者都是通过使用业务流程规范模式(Business Process Specification Schema,BPSS)记载的。核心过程与核心组件均存储于ebXML注册中心的数据库中,因此可以在CPP、CPA和其他文件中引用它们。

5. 核心组件

核心组件的主要目的是要抽象真实世界中商业交易所牵涉的信息概念,以及这些基本概念在特定交易处理当中如何组成一个更完整的商业信息合成单元(Aggregate Information Component)。ebXML核心组件开发团队的工作项目之一就是要开发一组电子商务交易所需的基本核心组件,建构一个核心组件库(Core Component Library),提供一般公司在构建ebXML系统时可以使用共同的商业语汇,进而提升系统间的互通性。核心组件的存取同样是通过ebXML注册机制来达成。

6. ebXML系统的设计与运行

ebXML整体流程可分为设计时期和运行时期两个阶段,如图8-7所示。在设计时期的阶段,一般公司可将公司的业务流程文件与CPP注册于注册中心的数据库系统中。交易双方可根据注册中心中的CPP协商产生共同遵守的CPA作为交易的准则。之后,双方即可进入运行时期的阶段,建立各自的商业接口并进行消息的交换。

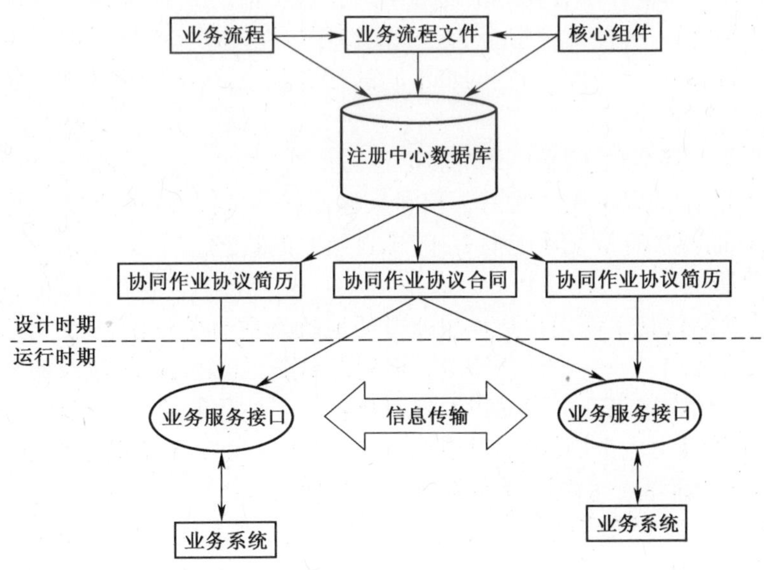

图8-7 ebXML系统的设计与运行示意图

三、电商网站的信息组织实例

结合信息组织的知识结构内容,根据电商平台不同的经营模式,电商平台的信息组织主要以用户体验和智能化为目标。下面以淘宝网为例讨论其信息组织方式。

随着淘宝网(包括天猫)的快速发展,淘宝网站的分类和标引体系也在不断进步和完善,逐步成为电子商务网站的领头羊,开启了电子商务网站商品分类和标引体系研究的热潮。淘宝网商品种类涉及日常生活中的方方面面,要想让用户在这海量的商品信息中找到自己喜欢的商品,淘宝网便需要将繁杂的商品信息进行选择、处理、序化。

1. 类目列表

淘宝网按类目列类的信息组织方式注重以事物为主题设置类目,强调类目设置的针对性,具体来说有如下特点:

类目列表不要求笼盖所有小类范围及所有信息,但是需要有很强的针对性,将淘宝网的主要访问人群作为视角,与用户生活紧密联系的事物作为重要类目,排列在网站的重要位置上,重点满足淘宝网使用用户注重生活、注重品质、注重风格的新时代需求。

类目设置的动态性很强,根据当下的热门商品及时调整类目设置:例如,3 月刚刚结束的巴黎时装周,开始流行新品"玛丽珍鞋",淘宝网便在"鞋靴"类目中马上推出"玛丽珍鞋"小类,便于女性用户搜索与查找,紧跟潮流热点。在过季后则会撤销这一类目设置,这种类目设置的方式符合淘宝网便民、快捷、以用户体验为中心的特点。

类目定名通俗简洁,汇集大众化的词汇,没有专业性很强的用语,因而契合使用者层次差异的需求差异。例如:女性时尚类用词;男性健身运动用词;在小类目过于繁多时,用红色标记最热门的类目,以便于老年人查找:进而也说明淘宝网在类目上的种类齐全,排列有序。

2. 话题聚类

淘宝网站的页面上有大量的主题关键词模块,是针对一些特定人群用户。通过关键词话题聚类的方法。整合所有同类的商品信息,这些有吸引力的话题让用户能够更快捷地查找感兴趣的商品;多种话题组合的方式使得用户在使用淘宝网的时候更加有效率,更能提高对用户的吸引力;另外,淘宝网将不同的话题信息划分在不同的数据库中,使信息在组织的时候更加条理化。

由此可见,话题聚类的信息组织的核心理念依然是以区分不同的消费群体为主,通过平台的话题分类、筛选以及用户间基于相同兴趣爱好和关注点,同主题、同类别的话题被聚合在一起,从而使信息从无序走向有序,即自组织的状态。

3. 个性化服务

在繁杂的商品信息中使用户更加快速方便地挑选更有价值的商品,也是现今淘宝网发展中的最大优势之一——个性化服务,网站凭照用户的浏览记录以及购买历史,在用户浏览网站中强调用户感兴趣的商品以及栏目推荐。个性化的信息不仅在页面内容上丰富多样,在使用者界面上也全面体现人性化。使用者在寻找自己需求的商品时,通常会利用"关键字"检索查找商品,这样极大地方便了用户搜索,或者用户在主页里进行搜索的时候可以进行标签的搜索,这种功能是淘宝网在用户进行信息组织时所使用的,也为商品信息的获取提供了方便。

第三节　社交媒体的信息组织

一、社交媒体信息组织概述

社交媒体(Social Media)指互联网上基于用户关系的内容生产与交换平台。社交媒体是人们彼此之间用来分享意见、见解、经验和观点的工具和平台，现阶段主要包括社交网站、微博、微信、博客、论坛、播客等。社交媒体在互联网的沃土上蓬勃发展，爆发出令人眩目的能量，其传播的信息已成为人们浏览互联网的重要内容，不仅制造了人们社交生活中争相讨论的一个又一个热门话题，两个连接词重复吸引传统媒体争相跟进。

1969 年，美国国防部的研究部门"高级研究计划局"(ARPA)实现了最早的计算机互联，但 ARPA 网是封闭的。针对这一情况，名为 Netnews 的分散性讨论系统建立，后更名为 Usenet，任何用户可以在任何新闻组中发帖或回复已有留言。20 世纪 80 年代，BBS 开始盛行，形成早期基于计算机的信息交流平台。中国 1994 年接入互联网，国家智能计算机研究开发中心开通曙光 BBS 站，最早的社交媒体由此诞生。BBS 是基于话题进行讨论的论坛，它的出现让网民第一次脱离大众媒体实现聚集和交流，在单向大众传播模式外，有了双向互动交流的空间。围绕内容进行社交，互联网社交意识开始积累。

当今社交媒体已广泛存在于互联网应用的各个方面：虚拟社区、即时通信、移动直播、微博微信、音视频等。根据 eMarketer 的最新报告，2015 年中国用户所有媒体每天总用时为 6h8min。目前社交媒体也已形成多种传播形态和运营模式。

1. 平台型模式

随着互联网和新媒体的发展，社交媒体的组织形态也发生变化，并逐渐形成一个个强大的媒介平台。媒介平台是通过某一空间或场所的资源聚合和关系转换为传媒经济提供意义服务，从而实现传媒产业价值的一种媒介组织形态。媒介平台的功能是聚合资源、响应需求、创造价值。微博、微信就属于典型的平台型社交媒体。意义服务是媒介平台的存在基础和核心价值，即通过各种技术手段、服务产品和聚合平台，为传媒经济提供运行的基本条件。

相较于其他类型的社交媒体，微博的媒体属性更突出，微博成为当今中国最大的公共信息发布平台，并对当下中国的网络舆论产生巨大的影响力，尤其是遇到突发性公共事件的时候。与此同时，社交媒体成为基于用户社会关系的内容生产与交换平台，从而把新媒体经济导向关系经济。

相较于微博聚合内容的平台模式，微信更趋向于服务型平台模式。微信的核心服务是即时通信，通过语音、扫二维码、摇一摇附近的人等通信类服务，满足用户的社交需求，增强用户黏性。此外，微信也通过连接其他平台和媒体，接入新应用来提供更多服务，而其中最关键的是微信支付。通过嵌入互联网金融服务功能，微信与其他互联网服务实现连接，如手机充值、购票、电商，从而实现服务的创新和无限延展。通过这样一系列的聚合与接入，微信成为无所不包、既有社交娱乐又有生活服务的平台型媒体。

2. 社群型模式

随着互联网的发展，人类的社会关系经过血缘关系、地缘关系、业缘关系，发展到"虚拟关系"，社交媒体成为个人构建网络关系的重要手段。社交媒体的出现充分证明媒介即关系，新媒介即新关系。网络社群即是基于社交网络形成的新的关系群体。

艾瑞咨询《2016 年中国网络社群研究报告》显示网络社群与群成员沟通最常使用的平台中，微信群排名第一，QQ 群排名第二，微信公众号排名第三。可见，具有即时通信功能的社交媒体最易成为社群型社交媒体。微信即是当前最典型的社群型社交媒体，其他的诸如豆瓣、知乎等垂直化的社交媒体也属于社群型媒体。

社群是有共同爱好、需求的人组成的群体，有内容、有互动，由多种形式组成。而互联网的连接特性，以及互联网以人为中心的趋向，导致了“社群”的出现与繁荣。“社群”的概念更强调社区中的人，以及群体的归属感和群体意识，即社群是以一种强关系维系起来的。2002 年，QQ 群聊功能推出，线上社群形态出现；随后，论坛、BBS 等网络社区兴起；SNS 网络的出现，使网络社群初具规模，社群的个性化垂直细分更加突出；到微信出现，便捷的即时通信功能，使不同社群成员间的互动更加频繁，网络社群内部关系也开始出现网状结构。

具体而言，微信的社群化社交特征主要表现在两方面：微信群和微信公众号。微信群是微信中小规模的多对多互动空间，有基于强关系建构的微信群，它是对现实关系的一种补充，具备现实熟人关系产生的信任感，如家庭群、工作群。也有基于弱关系形成的微信群，以趣缘为基础建立起来的微信群，成员之间的关系可以是熟人也可以是陌生人，通过话题讨论和不断互动，成员逐渐产生融入感和归属感，从去中心化的互联网又回归到再中心化的社群，再中心化的网状社群关系是社群型。

社交媒体较为理想的模式，社群型社交媒体带来了一种新的关系建构的方式。社交媒体的价值观传播正在重构我们的社会关系，不但打破了传统媒体的“面”上传播关系，更是打破了我们社会一直以来“差序格局”的社会关系建构方式。

3. 工具型模式

不是所有社交媒体都能像微博、微信那样做成社交平台，社交媒体的最显著特点，就是其定义的模糊性、快速的创新性和各种技术的“融合”，工具型社交媒体把社交工具化，把社交作为互联网产品中的重要元素而不是主导元素，即用社交的思维做工具产品。如滴滴出行、网易云音乐、虎扑体育等，在此类社交媒体中社交只是工具，服务才是目的。

工具型社交媒体的一个特点是场景，即基于移动互联网的应用场景，它包括五个核心要素：移动设备、社交媒体、大数据、传感器、定位系统。社交通过与工具使用场景的适配，更好地实现用户的接入。因此，工具型社交媒体的模式，是建立在满足用户刚需的基础上，再根据应用场景开发出适合的社交应用，如基于位置的打车服务不仅是移动互联网的应用，实际上已是一个物联网的应用。

4. 泛在型模式

泛在型社交媒体模式，不是指一种独立形态的媒体，而是以社交属性的内容和服务“嵌入”各类媒体形态中，既可以被新型媒体所应用，也可以为传统媒体所吸纳。更准确说，泛在就是一种无处不在的社交连接。

移动互联网的发展，突破 PC 互联网的空间限制，移动社交已广泛存在于各类媒体和非媒体中，社交媒体呈现一种泛在化的态势。甚至时下火爆的网络直播也可以归入泛在型社交媒体的范畴，那些互动性很强的娱乐类游戏类直播实际上都是一种带有媒介属性的社交行为。许多运营者不仅希望能够将发布在社交平台上的内容变现，而且渴望发掘社交媒体的连接能力，连接一切成为新媒体最重要的运营理念。在移动互联网时代，二维码是互联网最主要的连接口之一，二维码可以在任何场景、任何时间、任何媒体上出现，而智能手机上的“扫一扫”功能让用户很轻易地实现了连接。此外，语音识别、指纹、眼纹等都可成为接入产品，更便捷、更安全的接入使得社交媒体的边界不断拓展，呈现一种无社交不传播的态势，同时也开始进入万物皆媒的社交媒体时代。

社交媒体以上四种模式并不是固化的单一形态,而是相互连接相互依存,不断融合不断创新,并存于一个错综复杂的社交网络生态中。而其中的大数据、云计算、人工智能、VR/AR、机器人等新科技也在影响着社交媒体的发展。

与传统网站相比,社交媒体可以使更多的用户参与到信息组织之中,用户既是信息的使用者,也是信息的创作者、加工者,这使得用户的积极性大大提高,也使信息内容更加丰富多样;可以使信息更好地共享,通过引用、类聚等技术,大为加强了信息的流通速度,同时也提高了信息资源的共享程度;社交媒体有更好的用户界面便于用户更方便的操作,其大为提高简易便捷性,例如用户在上网的时候通过博客就可以发表个人见解;它弥补了原有的软件的缺陷,有定期软件发布,有持续的改进,有许可证,有平台转移,有开源的操作系统和可以伸缩的网络;它采用实名制和真实个人资料,提高了信息真实可靠性。

二者的区别可总结为:社交媒体是个人化和去中心化的,传统网站是群体化的;社交媒体是互动式的,传统网站是广播式的;社交媒体是以服务为核心的,传统网站是以信息为核心的。与传统网站相比,社交媒体有下面几个方面的特性:个性化的传播方式、读与写并存的表达方式、社会化的联合方式、标准化的创作方式以及便捷化的体验方式。在社交媒体所提供的开放共享的网络环境下,社会全体人员一起主动的参与互联网信息的发布、内容的建设及功能的完善,充分体现了平等、民主、自由的互联网精神,社交媒体的兴起是互联网向个性化回归的表现。

二、社交媒体的信息组织方式

信息组织的存在一种比较普通的社会行为,是保证人类活动有秩序地运行的前提保障。信息组织是将无序的信息资源按其外部特点和内部特点使之变的有序化,然后进行重新操控,其目的在于提高信息服务的高效性和可控性。信息组织的起源于计算机技术的广泛使用和网络通信技术的快速普及,近年来,信息组织在我国得到了突飞猛进的发展,已经成为当前图书情报界研究的一个热门问题。

传统网站到社交媒体的转变,从模式上是单纯的只读,向可交互发展;从基本构成单元上,是由网页向发表信息发展;从工具上,是由互联网浏览器向各类浏览器、阅读器等发展;作者由程序员等专业人士向普通用户发展。社交媒体环境下信息提供社会化,信息组织的主体由图书信息专业人员变为网络中提供信息的用户,因为他们需要以某种方式发布信息,也需要对自己的网站或数据库中的信息加以管理和利用。

社交媒体环境下的信息组织的特征包括:

(1) 组织类型多样。可以组织和检索多种类别的信息资源,符合信源分布分散的实际情况。社交媒体的应用包括各类信息资源,其中包括文本、超链接、图形文件等,不同类别的资源需要按照不同的方法给以组织和检索。

(2) 满足用户需要。应该符合用户的不同需要,让用户搜索出有序的信息。社交媒体的信息活动是围绕着用户开展的,信息的组织和检索也不应该脱离开用户而存在,社交媒体的信息组织根本上是要组织用户。社交媒体之所以受到广泛的关切,在某种程度上和它以人为本的特性密不可分。

(3) 与新技术结合。应该注意与新技术的结合,特别应该重视 RSS 对信息组织的影响。在社交媒体中得到广泛利用的 RSS 技术,采用了向用户推送的原理实现信息组织,给用户输出有序、有价值的信息。

(4) 实现深层挖掘。应该实现信息的深层挖掘,由于社交媒体的草根性,社交媒体的内容有好有坏,有价值的专业分析讨论与各种杂谈混合在一起,信息组织不仅仅要把信息有序化,还应把重点放在对信息价值量的测量,按价值量的高低不同做出不同处理。信息检索也要去伪存真,加强了检索全面性和准确性。

社交媒体环境下的信息组织的方式包括:

(1) 分众分类。社交媒体环境下的信息分类采用的是分众分类。目前关于分众分类这一概念的定义还没有完全一致的意见,现今网络上普遍采用的一种定义是:分众分类是"群众"自发性定义的平面非等级标签分类。分众分类与传统网络信息分类方法最大的不同之处在于,它并不采用严格的分类标准,其分类全部由用户直接提交,分类的形成过程完全是自发的。

在社交媒体中,Tag 的自发性使得用户可以根据自己的兴趣和需要随意地对资源进行不同的分类管理,它使互联网信息变得更为有序,更贴近互联网用户的个人感受及情感体验。它不是机械分类的排序,而是更富有人性化的秩序。因此,Tag 不仅仅是一次信息分类方法的改变,同时也代表了网络传播行为和传播方式的革命性进步。

(2) 信息自组织。自组织系统的产生有 4 个前提,即系统的开放性、诸要素远离平衡、要素间非线性相干及存在涨落。社交媒体环境下的互联网是一个复杂的自组织的信息系统。它是一个开放的系统信息系统,任何人都可以在网络上发布信息,使信息组织和流通从他组织或被组织向自由、从下而上的信息生产方式转变,系统时刻与外界交换能量与信息;信息一直处于动态发展变化之中。

在社交媒体中,从个人网站到博客,从门户式的标题目录到个性化的标签,无不体现着信息自组织的特征和功能。用户能根据自身使用网络信息的习惯需求来选择性的实现信息的单项主动传递,明确信息与自身价值判断体系的耦合来实现信息的获取。

社交媒体通过某个主题把用户联系起来,用户之间利用开放式的信息沟通方法分享互动,根据共享的原则协作促成互联网从无虚变为有序。总之,在社交媒体环境下,以自组织为中心,用户与用户之间,个人创造的内容与内容之间,都是以不同的自组织方式架构起来。以自组织的方式让人、群体、内容和应用等充分"动"起来,力量得到了最大程度的爆发。

(3) 垃圾信息过滤。社交媒体的互动化、社会化和用户的自主化使得网络内容非常冗杂,比如某一博客上发表的文章会被其他人转载到其他地方,而这些重复的信息只要用户不干预,就会随着网络的存在而存在。对网络内容的整理和组织的需求,促使一些以网络内容过滤或者组织服务为核心的网络公司的出现,如 RRS。

RSS 服务及时将一些给客户带来困扰的信息加以过滤和筛选,在专项化的基础上进行整合传播,RRS 技术独具的个性化聚合特性,可以为受众提供多来源信息的"一站式"服务,这种新颖的资讯传播方式提高了受众的信息利用效率,也减少了"信息爆炸"带给受众的茫然。

(4) 知识组织。社交媒体通过改善知识组织环境、加强信息用户之间的互动性来提升知识组织水平。社交媒体信息传播以微内容为基础,对知识的内涵进行认真细致的分解,以便消除由于知识的模糊性和产生梯度造成的障碍。社交媒体建立了一个大众信息传播平台,着眼于用户个体的特点,并以用户要求为导向,将个体交流的信息内容进行整合,例如:利用 Tag 技术,它以最松散的方法给客户提供了最到位的分类方式;Wiki 运用集体的智慧对信息进行整合和创新;SNS 激发了用户的自我运作和彼此交流的能力;开放的社交媒体应用 API 环境,使用户的创新力得到最大的激发。

三、社交媒体的信息组织实例——博客

博客(Blogger)的正式名称为网络日记,是使用特定的软件,在网络上出版、发表和张贴个人文章的人,或者是一种通常由个人管理、不定期张贴新的文章的网站。博客上的文章通常以网页形式出现,并根据张贴时间,以倒序排列。博客是继 MSN. BBS. ICQ 之后出现的第 4 种网络交流方式,现已受到大家的欢迎,是网络时代的个人"读者文摘",是以超级链接为入口的网络日记,它代表着新的生活、工作和学习方式。许多博客专注在特定的课题上提供评论或新闻,其他则被作为个人性的日记。一个典型的博客结合了文字、图像、其他博客或网站的链接及其他与主题相关的媒体,能够让读者以互动的方式留下意见,是许多博客的重要要素。大部分的博客内容以文字为主,但仍有一些博客专注在艺术、摄影、视频、音乐、播客等各种主题。博客是社会媒体网络的一部分,比较著名的有新浪等博客。

博客信息空间的特性主要有:

(1) 信息来源分散化。在博客信息空间中,普通网络用户能够直接通过博客为网络提供信息内容,从而成为网络信息的创建者,即信源。用户单纯的"上网"行为,转变为更积极更主动的"织网"。这就降低了向社会提供信息的门槛,打破了集中式的信息发布和传播方式,颠覆了 Web1 .0 环境下一般由正式的商业性公司或公共机构充当信源的传统信息创建模式,信源开始具有了草根性和分散性。

(2) 信息内容个性化。从技术功能上讲,这一特点并非是博客所必然具有的。但从博客的发展实践来看,至少在包括当前在内的相当长时间内,大部分博客内容主要是博客作者对自身生活状况的记录,博客浏览者的浏览兴趣也主要在此。

(3) 信息渠道交互化。博客强调用户的参与,任何人在博客信息空间中都享有自主创建、组织、整理、传播信息的权利,可以根据自己的喜好设置阅览的内容、设置首页的页面风格、与他人进行在线交流、对他人作品进行评论等。信道两端的信源和信宿也因此经常互换位置,每个用户既是信息的提供者,也是信息的获取者,甚至还是组织者。

(4) 信息形式碎片化。碎片化是 Web2. 0 的一个关键词,也大量反映在博客信息空间中。它可以是用户所创建的任何信息数据:一则日志、一条评论、一幅图片、收藏的书签、喜好的音乐列表、新的朋友等。正是信源的草根化和突出的互动性为博客信息空间造就了大量微内容。

博客信息空间的诸多特性对信息组织必将产生深远的影响。认识清楚这些影响可能还需假以时日,当前可简单归纳为如下几点:

(1) 信息组织的方式将走向更具个性化色彩的自组织模式,用户将在很大程度上担当起信息组织主体的角色,并将根据自己的智力判断揭示信息之间的联系,或者说,用户智慧尤其是群体智慧正式成为信息组织系统的有机组成部分。

(2) 信息组织关注的对象将从 Web1. 0 环境下单纯的"信息"向"信息与人(用户)的

关系"迁移,信息组织将服务于社会交往的目的,助力用户以网络交互、交流的形式实现自身的人的社会性本质的充分生长、展开。

(3) 信息组织的过程将不仅仅是一种单纯的序化,或者不再是一种大一统的序化,还将更多地包含对信息价值的评估环节,更加强调价值的个性化、多元化,强调"秩序"的主观性、相对性。

(4) 信息组织的方法与新技术的结合将更加紧密,个性化推荐技术、机制将越来越重要。

综上,需求决定功能,而功能依靠结构产生,由此,不难理解信息自组织模式是博客信息空间理想的信息组织模式。

博客信息组织的主要方式如下:

1. 大众标注

博客用户可以通过大众标注方式揭示并与他人共享信息。大众标注的主要形式是使用标签(Tag)来标识博客的内容。标签是博客自组织信息的一种技术,因其灵活、开放、有趣、方便而广受用户喜爱,而且信息量越大这种方式越显得简洁、有效。目前很多博客网站都提供这种功能。所谓标签,就是用来描述信息内容的分类标识,一般一个标签就是一个自然语言词汇。总的说来,标签是一种新型分类系统,每个标签由用户自主创建,自由选择自己认为能概括信息内容的词汇作为标识语,不必遵从某一分类体系。如果结合 ping 机制(博客应用中一种让用户在博客上发布新内容时能够向另外一个信息系统发出更新通告的技术),标签技术就可以在第三方专用服务系统的支持下,实现跨系统间的信息分类聚合,使不同系统中的同一标签下的信息建立起双向关联。目前,网络上也出现了不少专门的标签搜索引擎。

标签的特点可以概括为:

(1) 自发性。每个标签可由用户自由创建和修改,都有一定的含义,是用户自己对信息的概括。这里进一步指出标签与关键词的区别,即关键词主要是基于原文内容的一种重点词汇的提取办法,而标签更灵活,不完全依赖于原文字。标签的出现,使得博客用户的角色从信息生产者和使用者进一步向信息组织者延伸,用户不仅可以生产和利用信息,还可以组织自己或别人生产的信息。

(2) 共享性。在大多数支持标签的网站上,用户可以访问任意同一标签标注的所有信息。换个角度而言,被标注的信息实际上是从不同角度对该标签的一种认识和描述。

(3) 服务于沟通的桥梁性。标签标注的信息,背后关联的是博客作者,由此,通过同一标签还可以带来志同道合的网络用户之间的联系与沟通,也就强化了博客的社会性。

(4) 动态自适应性。越受欢迎的信息总是被越多的用户用标签标注,使用频率越高的标签对信息内容的概括相对越准确。因此,从理论上讲,最受欢迎的信息和最能概括信息的标签渐渐地将脱颖而出,被更多的用户发现,从而满足公众的需要。

伴随着标签等信息自组织技术的出现,大众标注(Folksonomy)诞生了。在 Web2.0 应用环境下,大众标注逐渐成为一种不容忽视的新型网络信息分类组织方法。大众标注就是用户自己使用标签对自建或他人创建的网络信息进行标注,以供自己或他人进行检索的一种网络信息组织方法。不同的博客网站在大众标注的实现上有些细微的差异,但允许用户自行使用标签或是给用户推荐标签,让用户标注感兴趣的网络信息内容则是大众标注的基本原理。用户是大众标注方法的核心。用户有没有参与信息组织是大众标注与传统网络信息组织方法的一个重要区分标志。大众标注突出的特点还体现在它不采用严格的分类标准,其分类全部由用户直接提交,分类的形成过程完全是自发的。并且这种分类是平面化的,没有等级层次的划分,虽然它相对不够严谨,缺乏准确度,但是在博客中,这种平面延伸的分类方法却在无形之中成为方便、灵活、不受条件限制的沟通渠道。用户参与及其分类的自主性,保证了大众标注的低成本,直接促进了其在博客信息空间乃至整个网络上的迅速发展。当然,大众标注的不足也很明显。它分类的模糊、不精确和随意,限制了其使用范围。大众标注的组织对象目前基本上是非学术的、面向生活的、公众的,大都局限在博客等 Web2.0 应用站点的组织和管理上。另外,对垃圾标签和标签的合理使用目前还缺乏行之有效的解决方法。

标注自由度高是大众标注最具变革性的信息自组织特性。但这既是优点,也恰恰是造成其不足之处的内在根源。大众标注的发展目前处在从不受任何限制到向有一定限制的过渡之中,如何保持控制的适度是研究者们思索的问题。另外,大众标注与语义网、本体的结合研究,也逐渐受到人们的关注。

2. 内容聚合

博客用户可以通过内容聚合方式动态聚集相关主题的信息。内容聚合是博客站点之间共享信息内容的一种简易方式,是基于 XML 规范的应用。其主要技术标准包括 RSS2.0(Really Simple Syndication,真正简单聚合)系列、RSS1.0(RDF Site Summary,RDF 站点摘要)系列、Atom 和 SSE(Simple Sharing Extension,简单共享扩展)等。现在,人们一般已习惯性地用 RSS 作为内容聚合的代名词,下文也遵循了这种用法。RSS 分离了信息内容与展示,大大降低了信息合并、分析、展现的成本和难度,从理论上讲,那些任何可以拆分成离散元素的内容都可以通过 RSS 来整合。RSS 聚合的信息一般是以信息摘要的形式呈现,包括标题、作者、来源、更新时间等,用户可以直接通过超链接进一步浏览到信息详细的内容。

用户使用 RSS 的第一步就是需要一个 RSS 阅读器。RSS 阅读器目前从应用形势来看主要有两类,即客户端形式和使用 Ajax(Asynchronous JavaScript + XML,异步 JavaScript 与 XML)等技术开发的在线 RSS 阅读器。现在网络上还出现了许多 RSS 搜索和目录服务。内容聚合这种自组织方式的主要特点有:

(1) 实现了信息的个性化定制。信息获取者通过 RSS 或 Atom,就不必直接去某个具体的博客站点或博客查找信息,而可以通过有选择地定制、订阅,将不同站点或博客的相关主题内容自组织在一起,享受一站式服务,并将与主题无关的内容拒之门外,有效节省了用户筛选、获取信息的时间成本;而对于信息创建者而言,RSS 成为发布自己博客的渠道,使得自己的博客易于被计算机程序理解、摘要,并推送到对其感兴趣的用户。

(2) 体现了信息自组织的社会性。首先,博客大量采用 RSS 或 Atom 标准来对博客内容进行聚合,每个用户既是被动的信息获取者又是主动的信息提炼者,为形成一个个潜在的、具有相关主题的内容社区提供了信息组织手段,群体智慧在这里被集中,得到了交流和共享;其次,通过 RSS 订阅、重组和输出,大量用户间达成了间接协作,相似点越多的用户之间越容易达成这种社会化协作,这一过程让聚合的内容不断地被打破重组,构成了持续优化和改进的内容组织形式;最后,RSS 订阅信息可以呈现现实社会中的关注热点,而越是热点的 RSS 订阅越会吸引更多用户的订阅。

(3) 实现了信息自组织的实时性。RSS 提供的信息是动态的,一般按照信息发布时间进行排序,保证了博客观点的最新汇聚,形成了真正意义上的实时 Web。因为动态生成的不仅是网页,还包括超链接。

(4) 适用于追踪特定主题信息。从 RSS 的功能不难理解,RSS 适合于对某个特定内容的持续关注。

3. 引用通告

博客用户可以通过引用通告方式推送并聚集关于同一主题的讨论信息。引用通告是一种很重要的博客信息自组织手段,通俗地讲,它是一种在根据他人博客的内容做出了评论或者进一步论述之后,通知这个原始内容的作者,告诉他"我根据你的内容写了点东西"的技术手段。换个角度而言,它可以让博客知道有哪些人看到自己的博客文章之后写了与之相关的评论。更具体地说,当某人阅读了某个网站的文章,想对此写下自己的感想,这时利用网站准备的讨论功能进行投稿是很常见的做法,但这样只是把自己的评论意见写下来向别人的网站投稿,而你自己手里却什么也没留下;引用通告则与之有很大的区别,可以把评论写到自己的博客上,然后向刊载原始文章的服务器发送该网页的 URL 地址及博客的标题、部分正文和网站名称等。这一过程被称为"发送 TrackBack Ping"。通过这种办法,在原始博客处就留下了评论者的 URL 地址、标题等部分信息。别人也可以向原始博客发送 TrackBack Ping,所以在原始博客中就将所有的评论都集中记录了下来。这样,人们就可以在一个地方看到许多来自不同地方的针对某一个主题的讨论,博客之间也就通过引用通告根据相关主题,而互相连接起来了。这种对双向超链接的自主掌握,让讨论产生的信息在传播的过程中留下了路径痕迹,不仅方便了查找信息或知识的产生线索,还扩大了信息的影响。

4. 内容挖掘

博客用户可以通过 digg(挖掘,即链接、评论)评论和推介信息。随着博客的发展,如何在海量信息中筛选出真正有价值的内容,如何让自己的博客被更多的人所发现、阅读,这些都成为问题,由此,就出现了"掘客"(digger)的概念。其实,掘客就是对文章投票及发表评论的网络用户,掘客站点则是一个文章投票评论站点。掘客可以随意在掘客网站提交文章,由阅读者来判断文章价值,收藏文章的人越多,说明该文章越受关注,也就是说,如果用户觉得文章不错,就可以 digg 一下,当 digg 计数达到一定程度后,该文章就会出现在首页或其他页面上。首页的文章由掘客们投票产生,这是 digg 的核心。因此,对于博客作者,掘客站点是一个推广的平台,把自己的文章推荐到掘客站点上,让更多的人浏览,并参与评论,既宣传了自己的博客,也让自己的观点让更多的人看到。可见,digg 使博客掌握了一种自主、简单的信息评价和推介手段。

本章小结

本章分别以数字图书馆、电子商务系统和社交媒体为例,介绍了实际运行的信息组织实例。数字图书馆是用数字技术处理和存储各种图文并茂文献的图书馆,实质上是一种多媒体制作的分布式信息系统。电子商务是以信息网络技术为手段,以商品交换为中心的商务活动。社交媒体是人们彼此之间用来分享意见、见解、经验和观点的工具和平台。

作 业 题

一、填空题

1. ________是用数字技术处理和存储各种图文并茂文献的图书馆,实质上是一种多媒体制作的________。

2. ________是以信息网络技术为手段,以商品交换为中心的商务活动(Business Activity)。

3. ________指互联网上基于用户关系的内容生产与交换平台。社交媒体是人们彼此之间用来分享意见、见解、经验和观点的工具和平台,现阶段主要包括社交网站、微博、微信、博客、论坛、播客等。

二、选择题

(一) 单项选择题

1. 数字图书馆的核心功能为(　　)。

A. 在线图书馆

B. 在线检索书籍

C. 统一检索及文献传递

D. 在线查看资料

2. 电子商务系统元数据标准是(　　)。

A. XML

B. ebXML

C. HTML

D. JSON

(二) 多项选择题

社交媒体环境下的信息组织的特征包含(　　)。

A. 组织类型多样

B. 满足用户需要

C. 与新技术结合

D. 实现深层挖掘

三、简答题

1. 简述数字图书馆的概念和目标。
2. 简述数字图书馆的核心功能。
3. 简述电子商务的概念和发展阶段。
4. 简述电子数据交换的概念。
5. 简述 ebXML 的概念和组成模块。
6. 简述社交媒体的概念和主要模式。
7. 简述社交媒体环境下的信息组织的特征和方式。

参 考 文 献

[1] 周宁. 信息组织[M]. 4 版. 武汉:武汉大学出版社,2017.

[2] 邬贺铨. 新一代信息技术的发展机遇与挑战[J]. 中国发展观察,2016(4).

[3]《中国分类主题词表》Web 版帮助文档[EB/OL]. [2016-08-20]. http://cct. nlc. cn/default. aspx.

[4] Sadalage P J,Fowler M. NoSQL 精粹[M]. 爱飞翔,译. 北京:机械工业出版社,2013.

[5] 阿里云在线帮助文档[EB/OL]. [2016-07-01]. http://help. aliyun. com/.

[6] W3School JSON 教程[EB/OL]. [2016-07-01]. http://w3school. com. cn/json/index. aspx/.

[7] 李文哲. 知识图谱的应用[EB/OL]. [2015-12-01]. http://www. almosthuman. cn/2015/12/01/eyd7k.

[8] 姜永常. 国内外知识构建智能化研究的对比分析与方法选择[J]. 情报理论与实践,2015(6).

[9] 王曰芬,傅柱. 大数据环境下知识表示与知识组织方法应用[J]. 数字图书馆论坛,2014(3).

[10] 徐飞,徐绪堪,吴广印. 大数据环境下科技文献用户阅读行为知识组织模型研究[J]. 情报学报,2015(9).

[11] Jenatton R,Roux N L,Bordes A,et al. A Latent Factor Model for Highly Multi-relational Data[J]. Advances in Neural Information Processing Systems,2012:3167-3175.

[12] 付苓. 面向大数据的单元信息知识组织体系建设框架[J]. 情报理论与实践,2016(6).

[13] 刘知远. 知识图谱——机器大脑中的知识库[EB/OL]. http://book. thunlp. org/knowledge_graph/.

[14] 吴思. 微博和微信的信息组织方式比较研究[J]. 情报探索,2015(8):127-129.

[15] 胡阿沛. 基于人人网的社交网站信息组织研究[J]. 图书情报工作,2013,57(2):249-252.

[16] 侯汝秋,王雨卉. 微博的信息组织方式探析[J]. 新世纪图书馆,2014(3):52-56.

[17] 杜二梅. 基于社会网络分析的信息组织热点主题研究[J]. 情报工程,2015,1(5):52-58.

[18] 周宇,吴佳鑫. 信息资源数据库[M]. 3 版. 武汉:武汉大学出版社,2010.

[19] 范哲,朱庆华,赵宇翔. Web2.0 下 UGC 研究述评[J]. 图书情报工作,2009,53(22).

作业题参考答案

第一章

一、填空题

1. 信息选择、信息分类、信息描述与揭示、信息存储、信息服务
2. 文字信息组织、图像信息组织、声音信息组织、视频信息组织
3. 一次信息组织、二次信息组织、三次信息组织
4. 非数字信息组织、数字信息组织
5. 语法信息组织、语义信息组织、语用信息组织
6. 信息构建
7. 三段演绎法、联言分解法、连锁推导法、综合归纳法、归谬反驳法

二、选择题

(一) 单项选择题

1. C　2. B　3. A

(二) 多项选择题

ABCD

三、简答题

1. 信息组织就是利用一定的科学规则和方法,通过对信息外在特征和内容特征的表征和排序,实现无序信息流向有序信息流的转换,从而使信息集合达到科学组合实现有效流通,促进用户对信息的有效获取和利用。

2. 信息组织主要内容包括:

信息选择。从采集到的、处于无序状态的信息流中甄别出有用的信息,剔除无用的信息,是信息组织过程的第一步。

信息分类。按照一定的逻辑关系从语法、语义和语用上对选择过的信息内、外特征进行细化、挖掘、加工整理并归类的信息活动。

信息描述与揭示。也称为信息资源描述,根据信息组织和检索的需要,对信息资源的主题内容、形式特征、物质形态等进行分析、选择、记录的活动。

信息存储。将有序化后的信息按照一定的格式和顺序,存储在特定的载体中的一种信息活动。

信息服务。按照信息用户需要,采取特定的信息分发方式向用户提供服务的信息活动。

3. 按信息的加工程度划分,信息组织包括以下类型:

一次信息组织。一次信息是人们研究或创造性活动成果的直接记录。一次信息一般

指公开出版的图书、期刊、论文、研究报告、会议文献、学位论文、专利说明书、网上未经过再加工的数字化信息等。

一次信息组织是指采用一定的逻辑结构和语言规则，将大量零星的信息单元组织成能够反映著者、编者对事物和概念认识的一次信息(如图书、论文)的信息组织方式。

二次信息组织。二次信息组织主要采用选择、提炼、浓缩等方法，编撰和建立各种形式的目录、文摘、索引等检索工具与存取系统，主要功能是规范和控制社会信息的流向，组织序化文本与数字化的信息。其目的是建立各类信息检索系统，它是通过对一次信息的内容属性和外部特征进行有效揭示、描述、排序和存储来实现的。二次信息的重要作用不仅在于报道，更重要的是为查找一次信息提供线索。

三次信息组织。三次信息如综述、评述、学科年度总结、进度报告、文献指南、百科全书、年鉴等。三次信息组织是在一、二次信息的基础上，经过分析、综合等深加工而成的信息组织方法。

4. 按信息的认识层次划分，信息组织包括以下类型：

语法信息组织。从人类对信息的认识层次上看，由于人类具有感受力，能够感知事物运动状态及其变化方式，由此获得的信息称为语法信息。

语义信息组织。语义信息组织方法是研究信息的内容特性而对信息进行描述的一种方法，也即以信息的内容特征为依据的信息组织方法。

语用信息组织。由于人类具有明确的目的性，能够判断事物运动状态及其变化方式的效用，由此获得的信息称为语用信息。语用信息组织是以信息的效用特征为依据的信息组织方法。

5. 二次信息组织主要采用选择、提炼、浓缩等方法，编撰和建立各种形式的目录、文摘、索引等检索工具与存取系统，主要功能是规范和控制社会信息的流向，组织序化文本与数字化的信息。其目的是建立各类信息检索系统，它是通过对一次信息的内容属性和外部特征进行有效揭示、描述、排序和存储来实现的。二次信息的重要作用不仅在于报道，更重要的是为查找一次信息提供线索。

6. 信息构建是通过合理地组织、标识信息并构建信息环境，以改善信息浏览及信息检索的过程与效果的科学和艺术。

信息构建的核心理念是关注用户，以人为本。信息构建是信息用户、信息内容与信息组织三者的交集，信息生态在其中起着很重要的作用。信息生态是指信息、知识与信息环境、组织环境和外部环境之间的关系，外部环境即业务市场、技术市场和信息市场的形势，组织环境即信息机构的业务条件、技术基础结构和物理配置状况，信息环境即信息策略、政策、信息行为、文化以及信息构建氛围等。

7. 一般来说，知识的生成有两种基本途径：一种途径是从实践中逐步积累，把所观察到的现象的共性核心升华为概念，把所积累经验的精华上升成为理论；另一种途径是由已有的知识通过推断产生新知识、由抽象到抽象的过程，在逻辑上称为演绎。

8. 本体是领域知识的形式化说明，通常由概念、概念之间的关系、公理、规则组成。元数据解决资源的语义描述问题，本体解决资源集合的相互关系问题，他们都需要一定的形式化机制提供“机器运算”的可能性。

9. 知识分类就是根据特定需要和标准，通过比较，把人类全部知识按照相同、相异、相关等属性划分成为不同类别的知识体系,显示其在知识整体中的应有位置和相互关系。

知识分类的基本方法有:按照知识的效用分类、按照科学研究的对象对知识进行分类、按照知识属性分类、按照知识形态分类、按事物运动形式分类、按照自然现象和社会现象分类、按照知识研究方法分类、按照知识的内在联系分类、按照知识的内在联系分类。

第二章

一、填空题

1. 文献标引、文献内容的属性(特征)及相关外表属性、特定语言表达分析出的属性或特征

2. 规范语言

3. 自然语言

4. 将类或组按照相互间、许多类目按照一定的原则和关系组织起来

5. 作为概念标识将概念标识、概念之间相互关系

6. 使用网站和网页分类技术、全文检索技术

二、选择题

(一) 单项选择题

1. C　2. B

(二) 多项选择题

1. ABD

2. AC

三、简答题

1. 信息标引也称为文献标引,是指分析文献内容的属性(特征)及相关外表属性,并用特定语言表达分析出的属性或特征,从而赋予文献检索标识的过程。

2. 分类就是按照事物的性质、特点、用途等作为区分的标准,将符合同一标准的事物聚类,不同的则分开的一种认识事物的方法。

分类法是指将类或组按照相互间的关系,组成系统化的结构,并体现为许多类目按照一定的原则和关系组织起来的体系表,作为分类工作的依据和工具。

3. (1) 杜威十进分类法。

杜威十进分类法(Dewey Decimal Classification,DDC)是广为全球各地图书馆使用的分类法。

(2) 国际十进分类法。

国际十进分类法英文名为 Universal Decimal Classification,简称 UDC,又名《通用十进制分类法》。

(3) 中国图书馆分类法。

《中国图书馆分类法》(原称《中国图书馆图书分类法》)是我国新中国成立后编制出版的一部具有代表性的大型综合性分类法,是当今国内图书馆使用最广泛的分类法体系,简称《中图法》。《中图法》初版于 1975 年,1999 年出版了第 4 版。修订后的《中图法》第 4 版增加了类分资料的类目,并与类分图书的类目以"+"标识进行了区分,因此正式改名

为《中国图书馆分类法》,简称不变。《中图法》第4版全面补充新主题、扩充类目体系,使分类法跟上科学技术发展的步伐。同时规范类目,完善参照系统、注释系统,调整类目体系,增修复分表,明显加强类目的扩容性和分类的准确性。

4.《中国图书馆分类法》(原称《中国图书馆图书分类法》)是我国新中国成立后编制出版的一部具有代表性的大型综合性分类法,是当今国内图书馆使用最广泛的分类法体系,简称《中图法》。《中图法》初版于1975年,1999年出版了第4版。修订后的《中图法》第4版增加了类分资料的类目,并与类分图书的类目以"+"标识进行了区分,因此正式改名为《中国图书馆分类法》,简称不变。《中图法》第4版全面补充新主题、扩充类目体系,使分类法跟上科学技术发展的步伐。同时规范类目,完善参照系统、注释系统,调整类目体系,增修复分表,明显加强类目的扩容性和分类的准确性。

根据图书资料的特点,按照从总到分,从一般到具体的编制原则,确定分类体系,在5个基本部类的基础上,组成22个大类。

中国图书馆分类法的基本结构如下:

(1) 基本部类。如中图法分五大类部:马列主义、毛泽东思想、邓小平理论;哲学;社会科学;自然科学;综合性图书。

(2) 基本大类。构成分类表的第一级类目。中图法为22个基本大类。

(3) 简表。由基本大类与由其直接展开的一、二类目所形成的类目表。

(4) 详表。由简表展开的各种不同登记的类目所组成的类目表,是文献分类的真正依据。

《中图法》的标记符号采用汉语拼音字母与阿拉伯数字相结合的混合号码。即用一个字母表示一个大类,以字母的顺序反映大类的序列。字母后用数字表示大类以下类目的划分。数字的编号使用小数制。

5. 网络信息资源是指通过计算机网络可以利用的各种信息的总称。从信息检索角度看,网络信息具有以下特点:

(1) 数量巨大,增长迅速。

(2) 内容广泛,价值不一。

(3) 更新快,变化频繁。

(4) 类型多样,结构复杂。

(5) 超文本链接,利用方便,但无序性增强。

6. 所谓自动分类是指用计算机系统替代人工对各种对象进行分类标引,一般包含两种类型(或两个阶段):自动聚类和自动归类。

自动归类系统根据其实现的技术可分为两类:基于词典法的自动归类系统及基于专家系统的自动归类系统。基于词典法的自动归类系统是把待分类文本中抽取的代表知识主题的语词与词典类别词库中的语词进行相符性比较来归类的。其中主题词词典库中的词汇主要取自于已有的各种分类法和主题法。

7. 自由分类法(Folksonomy)是用户自发的用标签(Tag)对感兴趣的资料进行分类,并与他人共享标签的过程和结果。其特点是自由、共享和动态更新。

8. 主题法一词是主题法系统的简称。用语词作为概念标识将概念标识按照字顺排列,并用参照系统等方法间接显示概念之间相互关系的情报语言,称为主题法系统。它包括标题法、单元词法、叙词法和关键词法。单元词法现在已发展为叙词法。

主题法的特点包括:直接以语词作为检索标识;以字顺为主要检索途径(手工检索);以特定的事物、问题、现象,即主题为中心集中信息资源;通常是通过详尽的参照系统等方式揭示各个主题词之间的关系。

9. (1)《工程与科学主题词表》。

《工程与科学主题词表》是用于工程与科学领域情报检索系统的文献标引和检索的工具书,简称 TEST。

(2)《汉语主题词表》。

《汉语主题词表》是 1974 年作为"汉字信息处理系统工程"的配套项目开始编制,并在研究和借鉴国外叙词表编制技术的基础上,根据国际标准 ISO2788《单语种叙词表编制规则》,经过近 9000 人 5 年时间的工作,于 1980 年编成问世。

10. 略。

第三章

一、填空题

1. 置标语言、将文本以及文本相关的其他信息、文档结构和数据处理细节
2. 高稳定性、跨平台性、高完整性
3. html 元素、头部元素、体部元素、<head>、<body>
4. 元语言标准、基础标准、应用标准、元语言
5. JSON(JavaScript Object Notation)

二、选择题

(一) 单项选择题

1. A　2. D

(二) 多项选择题

1. A　B　2. D

三、简答题

1. 置标语言,也称为标记语言、标志语言、标识语言,是一种将文本以及文本相关的其他信息结合起来,展现出关于文档结构和数据处理细节的计算机文字编码。与文本相关的其他信息(包括文本的结构和表示信息等)与原来的文本结合在一起,但是使用标记进行标识。

2. SGML 是一种元语言(Matelanguage),即 SGML 是描述标记语言的语言。SGML 的实质是强调描述性标记,引入文档类型定义(DTD)概念,具有平台独立性,所以,SGML 具有结构化、确认性和可扩展性三个特点。

SGML 的优点包括高稳定性、跨平台性和高完整性。

3. 一个典型的 SGML 文档可被分为三个层次:结构、内容和样式。SGML 主要是处理结构和内容之间的关系。

结构:为了描述文档的结构,SGML 定义了一个称为"文档类型定义"(Document Type

Definition,DTD)的文件,它为组织文档的文档元素(如章和章标题、节和主题等)提供了一个框架。

内容:这里指的内容就是信息本身。

样式:SGML 本身正是定义样式(style)的设置标准,即文档样式语义学和规范语言(Document Style Semantics and Specification Language,DSSSL)。

4. C 语言是一门通用计算机编程语言,应用广泛。C 语言的设计目标是提供一种能以简易的方式编译、处理低级存储器、产生少量的机器码以及不需要任何运行环境支持便能运行的编程语言。万维网的核心语言、标准通用标记语言下的一个应用超文本标记语言(HTML)。

5. 在 HTML5 中新增了<article>、<section>、<nav>、<aside>、<header>、<footer>等新元素,而这些元素的作用主要体现在语义上,主要目的是增加文档的可读性和搜索引擎优化,在内容展示方面并没有特别的改变。

6. <table>元素可以用来定义表格,包括表格的标题、表头及单元格内容等。作为<table>元素的子元素,表格行用<tr>定义,表头元素用<th>元素定义(表头通常显示成黑体),单元格内容用<td>元素定义。一个<table>元素可包含一个或多个<tr>元素,一个<tr>元素又可以包含一个或多个<th>、<td>元素。

7. target 属性是<a>元素另一个常用的属性,用来设置目标窗口的属性。target 参数的取值有 4 种。

target 值	目标窗口的打开方式
_parent	在上一级窗口打开,常在分帧的框架页面中使用
_blank	新建一个窗口打开
_self	在同一窗口打开,与默认设置相同
_top	在浏览器的整个窗口打开,将会忽略所有的框架结构

8. HTML 中支持插入的图像文件格式主要是 GIF、JPG 和 PNG 三种类型,开发者需要在不同的应用场景中选择适合的文件类型。

GIF 格式支持最多 256 色的图像。虽然 GIF 的颜色不够丰富,但它支持动画和透明色,在网页中常常被用来设计按钮、菜单等较小的图像。

JPG 格式可以支持高分辨率、颜色丰富的图像。由于 JPG 具有很好的压缩比,非常适合在网页中展现照片。当然,在使用 JPG 格式处理图像时,压缩比越大,图片的质量就越差。

PNG 格式可以支持颜色丰富的图像,同时还可支持 alpha 滤镜的透明方式。虽然 PNG 不支持动画效果,但与 GIF 一样适合作为较小的图像的显示方式。需要注意的是:不同的浏览器的种类和版本对 PNG 格式的支持并不完全相同,例如 IE6 是可以支持 PNG-8 的格式,但在处理 PNG-24 的透明效果时会显示为灰色。

9. 请调试下列程序(1):

```
<html>
<body>
<video width="320" height="240"src="video.mp4" controls="controls">
```

你的浏览器不支持视频元素。

```
</video>
</body>
</html>
```

请调试下列程序(2):

```
<html>
<body>
<video width="320" height="240" controls="controls">
<source src="movie.ogg" type="video/ogg">
<source src="movie.mp4" type="video/mp4">
```

你的浏览器不支持视频元素。

```
</video>
</body>
</html>
```

10. 自编文本格式代码进行测试。

11. 层叠样式表(Cascaing Style Sheet,CSS)是 W3C 组织所拟定出的一套标准的样式语言规范。

Hakon 于 1994 年第一次公开展示了 CSS 的解决方案,此方案很快被 W3C 所采纳,并由 Hakon 等人作为项目的主要技术负责人开展更加深入的研发工作。1996 年底完成了 CSS 1 的制定,1998 年完成 CSS 2 的制定。目前,越来越多的浏览器和网站开始支持 CSS 3标准。

12. XML 的产生与 HTML 在应用过程中产生的瓶颈问题直接相关。虽然,HTML 是 Web 的“数据类型”,但同时还具有如下不足:

(1) HTML 是专门为描述主页的表现形式而设计的,它疏于对信息语义及其内部结构的描述,不能适应日益增多的信息检索要求和存储要求。

(2) HTML 对形式的描述能力实际也还是非常不够的,它无法描述矢量图形、科技符号和一些其他的特殊显示效果。

(3) HTML 的元素日益臃肿,文件结构混乱而缺乏条理,导致浏览器的设计越来越复杂。

13. XML 继承了 SGML 具有的可扩展性、结构性及可校验性,这也是 HTML 的主要区别:

(1) 可扩展性方面:HTML 不允许用户自定义标识或属性,而在 XML 中,用户能够根据需要,自行定义新的标识和属性名,以便更好地从语义上修饰数据。

(2) 结构性方面:HTML 不支持深层的结构描述,XML 的文件结构嵌套可以复杂到任意程度。

(3) 可校验性方面:传统的 HTML 没有提供规范文件以支持应用软件对 HTML 文件进行结构校验;而 XML 文件可以包括一个语法描述,使应用程序可以对此文件进行结构确认。

14. XML 文档的基本单位是元素。元素是一个信息块,它由一个元素名和一个元素内容构成。元素的名称还应遵守如下规则:

(1) 元素名称中可以包含字母、数字以及其他字符。

(2) 元素名称不能以数字或"_"(下划线)开头。

(3) 元素名称不能以"xml"(包括其各种大小写形式)开头。

(4) 元素名称中不能包含空格。

(5) 元素名称中间不能包含":"(冒号)。

15. 与 XML 相似,JSON 是纯文本;JSON 具有"自我描述性"(人类可读);JSON 具有层级结构(值中存在值);JSON 可通过 JavaScript 进行解析;JSON 数据可使用 AJAX 进行传输。

第四章

一、填空题

1. 元数据方法

2. 管理型元数据、描述型元数据、保存型元数据、技术型元数据、使用型元数据

3. 创建和维护简单、广为理解的句法、系统互用性、可扩展性、15、TYPE、SCHEME、LINK

4. 所谓元数据的互操作性

二、选择题

(一) 单项选择题

1. D 2. B

(二) 多项选择题

1. ABCD 2. ABCD

三、简答题

1. 元数据是关于数据的数据。元数据的应用范围非常广,元数据可应用于图像、声频和视频的检索和导航,结构化的文献管理,地理和环境信息系统,数字图书馆,混合多媒体等。随着数字化信息的发展,元数据也正在被用于数字图书馆、医学信息资源等更多的领域中。

2. 根据元数据的功能把元数据划分为管理型元数据、描述型元数据、保存型元数据、技术型元数据、使用型元数据五类。

(1) 管理型元数据:主要用来管理与支配信息资源的元数据,如信息资源的分类、组织、规范和控制版本控制等。

(2) 描述型元数据:主要用来从不同角度和层次对资源信息进行描述,如信息资源的标题,关键字,内容描述等,可为用户提供查找帮助。

(3) 保存型元数据:主要用于对信息资源长期维护的元数据,如数字对象标识符、数

据更新等。

(4) 技术型元数据:主要用于描述信息资源技术层面的元数据,如文件压缩格式、比率、分辨率等。

(5) 使用性元数据:与用户接口相关的元数据,如用户信息的使用、认证和跟踪等。

3. DC的特点:内在性(intrinsicality)、可扩展性(extensibility)、独立句法结构(syntax independence)、可选择性(optionality)、可重复性(repeatability)及可修改性(modifiability)。

DC的基本元素:题名(Title)、创建者(Creator)、主题(Subject)、描述(Description)、出版者(Publisher)、其他责任者(Contributor)、日期(Date)、资源类型(Resource Type)、格式(Format)、标识符(Identifier)、来源(Source)、语种(Language)、关联(Relation)、覆盖范围(Coverage)、权限(Rights)。

4. MARC是Machine Readable Catalog的缩写,意即"机读目录",即以代码形式和特定结构记录在计算机存储载体上的、用计算机识别与阅读的目录。CNMARC是中国机读目录(China Machine-Readable Catalogue)的缩写,是用于中国国家书目机构同其他国家书目机构以及中国国内图书馆与情报部门之间,以标准的计算机可读形式交换书目信息。

5. EAD、PICS、GILS、CDF、MCF、CDWA、CIMI、FGDC、REACH、TEI、UKOLN。

6. 互操作的3个层次包括:

(1) 联盟。

联盟内部制定一系列的协议和规范,要求所有成员的系统都遵守这些协议,从而基于共同的协议标准容易实现互操作,并能提供功能强大的服务。但对于成员的要求比较高,成员之间关系紧密,所以很难形成大规模的联盟团体。如Z39.50就实现了这个层次的互操作。

(2) 采集。

对于联盟成员不要求遵守许多复杂的协议,只需少量的工作就可以实现与其他成员的互操作,所以说是加入联盟的一种低门槛的方法。成员之间的关系比较松散,容易形成较大规模的联盟。但这种层次仅能提供一些基本的互操作功能。如OAI(Open Archives Initiative)就是基于元数据采集的思想。

(3) 搜集。

如果形式上不建立这种正规的联盟,只是通过搜集完全开放的自由访问的网络资源,也可以实现最基本的互操作。不妨把互联网上所有的网站看作一个虚拟的联盟,显然对于成员没有任何要求,但提供互操作的服务质量很差,难以满足需要密切合作的成员的要求。比如互联网上的搜索引擎就属于这个层次。

7. Z39150、OAI协议及OAIster、SRW/U及欧洲图书馆、SDARTS及PERSIVAL计划。

第五章

一、填空题

1. 信息系统分析与设计、数据库应用技术

2. 数据结构化,数据的共享性高、冗余度低、易扩充,数据独立性高以及数据由DBMS统一管理和控制

3. 关系模型、层次模型、网状模型

4. 硬件系统数据库、集合数据库、管理系统及相关软件数据库、管理员用户

5. 数据的安全性保护(security)、数据的完整性检查(integrity)、数据库的并发访问控制(concurrency)、数据库的故障恢复(recovery)

6. 主从式架构(Master/Slave)或客户端/服务器(Client/Server)、客户端(Client)(通常是一个采用图形用户界面的程序)、服务器(Server)

7. 物理分布性、逻辑整体性、场地自治性、场地之间协作性

8. 横向的伸缩、数据模式

9. 大数据(Big Data)

10. HDFS(Hadoop Distributed File System)

二、选择题

(一) 单项选择题

1. C 2. D 3. A 4. B 5. A 6. A

(二) 多项选择题

1. ABCD 2. ABCD

三、简答题

1. 数据库,简而言之可视为电子化的文件柜——存储电子文件的处所,用户可以对文件中的数据进行新增、截取、更新、删除等操作。

数据库系统是对数据进行存储、管理、处理和维护的计算机软件系统。数据库技术是适应数据管理应用的需要而产生,数据库的发展与应用密切相关。

数据库管理系统(Database Management System,DBMS)是为管理数据库而设计的计算机软件系统,一般具有存储、截取、安全保障、备份等基础功能。

2. 数据库系统的主要特点包括:数据结构化,数据的共享性高、冗余度低、易扩充,数据独立性高以及数据由 DBMS 统一管理和控制。

3. 关系数据库技术、面向对象数据库技术、非结构化数据库技术、多媒体数据库技术。

4. 关系数据库以二维表的方式管理数据,数据以一条条记录的方式进行管理,每一记录内部包括许多字段,字段名不可重复,每一记录的每一字段具有唯一值,字段中不支持子字段。关系数据库是一个严格的二维表,在结构定义上有很强的限制,如对表中每个属性的长度是固定的、类型是事先定义好的。这样做一方面是为了保证关系运算的准确性和检索的完备性,但是在另一方面又限制了数据库内容的变化性。

5. 非结构化数据库就是字段数据及字段长度可变的数据库。非结构化数据库观点认为信息大体上可分为两类:一类信息能够用数据或统一的结构加以表示,称为结构化数据,如数字、符号;而另一类信息根本无法用数字或者统一的结构表示,例如文本、图像、声音乃至网页等,称为非结构化数据。结构化数据是非结构化数据的特例。关系型数据库就是一种结构化数据库,它很难处理网络中千变万化的非结构数据,必须采用子字段、多值字段以及变长字段的机制,允许创建许多不同类型的非结构化的或任意格式的字段,以突破关系数据库非常严格的表结构。

6. 数据仓库是集成的面向主题的数据库集合,其中每个数据单位都与时间有关。数据仓库中的数据应该是良好定义的、一致的和不变的。其数据量应该足够支持数据分析、

查询、报表生成和与长期积累的历史数据的对比。数据仓库技术就是一种能满足上述所有目标的方法。数字图书馆中存在着大量的历史数据,用数据仓库将它们组织起来,可以在更高的层次上充分的利用这些数据。

构建一个数据仓库系统应包含 8 个功能模块:

(1) 设计模块用于设计数据仓库。

(2) 数据获取模块用于从源文件和源数据库中获取数据,并进行清洁、传输,将它加到数据仓库中。

(3) 数据管理员模块用于建立、管理和访问数据仓库中的数据。

(4) 管理模块用于管理数据仓库的运行。

(5) 信息目录模块用于为管理者和企业用户提供有关存储在数据仓库中的数据内容和含义信息。

(6) 数据访问模块用于为企业的最终用户提供访问数据仓库的方法。

(7) 中间件模块用于为最终用户工具提供访问数据仓库的方法。

(8) 数据传递模块用于向其他仓库和外部系统中分配数据仓库数据。

7. 分布式数据库(Distributed Database System,DDBS)是数据库技术与网络技术相结合的产物,在数据库领域已形成一个分支。分布式数据库研究始于 20 世纪 70 年代中期。世界上第一个分布式数据库系统 SDD-1 由美国计算机公司(CCA)于 1979 年在 DEC 计算机上实现。20 世纪 90 年代以来,分布式数据库系统进入商品化应用阶段,传统的关系数据库产品均发展成以计算机网络及多任务操作系统为核心的分布式数据库产品,同时分布式数据库逐步向客户机/服务器模式发展。

分布式数据库的分类包括:

(1) 同构同质型 DDBS:各个场地都采用同一类型的数据模型(如关系型),并且是同一型号的 DBMS。

(2) 同构异质型 DDBS:各个场地采用同一类型的数据模型,但是 DBMS 的型号不同,如 DB2、ORACLE、SYBASE、SQL Server 等。

(3) 异构型 DDBS:各个场地的数据模型的型号不同,甚至类型也不同。随着计算机网络技术的发展,异种机联网问题已经得到较好的解决,此时依靠异构型 DDBS 就能存取全网中各种异构局部库中的数据。

分布式数据库的基本特点包括:

(1) 物理分布性。数据不是存储在一个场地上,而是存储在计算机网络的多个场地上。

(2) 逻辑整体性。数据物理分布在各个场地,但逻辑上是一个整体,它们被所有用户(全局用户)共享,并由一个 DBMS 统一管理。

(3) 场地自治性。各场地上的数据由本地的 DBMS 管理,具有自治处理能力,完成本场地的应用(局部应用)。

(4) 场地之间协作性。各场地虽然具有高度的自治性,但是又相互协作构成一个整体。

8. B/S 结构相对于传统 C/S 结构是个巨大的进步。在搭建信息系统时,两者也体现出明显的不同之处：

（1）硬件环境不同。传统的C/S一般建立在专用的局域网上，局域网之间再通过专门服务器提供连接和数据交换服务；B/S适合建立在广域网之上的，不必是专门的网络硬件环境。

（2）对安全要求不同。传统的C/S一般面向相对固定的用户群，对信息安全的控制能力很强，一般高度机密的信息系统采用C/S结构适宜；B/S通常建立在广域网之上，对安全的控制能力相对弱，面向是不可知的用户群。因此，B/S更适合发布各种公开信息。

（3）系统架构不同。传统的C/S结构可以更加注重流程，可以对权限多层次校验；B/S系统所依托的HTTP协议缺少对流程、状态等方面的管理，因此在实际的B/S系统开发中需要采用更加优化的开发和运行平台，包括微软的.NET平台或JavaEE平台等。

（4）系统维护不同。传统的C/S结构意味着在用户的计算机中必须安装特定的客户端软件。如果系统出现了问题或者需要对系统进行升级，就必须在每一个客户端计算机上进行操作；B/S结构的维护和升级都发生在服务器端。

（5）处理的问题不同。传统的C/S结构适合对大量数据进行批量的增、删、改操作，尤其适合对数据库中的数据进行管理；B/S结构适合面向不同的用户群，接受用户数据的汇集和用户对数据库的各种查询。

（6）用户接口不同。传统的C/S结构的前台多是建立的Windows平台上，客户端软件对操作系统有特定的要求，跨平台性较差；B/S的前台建立在浏览器上，对操作系统没有特别的要求，一般只要有操作系统和浏览器就行，具有良好的跨平台性。因此，云计算或软件即服务（SaaS）的系统大多基于B/S结构建立。

（7）投入成本构成不同。传统的C/S结构的软件随着应用范围的扩大，投资会连绵不绝，不利于软件项目控制和避免IT黑洞，系统总拥有成本较高；B/S结构软件一般只有初期一次性投入成本，系统总拥有成本（TCO）较低。

（8）系统规模的扩展性不同。对于成长中的企业，快速扩张是它的显著特点。对于传统的C/S结构软件来讲，由于必须到处安装服务器和客户端、招聘专业IT支持人员等，因此无法适应企业快速扩张的特点；而B/S结构软件通过一次安装，以后只需设立账号、培训即可。

9. 关系型数据库是目前选用最多的数据库类型，其中与数据库交互的方式是使用SQL语言。非关系型数据库NoSQL（Not Only SQL），不是指某一种技术，而是一类技术的总称。关系模型是一种严格的数据建模方法。

10. 大数据（Big Data），指无法在一定时间范围内用常规软件工具进行捕捉、管理和处理的数据集合，需要新处理模式，才能具有更强的决策力、洞察发现力、流程优化能力的海量、高增长率、多样化的信息资产。

大数据典型的特征可以概括为四个“V”，即体量大（Volume）、多样性（Variety）、速度快（Velocity）和价值密度低（Value）。

11. 政府、制造业、医疗保健、信息技术、物联网、保险、媒体。

第六章

一、填空题

1. 对等体、搜索、分包给其他空闲的对等体

2. Web2.0

3. 集中式、拓扑分布式、非结构化拓扑分布式、结构化拓扑混合式拓扑

4. 是一种分布式的账本存储技术、信息共享

二、选择题

(一) 单项选择题

1. C 2. D

(二) 多项选择题

1. ABC 2. BC

三、简答题

1. P2P 的特点在于每个对等体(Peer)不再只是单纯地接受计算任务,它还可以根据情况在网络中进行搜索并将一个较大的任务分包给其他空闲的对等体,并将中间结果上传到发出任务的对等体。

2. Web2.0 是相对 Web1.0(2003 年以前的互联网模式)的新的一类互联网应用的统称,是一次从核心内容到外部应用的革命。

(1) 用户参与网站内容制造。

(2) Web2.0 更加注重交互性。

(3) 符合 Web 标准的网站设计。

(4) Web2.0 网站与 Web1.0 没有绝对的界限。

(5) Web2.0 的核心不是技术而在于指导思想。

(6) Web2.0 是互联网的一次理念和思想体系的升级换代,由原来的自上而下的由少数资源控制者集中控制主导的互联网体系,转变为自下而上的由广大用户集体智慧和力量主导的互联网体系。

(7) Web2.0 体现交互,可读可写,体现出的方面是各种微博、相册,用户参与性更强。

3. 集中式拓扑、分布式非结构化拓扑、分布式结构化拓扑和混合式拓扑。

4. 区块链从广义上讲是一种分布式的账本存储技术,因为其通过非中心化的网络节点存储数据,决定了区块链数据的信息共享。区块链上的所有数据所有性经过全网节点认证后方可上链,区块链保存所有操作记录,任何篡改行为都将被发现,从而保证了数据的可靠性和可追溯。

第七章

一、填空题

1. 全文数据库

2. 查询服务

3. 网页的抓取、索引的建立、搜索处理、排序

4. 布尔检索、截词检索、词组检索、范畴检索

二、选择题

(一) 单项选择题

1. C 2. B

(二) 多项选择题

1. ABCDE 2. ABC

三、简答题

1. 全文数据库有许多特点,主要表现如下:

①包含信息的原始性。②信息检索的彻底性。③检索语言的自然性。④数据结构基本上是非结构化的。⑤专业的全文数据库系统一般都采用“自动切词”技术。⑥好的全文数据库还备有知识库,可具有推理能力和联想式检索。⑦基本上是封闭性的,数据不需更新,具有较大的稳定性。⑧全文数据库一般占用的存储空间非常庞大,系统开销大,如何提高检索速度是一大难题。

2. 全文检索系统是按照全文检索理论建立起来的用于提供全文检索服务的软件系统。全文检索应该具备建立索引和提供检索的基本功能,此外,现代的全文检索系统还需要具有方便的用户接口、面向二次开发的开发接口、应用程序开发接口以及 Web 程序接口等。功能上,全文检索系统核心具有建立索引、处理检索请求、返回结果集、索引结构维护等功能。结构上,全文检索系统核心具有索引引擎、检索引擎、文本分析引擎、对外接口等,加上各种外围应用系统等共同构成了全文检索系统。

3. 搜索引擎是根据站点的内容提取各网站的信息分门别类地建立自己的数据库并向用户提供查询服务。根据它们的技术原理,可以分成三大主要类型:基于 robot 的搜索引擎、基于目录索引型(directory,也称为 catalog)和元(Meta)搜索引擎。

4. 搜索引擎是通过从互联网上提取的各个网站的信息而建立在数据库中,检索与用户查询条件匹配的相关记录,然后按一定的排列顺序将结果反馈给用户。搜索引擎的实现过程包括四个部分:网页的抓取、索引的建立、搜索和处理排序,各个部分相互交错、相互依赖。

5. 布尔逻辑检索也称作“布尔逻辑搜索”,布尔逻辑检索技术就是利用布尔逻辑算符进行检索项的逻辑组配,用以表达检索者的提问概念。

截词检索是预防漏检提高查全率的一种常用检索技术,大多数系统都提供截词检索的功能。截词是指在检索词的合适位置进行截断,然后使用截词符进行处理,这样既可节省输入的字符数目,又可达到较高的查全率。

词组检索是将一个词组(通常用双引号" "括起)当作一个独立运算单元,进行严格匹配,以提高检索的精度和准确度,它也是一般数据库检索中常用的方法。

6. 元搜索引擎就是通过一个统一的用户界面帮助用户在多个搜索引擎中选择和利用合适的(甚至是同时利用若干个)搜索引擎来实现检索操作,是对分布于网络的多种检索工具的全局控制机制。

一个元搜索引擎由三部分组成,即检索请求提交机制、检索接口代理机制、检索结果显示机制。

第八章

一、填空题

1. 数字图书馆(Digital Library) 分布式信息系统

2. 电子商务(Electronic Commerce)

3. 社交媒体(Social Media)

二、选择题

(一) 单项选择题

1. C　　　2. B

(二) 多项选择题

ABCD

三、简答题

1. 概念:数字图书馆就是虚拟的、没有围墙的图书馆,是基于网络环境下共建共享的可扩展的知识网络系统,是超大规模的、分布式的、便于使用的、没有时空限制的、可以实现跨库无缝链接与智能检索的知识中心。

目标:利用信息技术,建成大规模、高质量的数字资源集群,通过互联网、移动通信手段,采用人工智能、海量存取、多媒体传输技术,向读者提供跨时空的信息服务,培养读者由喜爱用到习惯用,帮助读者随时随地获取有用信息。

2. 数字图书馆的核心功能为统一检索及文献传递。以云存储的海量中外文元数据库为基础,以元数据整合技术、知识挖掘与知识聚类技术、网络信息传递技术等先进技术,解决本馆资源的全面整合,实现一站式检索和资源导航与调度,建立与外界各类图书馆资源平台的联合服务通道。

3. 概念:电子商务(Electronic Commerce)是以信息网络技术为手段,以商品交换为中心的商务活动(BusinessActivity);也可理解为在互联网、企业内部网和增值网(Value Added Network,VAN)上以电子交易方式进行交易活动和相关服务的活动,是传统商业活动各环节的电子化、网络化、信息化;以互联网为媒介的商业行为均属于电子商务的范畴。

发展阶段:三个阶段:早期阶段:早在1839年,当电报刚出现的时候,人们就开始了对运用电子手段进行商务活动的讨论。应用互联网的阶段:1994年以后,人们开始利用互联网进行商品促销,同时利用多媒体技术开展商品的图像广告,介绍产品,达到形象化的促销活动,并直接进行商业交易活动。实现电子商务的互联网应用阶段:1997年以来,人们逐渐实现了网上购物(包括顾客任意选购所需商品,同时实现付款结算等交易过程)以及企业之间的网上交易。这就是学界和商业机构通常讨论的B2B、B2C和C2C。

4. 电子数据交换(EDI)是电子商务的先驱和早期形式,它产生于20世纪60年代。根据商定的交易或电文数据的结构实施商业或行政交易从计算机到计算机的电子传输。

5. 概念:ebXML是一个开放性的电子商务建构标准,它基于XML,能为企业提供了确定应该交换什么信息和如何交换的方法,以及一组允许该过程自动化的规范。ebXML是一个规范集,这些规范共同实现了模块化电子商务框架。ebXML的构想是实现一个全球电子市场,其中,不同规模和不同地区的企业可以通过交换基于XML的消息来合作和进行商业活动。

6. 概念:社交媒体(Social Media)指互联网上基于用户关系的内容生产与交换平台。社交媒体是人们彼此之间用来分享意见、见解、经验和观点的工具和平台,现阶段主要包括社交网站、微博、微信、博客、论坛、播客等。

主要模式:平台型、社群型、工具型、泛在型。

7. 特征:组织类型多样、满足用户需要、与新技术结合、实现深层挖掘。

方式:分众分类、信息自组织、垃圾信息过滤、知识组织。